Für Carolyn

und

Für Margaret und Raymond

David Rose / Ed Douglas

Die Gipfelstürmerin

Triumph und Tragödie der
Alison Hargreaves

Aus dem Englischen
von Johannes Sabinski

Ullstein

Ullstein Taschenbuchverlag 2000
Der Ullstein Taschenbuchverlag ist ein Unternehmen der
Econ Ullstein List Verlag GmbH & Co. KG, München
Deutsche Erstausgabe
© 2000 für die deutsche Ausgabe by
Econ Ullstein List Verlag GmbH & Co. KG, München
© 1999 by David Rose and Ed Douglas
Titel der englischen Originalausgabe:
Regions of the Heart: The Tragedy of Alison Hargreaves
(Michael Joseph / Curtis Brown Group Ltd., London)
Übersetzung: Johannes Sabinski
Redaktion: Gabi Banas
Umschlagkonzept: Lohmüller Werbeagentur GmbH & Co. KG, Berlin
Umschlaggestaltung: HildenDesign, München – Sintje Göritz
Titelabbildung: Jürgen Winkler, Penzberg
Satz: Josefine Urban – KompetenzCenter, Düsseldorf
Gesetzt aus der Sabon, Linotype
Druck und Bindearbeiten: Clausen & Bosse, Leck
Printed in Germany
ISBN 3-548-35995-7

There is a region of heart's desire
free for the hand that wills;
land of the shadow and haunted spire,
land of the silvery glacier fire,
land of the cloud and starry choir,
magical land of hills;
loud with the crying of winds and streams,
thronged with the fancies and fears of dreams.

Geoffrey Winthrop Young

Inhaltsverzeichnis

Prolog

Einige Augenblicke zögert Alison Hargreaves in der dunklen Zuflucht ihres Zeltes. Ihr schwirrt der Kopf vor Aufregung; wie bei einem Schwungrad löst sich die Anspannung, nachdem schlechtes Wetter sie tagelang gezwungen hat, untätig und verdrossen im Basislager zu hocken. Als wollte sie das Haus verlassen, um in die Ferien zu fahren, zwingt Alison sich, innezuhalten und die Liste der Gegenstände durchzugehen, an die sie sich erinnern muß, während der schmale Strahl ihrer Taschenlampe den Zeltfußboden ableuchtet. Wenn sie jetzt etwas vergißt, könnte sie das ihre Chance kosten, den K 2 zu besteigen.

Sie betrachtet ihren Rucksack und macht sich jeden Gegenstand darin bewußt, die Schichten vliesgefütterter Kleidung, um ihren Körper vor der durchdringenden Kälte dort oben zu schützen, während sie die Schnürsenkel ihrer Stiefel festzurrt, Stiefel, die von Batterien beheizt werden, damit das Blut bis in die Zehen fließen kann und sie vor Erfrierungen schützt. Sie stellt sich ihre Hände in den mehrschichtig gefütterten Fäustlingen vor, wie sie den Eispickel umklammern, dessen Stiel schon verkratzt und abgenutzt ist; sie sieht sich hinter dunkel getönten Brillengläsern durch die dünne Luft in die grelle Sonne blinzeln. Sie spürt die Wärme ihres daunengefütterten Anzugs, das leise Knistern ihres Windsuits mit der über den Kopf geschlagenen Kapuze, die zur Desorientiertheit beiträgt, zur seltsamen, traumhaften Welt der großen Höhe. Sie hört ihr heiseres Atmen, die mühselige Anstrengung ihrer Lungen in der sauerstoffarmen Luft. Zuweilen hat sie das Gefühl, das sei

11

schon alles, was sie ausmacht: zwei verzweifelt arbeitende Lungen und der Wille zum Weitermachen.

Jeder Gegenstand in ihrem Rucksack erfüllt einen Zweck, nichts Überflüssiges ist darin. Jedes Gramm muß sie auf dem Rücken tragen, und sie kann nichts reinpacken, was sie bloß belastet. Alison war bei der Vorbereitung einer Besteigung schon immer praktisch und logisch vorgegangen und hatte sich die Ausrüstung besser überlegt als jeder Mann, mit dem sie je geklettert ist. Sie ist schon seit Jahren allein aufgestiegen und kennt die volle Bedeutung des Wortes Selbstvertrauen.

Draußen in der indigoblauen Nacht bereitet sich das einzige verbliebene Mitglied ihrer Expedition ebenfalls auf den Aufbruch vor. Sie haben vereinbart, gemeinsam aufzusteigen, aber sie sind erst seit kurzem befreundet und haben vor dieser Expedition noch nie ein Seil miteinander geteilt. Sie wird auf dem Berg nicht allein sein, ist aber darauf vorbereitet, sollte der Erfolg davon abhängen. Der Himmel ist mit Sternen übersät und die Luft schneidend kalt, was einen klaren Morgen verspricht. Sie brechen gleich auf, um gut vorangekommen zu sein, bevor die Sonne aufgeht und allein dadurch an ihren Kräften zehrt, daß sie den Schnee aufweicht.

In einem nahegelegenen, gesonderten Basislager machen sich andere Bergsteiger in ihren Zelten zu schaffen und treffen Anstalten, mit ihnen aufzubrechen. Sie gehören zu einer anderen Expedition. Alison kennt sie und mag sie, doch es sind nicht mehr als freundliche nette Bekannte, mit denen sie ein gemeinsames Interesse teilt, aber kein gemeinsames Leben. Sie wissen wenig Privates übereinander. Die Menschen, die ihr am nächsten stehen, die sie kennen und lieben, sind Tausende von Meilen weit entfernt.

Ihre Kinder Tom und Kate, der Mittelpunkt ihrer Welt, liegen daheim in Schottland noch im Schlaf, in ihren warmen Betten. Oft hat sie in den vergangenen Tagen, an denen schlechtes Wetter herrschte, sie niedergeschlagen war, an ihren tränenreichen Abschied vor Wochen gedacht. Sie war nach ihrer triumphalen Rückkehr vom Mount Everest nur zwei Wochen zu Hause gewesen und hatte einen Gutteil dieser vierzehn Tage mit Presseinterviews und Zusammenkünften verbracht. Nachts hat sie in ihrem Zelt geweint vor Sehnsucht nach zu Haus. Sie sieht ihre Gesichter vor sich und fragt sich, wieviel größer oder wie verändert sie bald sein werden, wie sie sich verhalten werden, wenn sie zurückkehrt. Das Ende der Expedition rückt näher. Wenn sie den Berg herunterkommt, wird es ein Weg zu ihnen sein. Nur noch zwei Wochen, und sie wird sie selbst wieder zu Bett bringen können.

Im kalten Zelt denkt sie an ihren Mann. Ihre Ehe steckte in einer Krise, und sie hat sich mit dem Gedanken gequält, ob sie sie beenden sollte und wie. Die Anspannung ist auch im K 2-Basislager präsent, in den bemühten Briefen und Faxen, die sie nach Hause geschickt und von dort erhalten hat. Zu dem ganzen Gefühlswirrwarr kommen dann noch ihre Geldsorgen. Sie ist hier, weil sie glaubt, versuchen zu müssen, für ihren Lebensunterhalt beizutragen, bergzusteigen, um die neue Zukunft abzusichern, die sie für sich und ihre Kinder plant. Sie denkt an die Freiheit, die sie als junge Bergsteigerin empfunden hat. Alle diese Dinge wirbelten ihr durch den Kopf, während sie unten am Berg tagein, tagaus die Zeit totschlug und darauf wartete, erneut ihr Leben zu riskieren.

Hinter der dünnen Nylonhaut ihres Zeltes steigt der K 2 über dem Gletscher 3 300 Meter in die Höhe, ein riesiger Klotz aus Eis, Schnee und Fels, der nach dem All ausgreift. Sie war bereits einmal bis auf die letzten sechshundert Meter hochgestiegen, so daß sich der erste Teil ihrer Tour zum Gipfel auf vertrautem Terrain abspielen würde. Sie dürfte drei bis vier Tage bis zur Bergspitze brauchen und weitere zwei für den Abstieg. Weniger als eine Woche. Dennoch kann sie nicht vermeiden, daß sich ihr Magen beim Gedanken an den letzten, unbekannten Abschnitt zusammenschnürt.

In Großbritannien hat sie den Ruf des K 2 mit einem Achselzucken abgetan. Jetzt hat sie jedoch eine Menge eigener Erfahrung und weiß, wie schnell das Wetter umschlagen und wie schlecht es auf dem zweithöchsten Berg der Welt ausfallen kann. Einigen Bergsteigern wurde das schlechte Wetter beim Abstieg zum Verhängnis, und sie waren gezwungen gewesen, in der so dünnen Luft auszuharren, wurden immer schwächer, bis das Leben langsam aus ihnen wich. Sie weiß, daß nur vier Frauen den Gipfel erreicht haben, zwei davon starben beim Abstieg. Der Aufstieg zeichnet sich über ihr ab und füllt ihr ganzes Denken aus. Nichts kann bei ihr vorankommen, solange sie diese selbstauferlegte Prüfung nicht hinter sich gebracht hat. Danach kann sie sich dem Rest ihres Lebens zuwenden.

Im Zelt sind Dinge von zu Hause verstreut. Gesichtscremes, um ihre Haut vor der starken Sonneneinstrahlung zu schützen, Notizen, die sie an ihre Kinder gefaxt hat. Es sind die Bindeglieder zu ihrem anderen Leben, das ihr in den langen Wochen auf dem sturmgepeitschten Gletscher wie Blei in den Gliedern gelegen hat, wenn sich ihre Stimmung mit dem launischen Wetter hob, um dann wieder tief zu sinken. Jedesmal, wenn sie auf den Berg gegangen war, wurde in Alison das Gefühl, wieder nach Hause zu wollen, fast übermächtig; jedesmal, wenn sie erfolglos zurückgekehrt war, drängte es sie, alles hinzuschmeißen und zu ihren Kindern heimzukehren. Aber zu Hause sind Menschen, die von ihr ein Gelingen erwarten, so wie sie von sich selbst auch. Wann würde sie eine solche Gelegenheit noch einmal bekommen? Ein letztes Mal sieht sie sich im Zelt um. Sie weiß, wenn sie zurückkommt, wird ihr alles verändert erscheinen. Dann zieht sie den Reißverschluß am Zelteingang zu und tritt in die Dunkelheit des frühen Morgens hinaus.

Vor dem Fall

Das Leben von Alison Hargreaves begann in den Morgenstunden des 17. Februar 1962. Als ihre Mutter tags zuvor die ersten Vorboten der Wehen verspürte, erzitterte Alisons Geburtshaus in einem heftigen Sturm. Holz splitterte, als der Wind das Dach des Gartenschuppens abriß, über den Garten hinweg krachend ins Küchenfenster schleuderte und Glasscherben über die Arbeitsflächen und eine offene Besteckschublade verstreute.

Die Welt, in die Alison eintrat, war eine nagelneue Ziegelsteinsiedlung in Mickleover, einem Vorort von Derby, dem alten Zentrum der Eisenbahnindustrie, und zwar dort, wo Mittelengland aufhört und der Norden beginnt. Ihre Mutter Joyce hatte einundzwanzig Monate zuvor ihre Arbeit als Mathematiklehrerin aufgegeben, als sie ihre erste Tochter Susan gebar. Sie behielt die Siedlung als ein »Kaninchengehege« voll von jungen Familien in Erinnerung. Alisons Vater John arbeitete bei British Rail Research, einer Abteilung des staatlichen Eisenbahnbetriebs, an der Entwicklung mathematischer Methoden für die Datenverarbeitung.

Alison war ein ruhiger Säugling und schlief bald die ganze Nacht durch. Sie war lebhaft und eifrig bemüht zu gefallen. Im Alter von drei Jahren versuchte sie ihrer Mutter beim Waschen oder Fußbodenwischen zu helfen. Und sie war eigensinnig, bekam sie einmal nicht ihren Willen, konnte sie die Luft anhalten, bis sie geradezu blau anlief. Joyces Nichte Daphne erinnert sich noch deutlich an Alisons Beharrlichkeit. Zwölf Jahre jünger als Alisons Mutter und zwölf Jahre älter als

Susan, kam Daphne häufig in den Schulferien zu Besuch. »Alison konnte die erstaunlichsten Trotzanfälle bekommen, die ich je gesehen habe. Wenn sie ein Eis haben wollte, konnte man nichts, rein gar nichts tun, außer ihr dieses Eis zu kaufen.« Einmal, als Alison noch sehr klein war, entdeckte ihre Mutter, daß das Kind seinen neuen Anorak aufgerissen hatte. Sie war draußen im Garten geklettert.

Die Mutter Joyce selbst war mit dem Kinderaufziehen allein als Vollzeitbeschäftigung nicht immer glücklich. Sie hatte das Gefühl, ihr Verstand würde langsam verdorren. Doch erst als alle ihre drei Kinder zur Schule gingen – Alisons einziger Bruder Richard wurde 1965 geboren –, kehrte sie in ihren Beruf zurück und wurde schließlich stellvertretende Direktorin einer Oberschule für Mädchen. Vater John hatte sich unterdessen in der Datenverarbeitung sehr qualifiziert. Gelegentlich nahm er Alison mit, um ihr sein Labor zu zeigen. Mit großen Augen hielt sie seine Hand und beobachtete voller Verwunderung den Elliot 402F-Rechner, ein bald sieben Meter langes Konstrukt aus glimmenden Röhren und Kühlventilatoren, das sich summend und schwirrend seinen Weg durch die verwickelten Berechnungen suchte, die für die Ausarbeitung von Eisenbahnfahrplänen und Ermittlung der Tragfestigkeit von Brücken und Viadukten nötig waren.

John und Joyce hatten einander als Studenten an der Universität von Oxford kennengelernt, wo beide Mathematik studierten. Beide waren im Norden Englands aufgewachsen: John in Preston, damals eine aufstrebende Textilstadt in Lancashire, und Joyce, die Tochter eines Schneiders, in Ripon in der Grafschaft Yorkshire. Anders als die meisten ihrer Zeitgenossen in Oxford, die exklusive private Bildungseinrichtungen genossen hatten, waren sie an staatlichen Gymnasien unterrichtet worden, und beide gehörten in ihren jeweiligen Familien zur ersten Generation, die eine Universität besuchte.

Gegen Ende des ersten Semesters befreundeten sie sich und entdeckten bald die gemeinsame Leidenschaft für die Natur. Als Studenten unternahmen sie zusammen regelmäßig Wanderungen und Fahrradtouren. Nach dem Studienabschluß, als Joyce in Bedford als Lehrerin zu arbeiten begann, sahen sie sich weiterhin an den Wochenenden. Zunächst arbeitete John für eine Firma in Cheltenham, und sie trafen sich aufgrund komplizierter Zugverbindungen auf halber Höhe zwischen ihren jeweiligen Orten. Sie heirateten am 15. August 1959 in der Methodisten-Kapelle von Ripon, in der Johns Vater den Chor leitete. British Rail hatte John bereits eine Stelle in Derby angeboten. Mickleover lockte.

Bald wurde offenkundig, daß die Liebe zur hügeligen Landschaft, welche die Hargreaves zusammengeführt hatte, sich an die junge Familie weiter vererbte. Seit Alisons frühester Kindheit verbrachte die Familie ihre glücklichsten Zeiten im Hochmoor oder auf den Bergen.

1970, als Alison acht Jahre alt war, nahm John seine Töchter mit den Snowdon hinauf, den zerklüfteten Gipfel und höchsten Punkt von Wales. John, dessen Orientierungssinn zu dem Zeitpunkt noch nicht so gut ausgebildet war, wie er es später werden sollte, hatte den Aufstieg über den leicht zu bewältigenden Pyg-Pfad geplant. Susan trug ihr erstes Paar richtige Wanderstiefel, während Alison in Gummistiefeln lief.

Als Nebel den Berg unerwartet einhüllte, kamen John und die Mädchen vom Weg ab und fanden sich auf dem Crib Goch wieder, einem felsigen, scharfkantigen Gebirgskamm mit steilem Abhang zu beiden Seiten. Beide Kinder waren von ihrer exponierten Lage begeistert und kletterten fröhlich über die rauhen vulkanischen Felsen. Ein Jahr später erklomm Alison den Ben Nevis, den höchsten Gipfel Großbritanniens, auf einem strapaziösen, von Geröllquadern gesäumten Fußmarsch. Sie hüpfte der Familie voran und tanzte den Pfad nahezu mühelos und behend empor.

John liebte alle seine Kinder, doch sein Verhältnis zu Alison war von besonderer Art. Vor seiner Zeit in Oxford hatte er seinen Wehrdienst bei der Königlichen Marine abgeleistet. Die militärische Disziplin behagte ihm ganz und gar nicht, und später lehnte er eine gutbezahlte Forschungsstelle bei der Admiralität sogar ab, nachdem er einen Brief erhalten hatte, der ihn »zur Pflicht rief«, eine Wendung, die ihn vor lauter unglückseligen Erinnerungen zurückschrecken ließ. In Alisons übermütigem, herausforderndem Lachen und ihrer ungeheuren Entschlossenheit erkannte er eine verwandte Seele. Er verstand die Freude, die sie in der Freiheit der Hügel verspürte.

Im Herbst 1971 zog die Familie von Mickleover in ein Haus in Belper im Tal des Derwent nördlich von Derby. Am unteren Ende der Straße rauschte der Fluß über ein Wehr hinweg, vorbei an den roten Ziegelmauern der alten Strutt-Baumwollspinnerei, einem dräuenden Denkmal der industriellen Revolution. Das Haus stand auf einem Hügel, an den sich die südlichen Ausläufer des Peak-District-Nationalparks unmittelbar anschlossen. Obgleich zwischen die Industriestädte Derby, Manchester und Sheffield eingezwängt, haben sich die offenen Moore und tiefen Täler dieses Hochlands doch ihre Großartigkeit und Abgeschiedenheit bewahrt, mit Dutzenden von Felskuppen, an denen sich Bergsteiger seit mehr als einem Jahrhundert beweisen. Die nächsten lagen ein paar Meilen von Alisons Elternhaus entfernt: rauhe Sandsteinzinnen auf den Hügelkämmen und schimmernder, von Flüssen ausgewaschener Kalkstein längs der Täler. Häufig arbeitete John Hargreaves an den Sonntagen als freiwilliger Forstaufseher auf dem High Peak Trail, eine Beschäftigung, die ihn zur Felskletterei brachte. Der ging er zwar nie mit der zielstrebigen Besessenheit nach, die zum Erklettern der härtesten Brocken nötig ist, aber er genoß das Sportliche daran und hatte Freude an den Problemen, vor die ihn schwierige Bewegungsabläufe stellten – das physische Pendant zu den intellektuellen Rätseln, die er bei seiner Arbeit löste. Häufig kamen die Kinder mit, um ihm zuzusehen und es ihm schließlich gleichzutun.

John und Joyce Hargreaves zeigten die Liebe zu ihren Kindern nicht so offen. Ihre eigene Kindheit war von gefühlsmäßiger Strenge begleitet gewesen. Johns Mutter starb, als er fünf Jahre alt war, und ließ ihn mit spärlichen Erinnerungen an sie zurück, wobei ihr Tod jedoch sein wiederkehrendes Stottern erklären könnte. Joyce entsinnt sich ihrer eigenen Mutter als einer kalten und entschlossenen Frau, die gern ihren Willen durchsetzte. An ihre Kinder nun stellten sie hohe Anforderungen. Bei Alison – lebhaft, fröhlich, zielstrebig und intelligent – schien es unwahrscheinlich, daß sie zu einer Enttäuschung würde. Nach der Long-Row-Grundschule besuchte sie in Belper die Strutt's-Mittelschule, die Kinder bis zu dreizehn Jahren aufnahm. Am Ende ihres ersten Schulhalbjahrs wurde sie als Klassenbeste eingestuft. Selten bekam sie für Klassenarbeiten nicht die Bestnote, insbesondere in Mathematik. Bei den Pfadfinderinnen gewann sie eine Reihe von Auszeichnungen und half mit, eine Schülerzeitung herauszugeben. Sie lernte Tenorhorn, spielte es in örtlichen Kapellen, und außerdem Klavier; in der Schule gehörte sie zur Basketball-Mannschaft.

Seit Anfang 1973, dem Jahr, in dem sie elf wurde, führte Alison regelmäßig Tagebuch, was sie, mit wenigen Unterbrechungen, für den Rest ihres Lebens fortsetzte. Dasselbe hatte ihr Vater viele Jahre lang getan. Fortan füllte sie mit ihrer deutlichen, runden Handschrift Seite um Seite. Gewöhnlich beschrieb sie einfach die Einzelheiten des Tages: ihre Schulstunden und den Umgang mit ihren Freunden. Als sie älter wurde, änderte sich nur sehr wenig am sachlichen Tonfall

ihres Tagebuchs. Sie hatte die Angewohnheit, Listen aufzu-
stellen, besonders dann, wenn sie glaubte, etwas geleistet zu
haben, etwa nach einer langen Wanderung, worauf sie sämtliche Örtlichkeiten entlang der Strecke notierte, und später
machte sie Aufstellungen von Kletterpartien, in denen sie jede
bewältigte Strecke festhielt, ganz gleich, wie unbedeutend.
Sie liebte gutes Essen und verzeichnete ihren Speiseplan mit
akribischer Begeisterung, ging bei jeder Mahlzeit auf die Einzelheiten der Speisenfolge ein und beurteilte sie. Gelegentlich kam sie nicht zum Schreiben, und dann holte sie das am
Wochenende nach. Diese Methode förderte natürlich die
überwiegende literarische Farblosigkeit ihrer Notizen; wenn
sie sich jedoch an einem Tag zum Schreiben hinsetzte, an dem
sie leidenschaftliche Gefühle beherrschten, dann fand das
mitunter schon seinen Niederschlag auf den Seiten ihres Tage-
buches.

»Ich habe unsere Kindheit geliebt«, sagt Alisons Schwester
Susan. »Unsere Eltern sorgten dafür, daß wir nie zu Sofa-
schlaffis wurden. Immer haben wir irgendwas unternommen.« Schlechtes Wetter war keine Entschuldigung: Sonne,
Regen oder Schnee, die Ausflüge rissen nicht ab. An einem
frostigen Tag im April 1975 war die Familie in Wales. »Alle
den Snowdon hoch aufgebrochen, sehr verschneit«, schrieb
Alison in ihr Tagebuch. »Der Wind blies heftig, also sind nur
Dad und ich einen scharfkantigen Grat hoch zum Gipfel
gestiegen. Alles von Eis bedeckt wie mit Korallen.«

Im Mai jenes Jahres erkletterte Alison zum erstenmal mit
einem Seil einen Fels. Sie war dreizehn. Die Familie fuhr an
den westlichen Rand des Peak District zu den Roaches hinaus,
einem ausgedehnten Gefüge brauner Sandsteinpfeiler in der
Nähe der Stadt Leek in Staffordshire. Von der Straße her
sehen die Felsen aus wie eine Bergkette im Kleinformat, deren
Abgründe und Überhänge das Flachland dahinter beherr-

schen. Sie gingen zwischen den Bäumen unterhalb der Felsen empor, der Duft frischen Farns stieg Alison in die Nase, bis sie aus dem Gehölz hervortraten und den Pfad zum Fuß der Felsen und zur weiten Aussicht über Staffordshire einschlugen. Sie lernte, das Seil aufzurollen, es durch die Finger laufen zu lassen und sich das eine Ende fest um die Taille zu binden, indem sie einen Knoten machte, den Seeleute und Bergsteiger gleichermaßen als Palstek bezeichnen. Mit von der Partie waren die mit John befreundeten Naturliebhaber, von denen einer das andere Ende des Seils an seinem Klettergürtel festband, bevor er kletterte und die zwölf Meter hohe Wand behende erklomm. An der Spitze »belegte« er, zurrte das Seil fest um eine hervorstehende Felsnase und holte es ein. Schließlich spannte das Seil sich straff, und Alison begann ihm mit rasendem Puls zu folgen. Sollte sie abstürzen, würde das Seil sie abfangen, das hatte ihr Vater ihr versichert. Doch als sie ihre ersten, zaudernden Schritte in die Welt der Vertikalen tat, fühlte sie sich unsicher. Was, wenn das Seil riß oder abrutschte? Ihr Anführer lächelte oben von der Spitze herab und sprach ihr Mut zu. Ihr Atem ging leichter, und sie entspannte sich langsam.

Im Lauf des Tages fing Alison an, die verschiedenen Bewegungsarten auf einem Fels zu erlernen. Wie die meisten Neulinge beim Klettern neigte sie dazu, mit den Händen Halt zu suchen, an den Armen zu hängen und so schnell ihre Kraft zu verlieren. Schnell wurde das entscheidende Prinzip deutlich, mehr die Beine zu benutzen und sich auf sie zu verlassen: herauszufinden, wie das eigene Gewicht zwischen dem Halt zu verlagern war, den die Füße im Fels fanden, Selbstvertrauen zu entwickeln, um noch auf den kleinsten Unebenheiten Fuß zu fassen. Während sie kletterte, zog ihr wachsender Abstand vom Erdboden wie ein Gewicht an ihr und ließ sie zunehmend nervöser werden, je höher sie kam. Doch der Ehrgeiz gewann die Oberhand über ihre instinktive Vorsicht. Jedesmal, wenn sie einen Aufstieg bewältigt hatte und über die Felskante geklettert kam, um zu ihrem Partner zu stoßen, verspürte sie ein tiefes Glücksgefühl, das die Furcht in ihr beschwichtigte.

1975 war der Sommer lang und heiß. Die Tümpel im Heideland trockneten aus und lagen brüchig unter den Füßen, während die Felsen Hitze abstrahlten. Vom Klettern begeistert, flehte Alison ihren Vater an, sie wieder mit hinaus zu nehmen. Er war von ihrer Schwärmerei gerührt, bemühte sich mit seinen Freunden beinahe jedes Wochenende, ihr den Wunsch zu erfüllen, und so lernte sie viele Felsen in der Gegend kennen. Alison hatte eine natürliche Begabung und entdeckte schnell, daß, je öfter sie kletterte, der Aufstieg immer schwieriger ausfallen mußte, um jene tiefe Befriedigung zu erlangen, die sie an ihrem allerersten Tag erlebt hatte. Genau wie ihr Vater liebte sie am Klettern das Sportliche, die körperliche Herausforderung, den Kitzel, hoch über dem Erdboden Halt zu finden und sich emporzuziehen, die mit einer Intelligenz verbunden waren, was die nächsten Schritte betraf. Jede neue Felswand hatte, ganz gleich wie schwierig sie vom Boden aus erscheinen mochte, eine Abfolge von Bewegungen in ihrer Oberfläche einprogrammiert, die, richtig gelesen, eine Art von Choreographie bedeutete, eine Art des Kletterns, die nicht wie Mühsal erschien, sondern wie ein herrlicher, schwebender Tanz. Während sie schnell Fortschritte machte, lernte Alison, daß nicht in Kraft und Adrenalin, sondern in Geschmeidigkeit und Geduld der Schlüssel lag. Sie lernte, die Gesteinswand nicht als einförmige Masse zu betrachten, sondern als ein Zusammenspiel von Möglichkeiten. Ein paar Wochen nach ihrer ersten Felsbesteigung küßte Alison zum erstenmal einen Jungen. Anders als ihre Kletterei wurde das Ereignis in ihrem Tagebuch ohne Einzelheiten oder Kommentar verzeichnet.

Der Nationalpark vor ihrer Tür war übersät von Gesteins-
formationen, dünnen, gezackten Linien auf den amtlichen
topographischen Karten im Maßstab eines Zolls zur Meile, in
die Alison sich jeden Abend vertiefte. Von Belper aus das Tal
hoch lagen die Cromford Black Rocks, verwitterte Geröll-
blöcke und Schichtenköpfe aus abgeschmirgeltem Sandstein.
Um Sandstein zu erklettern, mußte Alison das Selbstvertrauen
gewinnen, mit den Zehen auf abgerundeten Kanten zu stehen,
was sich seltsam und unsicher anfühlte. Die Hände fanden
keinen Halt wie an den Sprossen einer Leiter. Hier verlief eine
Abschuppung im Gestein vertikal, an der sie seitwärts mit in
Gegenrichtung gestemmten Füßen ziehen mußte, dort gab es
einen schartigen Riß, in den sie die Hände stecken und verkei-
len lernte, indem sie eine Faust machte. An den Kalksteinfelsen in der Talsenke des Derwent fand man mühelos Griffe in
den scharfkantigen Nestern im Gestein, die eher dem entspra-
chen, was britische Kletterer zuweilen »Henkel« nennen.
Aber Kalksteinfelsen sind steiler und haben mitunter Überhang. Um sie zu besteigen, brauchte Alison viel Kraft. Selbst
bei derselben Gesteinsart gab es feine geologische Unterschie-
de, die jedem Felsen seinen eigenen Charakter verliehen und
die erforderliche Technik vorschrieben. Einige Felsen hatten
viel loses Gestein, und sie mußte sehr aufpassen, andere
waren fest und so verläßlich wie alte Freunde.

In den siebziger Jahren wurde das Felsklettern in Nordeng-
land nicht gerade als ein für Mädchen geeigneter Sport betrachtet, und von Anfang an erregte Alison Aufmerksamkeit.
Sie bemerkte wohl, wie erfahrene Kletterer einander anstie-
ßen und auf sie wiesen, die sich um Überhänge herum hangel-
te und Fuß um Fuß Gesteinswände emportastete. Ihr machte
das Interesse nichts aus. Das Klettern eröffnete ihr eine Welt,
die heller und unabhängiger erschien als die ihrer Altersgenossen.

Im Oktober 1975 unternahmen Doug Scott und Dougal Haston, Mitglieder einer von Chris Bonington angeführten Expedition, die erste Besteigung des Mount Everest von der Südwestwand aus und lösten damit ein Problem des Bergsteigens, an dem in den vorangegangenen fünf Jahren mehrere Expeditionen gescheitert waren. Diese Leistung erregte international großes Aufsehen und machte auf angehende junge Kletterer, wie es Alison Hargreaves war, einen überwältigenden Eindruck. Diese Besteigung von der Südwestwand aus war in der Öffentlichkeit zu einem sagenhaften Ereignis gediehen, mit mythischen Gestalten als Hauptakteuren, deren Bedeutung durch das tragische Verschwinden Mick Burkes beim Abstieg nur mehr erhöht wurde. Andere Mädchen beteten Popstars an. An den Wänden in Alisons Schlafzimmer hingen Poster, die einzig Berge und Bergsteiger zeigten.

Die Jahre der methodistischen Sonntagsschule und der Unterrichtsstunden daheim durch Joyce hatten ihre Spuren hinterlassen, und als Alison den Aufstieg in ihrem Tagebuch vermerkte, bat sie Gott um seinen Segen für das Mount-Everest-Team. Häufig enthielt ihr Tagebuch kleine Gebete, in der Regel für das Wohlergehen ihrer Familie, aber trotz dieser gewissen Frömmigkeit fühlte sie wie Mädchen ihres Alters, und sie verliebte sich mehrfach unglücklich in Jungen aus der Schule. Mitunter bat sie um den Mut, das Objekt ihrer Zuneigung anzusprechen, oder fragte bei Gott nach, ob ihre Gefühle erwidert würden.

Belper ist eine sehr traditionsreiche nordenglische Stadt von 60 000 Einwohnern. Beinahe ausschließlich weißer Hautfarbe, schließt ihre Bevölkerung Hunderte großer Familien ein, die dort seit Generationen gewohnt haben, seit im 19. Jahrhundert der Textilhandel am Ort erstmals florierte. Die einzigen großen Gebäude sind ihre Spinnereien, grobschlächtige

Kästen aus Glas und Ziegeln, die sich in die Talmulde schmiegen, wo die Kraft des Derwent zum Antrieb der Webstühle verwendet wurde. Die meisten davon werden heutzutage anderweitig genutzt, sind Überbleibsel einer industriellen Vergangenheit, blieben aber dennoch die eigentliche Mitte der Stadt. Der Rest von Belper läuft die Talhänge hinab darauf zu, eine Hauptstraße mit kleinen Läden, lange Fluchten von Arbeiter-Reihenhäusern aus roten Ziegeln und am Stadtrand Wohnsiedlungen aus der Nachkriegszeit und Alleen mit Einzelhäusern wie das der Hargreaves, wo die ländliche Gegend unvermittelt in sorgfältig gepflegte Gärten übergeht. Die Leute wissen über die Belange des anderen Bescheid, ohne nachzufragen, und neigen zu gesellschaftlichem und politischem Konservatismus. Nach einem Zwischenspiel in den sechziger Jahren, als die Stadt im Unterhaus durch George Brown, einem selbstzerstörerischen Alkoholiker, vertreten wurde, Minister im Kabinett einer Labour-Regierung, schickte Belper mit klaren Mehrheiten Tories ins Parlament.

Allerdings legte sich die Stadt Anfang der siebziger Jahre eine neue und alles andere als konservative Schule zu. Der Direktor der Oberschule von Belper, Michael Tucker, war Atheist und von der Freischulbewegung beeinflußt, die in den dreißiger Jahren vom radikalen Erziehungsreformer A.S. Neil begründet worden war. Unter seiner Leitung wurden die täglichen Schulversammlungen zum Morgengebet abgeschafft und Verhaltensregeln fortan demokratisch bestimmt, zudem bat Tucker die Lehrer, daß sie ihre Schüler dazu bringen sollten, sie bei ihren Vornamen anzureden. Das Kollegium war zumeist jung und kam frisch von der Hochschule. Es gab keine Schuluniformen mehr. Tucker glaubte, jedes Potential eines Kindes entwickeln zu können, und er glaubte an die Bedeutung einer Selbständigkeit, die sich in der freien Natur erwerben ließe. Die Schule unterwies in Felsklettern, Kanufahren und Höhlenforschung, ließ auch die Zeit, dem nachzugehen; es waren integrale Bestandteile des Stundenplans. Für Alison, die im September 1975 eintrat, war es das Paradies.

Zwei dieser Fachlehrer, Hilary Collins und Pete Clarke, sollten auf Alisons Entwicklung großen Einfluß nehmen. Keine Schülerin hätte begeisterter sein können. »Sie brachte von ihrem Elternhaus bereits großes Interesse mit«, erinnert sich Clarke, »von früh an besaß sie einen eigenen Willen. Wenn sie etwas wollte, nahm sie all ihre Kraft zusammen, gab hundert Prozent und sogar noch etwas mehr, falls nötig.« An Wochenenden und in den Schulferien fuhren Collins und Clarke mit Schülergruppen in die Hügellandschaft von Snowdonia oder in den Lake District, wo sie in Herbergen oder Berghütten übernachteten, die Hochmoore durchwanderten oder längere Felsbesteigungen in Angriff nahmen. Während des Schuljahrs fanden Orientierungsbiwaks und auf den Berggipfeln in den Hochmooren des Peak District Biwaks mit Übernachtung in Schlafsäcken statt. Von den Schultagen wurde ein Nachmittag pro Woche mit Felsklettern, der Erforschung der örtlichen Kalksteinhöhlen oder mit Kanufahren auf den Stromschnellen des Derwent verbracht.

In der Woche vor Weihnachten 1975 buchte die Schule eine Herberge in Snowdonia, wo Alison und vier andere Schüler von Pete Clarke bei einem für die Saison unüblichen Aufstiegsversuch angeführt wurden, und zwar entlang einer Route namens Grooved Arete an der Ostseite des Tryfan, einer der höchsten Erhebungen der Gegend, ein Kamm aus vulkanischem Gestein, der das umliegende Moor beherrscht. Mit ein bißchen Phantasie sieht die Ostseite des Tryfan, wenn sie an der Hauptstraße A5 von Holyhead nach London ins Blickfeld kommt, ein wenig wie das Matterhorn aus. Im Vergleich mit den kleinen, selten mehr als dreißig Meter hohen Felsspitzen im Peak District ging es hier um richtiges Bergsteigen. Grooved Arete erfordert beinahe zweihundert Meter angeseiltes Klettern, und fängt ein Bergsteiger erst einmal an, die Felsen und Gesteinsplatten zu erklimmen, gibt es kein schnelles Zurück mehr, keine leichten Wege zum Gipfel, indem man sich seitwärts verdrückt. Die Route besteht aus neun verschiedenen Abschnitten oder »Gefällen« zwischen den einzelnen Felsvorsprüngen, und jedes einzelne »Gefälle« erweist sich als so lang wie eine komplette Felsbesteigung im Peak District. Pete Clarke ging auf jedem Abschnitt voraus, dann folgten einer nach dem anderen die Schüler, während er das Seil einholte. Nicht unweit der Bergspitze finden sich eine Reihe heikler Stufen, die erst schräg und dann senkrecht eine glatte Felsplatte emporsteigen, eine Abfolge, die ihren eigenen Namen hat: Springerzug-Platte. Der Winkel ist zwar nicht besonders steil, doch die Griffe sind klein und vom Durchzug Tausender Kletterer, seit die Strecke 1911 zum erstenmal gemeistert wurde, auf stumpfen Glanz poliert. Selbst mit der Sicherheit eines Seils über sich ist diese Passage für Anfänger beängstigend, denn das Gefälle schließt einen waagerechten Abschnitt ein, einen »Quergang«. Stürzt der zweite Mann, hieße das für ihn, als Pendel an der Platte entlang zu schwingen, ein holpriges, hautabschürfendes Scheuern über einem beträchtlichen Abgrund, bevor das Seil finge.

Es war Dezember und die Tage kurz. Als Alison und die anderen Jugendlichen den Quergang schwankend hinter sich gebracht hatten, wurde es schon dunkel. Einen Augenblick lang zog Pete Clarke in Betracht, sich den Weg zum Gipfel im Schein von Taschenlampen hochzuarbeiten, doch ein Blick auf die Felsen über ihm belehrte ihn eines Besseren; sie waren dunkel und naß, von Schleim bedeckt, der von tröpfelnden Rissen herrührte, in denen das Regenwasser von den Gipfelhängen ablief. Er war gezwungen, einen waghalsigen Rückzug anzutreten.

Clarke hatte den Schulkindern im Schutz der Turnhalle beigebracht, sich abzuseilen. Nun hatten sie keine Wahl, als sich an einem wilden walisischen Bergrücken in schwarzer Winternacht auf ihre Technik zu besinnen. Oberhalb jedes Gefälles legte Clarke das Seil doppelt und zurrte es um eine Felsnase herum. Sobald der letzte Schüler die Sicherheit des darunterliegenden Vorsprungs erreicht hatte, zog Clarke an einem Ende des doppelt gelegten Seils, so daß die Nase oben als Rolle fungierte. Auf diese Weise konnte er das Seil wieder einholen und auf dem nächsten Gefälle erneut verwenden. Im Dunkeln und bei auffrischendem Wind war das ein nervenaufreibender Vorgang. Die Simse waren schmal, und jedesmal, wenn die Jugendlichen sich einer nach dem anderen abseilten und am Fuß des Gefälles zusammenkauerten, fürchtete Clarke um ihre Sicherheit. Es war eine dramatische Einführung in eine Technik, die Alison Jahre später zum Abstieg von Bergen in den Alpen oder im Himalaja anwenden würde. Nach und nach gelangte die Gruppe sicher nach unten, erst gegen einundzwanzig Uhr war die Landstraße erreicht. Mittlerweile hatte Hilary Collins die Bergrettung alarmiert.

Alison genoß jede Minute davon, was andere als schreckensreiches Erlebnis empfunden haben mochten. Wie sie ihrer Freundin Bev England erzählte, liebte sie das Gefühl, Gefahren zu meistern, auf die Probe gestellt zu werden und dabei ruhig zu bleiben. »Gut 300 Meter tief abgeseilt, dann im Dunkeln bis 8.40 Uhr abends abgestiegen!« schrieb sie in ihr Tagebuch, als sei dies das Normalste von der Welt. Während sich die übrigen am nächsten Tag ausruhten, bestand sie darauf, von ihren Lehrern wieder mit zum Klettern genommen zu werden.

Längst las sie gierig Bergsteiger-Literatur. Ein Buch, das einen tiefen Eindruck hinterließ, war *Die weiße Spinne*, Hein-

rich Harrers Bericht über die Erstbesteigung der Eiger-Nordwand durch ihn und drei Begleiter im Jahr 1938. Ihrem Erfolg
war eine lange Serie von Fehlschlägen und Tragödien voraus-
gegangen, die den Berg international berüchtigt machten, und
Harrer läßt nur wenige Einzelheiten aus – wie den Tod Sedl-
mayers und Mehringers, die am Berg auf einem Felsvorsprung
festfroren, der seither als Todesbiwak bezeichnet wird; das
schaurige Ende einer Vierergruppe, die 1936 in einem Sturm
steckenblieb und deren letztes Mitglied kaum einen Meter
von seinen vermeintlichen Rettern verschied, die bewegungsunfähig waren, während er erschöpft und mit Erfrierungen an
einem vereisten Seil hing. Alison las das Buch bis tief in die
Nacht hinein, war vom endlich errungenen Triumph aufge-
wühlt und nicht vom Grauen abgeschreckt, das dieser gekostet hatte. Wie vor ihr schon Tausende künftiger Bergsteiger,
träumte auch sie davon, wie sie sich ihren Weg die Eisfelder
empor zum Todesbiwak suchte und das Wagnis auf sich
nahm, die Düsternis der Nordwand zu durchbrechen, um auf
den Gipfelschnee darüber zu stoßen.

Anfang des Jahres 1976 besuchte sie einen Vortrag von
Doug Scott, einem von denen, die 1975 den Gipfel des
Mount Everest über dessen Südwestwand erreicht hatten.
Nach einem langen, mühseligen Aufstieg vom letzten Lager
an der Wand trafen Scott und Dougal Haston am höchsten
Punkt der Erde wenige Augenblicke vor Sonnenuntergang
ein. Der Abstieg war zu schwierig, um ihn in der Dunkelheit
zu versuchen, und ihnen stand ein unvorhergesehenes Biwak
auf 8 800 Meter Höhe in der durchdringenden Kälte des
Herbstes im Himalaja bevor. Sie gruben auf der Südseite des
Berggipfels eine Schneehöhle und verhinderten Erfrierungen,
indem sie die Füße auf den Bauch des anderen unter der Kleidung legten; zudem litten sie unter höhenbedingten Halluzinationen. Es ist eine der großen Überlebensgeschichten in

den Annalen des Bergsteigens. Aufs neue war Alison angeregt. »Mein Gott, das ist alles so wunderbar«, schrieb sie in ihr Tagebuch. »Ich würde ja so gerne losgehen, aber ich weiß, daß meine Aussichten eins zu einer Million stehen.« Das Bergsteigen wurde zum Mittelpunkt ihres Lebens. Anfang Februar zeichnete sie im Kunstunterricht ihre Felskletterstiefel als Stilleben.

Trotz ihrer Begeisterung am Bergsteigen interessierte sie sich durchaus auch für Jungs. Während der ganzen Zeit war Alison heftig in einen Mitschüler verliebt, in Rob Hutton. Sie grübelte über jedes ihrer Gespräche nach, erging sich mit Bev England in endlosen Erörterungen seiner Person und litt Höllenqualen, wenn ihm eine andere zu gefallen schien. Sie schickte ihm eine Valentinskarte und geriet dann in Panik, daß sie ihn damit verschrecken könnte. Am Valentinstag gab Sharon Gregory, eine Mitschülerin, eine Party, und Alison versuchte sich mit einem Martini und zwei Gläsern Cidre Mut anzutrinken, um auf Rob zuzugehen. Schließlich kam er zu ihr, um sich zu unterhalten. Sie war enttäuscht – er flirtete nicht, sondern sprach über Bergsteigen. Nahezu verzweifelt schrieb Alison: »Vielleicht liebt Rob mich nicht, aber ich weiß, daß Gott es tut, und er weiß, was das Beste für mich ist. Ich kann noch immer die Berge lieben und irgendwo dazu einen Jungen.«

Anfang April 1976 wurde die Ruhe der Hargreaves unvermittelt erschüttert. Susan, eine talentierte Musikerin, die nach einem Violinexamen nach Hause gekommen war, ließ Sachen fallen und schien alle Kraft in den Händen verloren zu haben. Am nächsten Morgen konnte sie einen Arm nicht mehr bewegen; nach zwei weiteren Tagen hatte sie ein lahmes Bein und sprach mit lallender Stimme. Zunächst waren die Ärzte sich nicht im klaren darüber, was ihr fehlte. Susan – knapp sechzehn Jahre – verbrachte vier Wochen im königlichen Krankenhaus von Derbyshire und wurde verschiedenen Tests auf eine Reihe von Infektionen und nervösen Beschwerden unterzogen, selbst ein möglicher Hirntumor wurde nicht ausgeschlossen. Die Symptome ließen jedoch schnell nach, und als sie nach Hause konnte, war sie überglücklich. Doch Susan erinnert sich: »Meine Eltern waren offenbar weniger glücklich. Einen oder zwei Tage nach meiner Heimkehr sagten sie mir, ich hätte multiple Sklerose und könnte jederzeit einen Rückfall erleiden.«

Die ernste Situation ihrer Schwester schien an Alison weitgehend vorbeizugehen. Nur wenige Male besuchte sie sie im Krankenhaus und setzte ansonsten ihren Alltag fort, der ausgefüllt war mit Klettern und anderen Kontakten. Ihr Tagebuch läßt keine Spur von Selbstbeobachtung erkennen und keine Andeutung darüber, daß ihre Schwester dem Tod ins Auge gesehen hatte. Für Susan hingegen gab es keinen Zweifel: »Ich war am Boden zerstört und außer mir. Alle meine Träume hatten sich in Luft aufgelöst. Ich dachte, mit meinem Leben sei es zu Ende.« Während die Jahre verstrichen, sollte Susan einige Rückfälle erleiden, zum Zeitpunkt dieser Niederschrift 1999 geht es ihr relativ gut. Susan konnte die Universitäten von Oxford und Lancaster absolvieren und einer erfolgreichen Karriere nachgehen. Heute ist sie Mutter von zwei Kindern, das jüngere hat sie nach ihrer Schwester benannt.

Ihre Erkrankung führte zu einer deutlichen, wenn auch vorübergehenden Abkühlung ihres Verhältnisses zu Alison. Sie mußte sich gewissermaßen im Stich gelassen fühlen. Vielleicht läßt sich Alisons mangelnde Anteilnahme in dieser für Susan kritischen Lebensphase mit ihrer Jugend erklären; sie war ja erst vierzehn. Die Eltern bekamen allmählich jedoch das Gefühl, daß sich ihr Interesse am Klettern zur Monomanie auswuchs.

Als Joyce wegen der Kinder zu Hause geblieben war, war das Geld ziemlich knapp gewesen. Jetzt aber stand sie wieder im Berufsleben, und mit Johns Laufbahn bei British Rail ging es aufwärts. Zum erstenmal verfügten die Hargreaves über ein größeres Einkommen, und sie konnten Reisen ins Gebirge planen. In jenem August fuhr die Familie während der Ferien in die österreichischen Alpen. Für Alison war es ein Augenblick der Offenbarung, Berge von einer Größe zu Gesicht zu bekommen, die alles in Großbritannien zwergenhaft erscheinen ließ. Sie fuhren mit der Bahn, und als sie, von der Schweiz kommend, nach Österreich kamen, türmten sich 3 500 Meter hohe, mit Neuschnee bedeckte Gipfel vor ihnen auf. Der Zug fuhr durch ein Tal mit steil aufragenden Bergspitzen und sechshundert Meter hohen Felswänden, und Alison schrieb in ihr Tagebuch: »Es war phantastisch.« Als sie in Innsbruck umstiegen, sah sie richtige Alpinisten, Männer mit Steigeisen und Eispickeln an ihren Rucksäcken. Sie war von allem begeistert, selbst von den mitteleuropäischen Steppdecken in den Hotels, einem exotischen Kontrast zu den Laken und Wolldecken, die sie von zu Hause gewöhnt war. Abend für Abend verzeichnete sie gewissenhaft in ihrem Tagebuch, was sie gegessen hatte.

An einem dieser Tage wanderte die Familie hoch zu einer Berghütte, wo der Vater sein Bier mit Alisons Zitronenlimonade zu einem Radler mischte. Dann zog sie allein mit ihm weiter auf gut 2 200 Meter Höhe. Alison war hingerissen, als ihr Blick über die scheinbar endlosen Berge schweifte. Dann traten sie den langen Abstieg zurück ins Tal und zu einem köstlichen Abendbrot aus Schinken, Kartoffeln und Weintrauben an. »Es war einfach herrlich.« An manchen Tagen fuhren sie auch mit der Dampfeisenbahn. Aber Alison zog Wanderungen in den Bergen vor, Klettereien auf den Kämmen und den Anblick von Bergsteigern, die schwierigere und höhere Felswände in Angriff nahmen, als sie je gesehen hatte. Einmal wurden sie von einem plötzlichen Wolkenbruch überrascht. Während der Donner krachte, rollte sie die Hosenbeine hoch, zog die Socken runter und marschierte durchnäßt in einem Zustand von Verzückung weiter.

Alison wäre am liebsten dageblieben. Neunzehn Jahre später wurde sie im K 2-Basislager vom neuseeländischen Bergsteiger Matt Comeskey interviewt und beschrieb ihre Reaktion, als der Zug Innsbruck verließ, so: »Ich schob im Schlafabteil die Jalousie hoch … und spähte hinaus, und da waren diese phantastischen Felswände aus Kalkstein, und ich brach einfach in Tränen aus. Ich fühlte, das war mein Zuhause, und ich wollte dableiben.« Am Morgen nach ihrer Abreise wachte Alison in Nordfrankreich auf. »Das ist, dachte ich bei mir, ein sehr langweiliges Land«, schrieb sie in ihr Tagebuch. »Keine Hügel.«

Das Ende jenes Sommers schien für Alison auch das Ende ihrer Kindheit anzuzeigen. Sie war vierzehn und strebte wie die meisten Jugendlichen danach, die eigene Identität zu finden, was zwischen ihr und ihren Eltern regelmäßig für Zündstoff sorgte. So besessen, wie sie vom Bergsteigen war, so oft war es auch der Anlaß für immer häufigeren Krach miteinander. Alisons Eltern fürchteten, daß sie ihre schulischen Leistungen vernachlässigen könnte. In einigen Fächern war sie noch immer Klassenbeste, aber das Bergsteigen und nicht die Gelehrsamkeit beherrschte ihre Gedanken und Träume. War sie einmal nicht draußen auf einer Tour, plante sie ihren nächsten Ausflug, besuchte Vorträge zum Thema Bergsteigen oder las die entsprechenden Zeitschriften und Bücher.

Die schlimmsten Auseinandersetzungen hatte sie mit ihrem Vater, als sei es gerade ihre Nähe zueinander, die die Gegensätze unerträglicher machte. Nach solch einem Streit ging Alison gewöhnlich einfach in ihr Zimmer und schloß die Tür hinter sich, was eine Schlichtung nur erschwerte. Ungemein dick-köpfig, ließ sie sich keine Schwäche anmerken; nur ihr Tage-buch wußte, daß sie mitunter bis in die Morgenstunden wach lag und vor Traurigkeit und Enttäuschung schluchzte. »Uns schien es, als finge sie an, sich von der Familie abzusetzen«, sagt Susan. »Jedesmal schloß sie sich dann stundenlang in ihrem Zimmer ein. Das hat uns alle verletzt.«

Eine Ursache für eine Auseinandersetzung wurde beispiels-weise ein Anschlag am Schwarzen Brett der Schule, der dazu einlud, sich für eine Erkundungsfahrt der Schulen von Der-byshire in die norwegischen Berge zu bewerben. Alison und Bev England wollten beide mitfahren, aber auch Susan. Doch für jemanden, der unter multipler Sklerose litt, war es ein zu großes Risiko, fern von Krankenhäusern mehrere Wochen anstrengender Aktivität zu verbringen. Wochenlang bedräng-te Alison ihre Eltern, sie fahren zu lassen, und argumentierte, daß es zwar nicht fair ihrer Schwester gegenüber sei, aber Susan nichts dagegen hätte. Schließlich stimmten die Eltern zu, und Anfang Dezember erfuhren Bev und Alison, daß die Wahl auf sie gefallen war. Susan hatte aber entschieden etwas dagegen. Sie war, wie Alison notierte, »sehr sauer«.

Alisons grenzenlose Leidenschaft ist vielen jungen Kletter-ern zu eigen. Die Hochstimmung beim Überwinden einer schwierigen Route kann geradezu körperlich abhängig ma-chen, und das Wohlgefühl am Ende eines großartigen Tages auf Felsen oder in den Bergen und die Empfindung, etwas geleistet zu haben, können kaum durch anderes ersetzt wer-den. Zugleich müssen gute Kletterer regelmäßig aufsteigen. Gelegentliches Klettern bedeutet beinahe zwangsläufig, un-beholfen, schlecht und mit furchtsamer Einstellung zu klet-tern.

Für einen Kletterer bieten die selten mehr als dreißig Meter hohen Felsen des Peak District eine nicht minder befriedigende Gelegenheit, nach Wegen der Ersteigung zu suchen, wie für einen Bergsteiger ein unbezwungener Gipfel. Die ersten Kletterer gegen Ende des 19. Jahrhunderts waren froh, die leichtesten Zugänge zur Spitze eines jeweiligen Felsens zu finden und tiefe Erosionsrinnen oder mäßig schräge Felsplatten emporzukraxeln. Bald aber erkannten sie und ihre Nachfolger, daß jeder Fels eine Vielzahl von Möglichkeiten bereithielt, alternative, schwierigere Strecken auf ein und demselben Felsen. Über Jahre wurden diese Strecken ausfindig gemacht, erklettert, benannt und anschließend in Führern vermerkt. Nach und nach wurden die neu erschlossenen Aufstiegsrouten härter und anspruchsvoller, da jede nachwachsende Generation das Vermittelte mit anderen Augen sah.

Alisons Teenagerzeit in den siebziger Jahren fiel in eine Phase, in der derartige Erkundungen mit außergewöhnlichem Eifer betrieben wurden. Kletterer hatten damit begonnen, in Turnhallen und an den ersten überdachten Kletterwänden zu trainieren, um sich – auch bei schlechtem Wetter – ihre Leistungsfähigkeit zu erhalten und in ihren Fingern die Kraft auszubilden, mit der man sich bei geringstem Halt an langen Passagen aus überhängendem Fels emporzieht. Denn in der Rangfolge des Kletterns läßt sich Überlegenheit nirgendwo überzeugender beweisen als durch die Besteigung einer beschwerlichen neuen Strecke. Und an den Wänden des Peak District wurden fast wöchentlich neue Routen von einem Schwierigkeitsgrad erklommen, der alles Frühere übertraf.

Alisons Helden, die die Gipfel hoher Berge im Himalaja erstiegen hatten, kannte man zum großen Teil auch in der breiten Öffentlichkeit. Gleichzeitig verehrte sie die neuen Kletterer ihrer Heimat, deren Heldentaten weniger große Publizität erfuhren. Deren Strecken wurden in den Fachzeitschriften verzeichnet, die Alison Monat für Monat verschlang – und dann nicht nur die Felsbesteigungen, sondern auch deren gesellschaftliches Leben. Als Ron Fawcett, damals Großbritanniens bester Felskletterer, seine Verlobung bekanntgab, las Alison die Nachricht davon als Story im *Climber and Rambler*. Doch für Alison war das Felsklettern etwas Zugängliches. Sie konnte diese Männer – und es waren alles Männer – an den Felsen in der Nähe ihres Elternhauses in Aktion sehen, wann immer sie Lust dazu hatte. Sie konnte die Schauplätze ihrer Triumphe aufsuchen, die von ihnen benutzten Griffe berühren und selbst versuchen, ein paar Bewegungsabläufe herauszufinden. »Von Leuten wie Ron waren wir völlig hingerissen«, erinnert sich Bev England. »Zugleich hatten wir aber das Gefühl, schon zum Rand der Szene zu gehören.«

Es war weniger eine Caféhausgesellschaft als eine, die beim Frittenverkäufer einkehrte. Felskletterer hingen in Fernfahrerbuden herum wie dem »Lover's Leap« in Stoney Middleton, einem Dorf im Herzen des Peak District. Gab es ein verregnetes Wochenende, war der düstere, schmale Raum mit Kletterern vollgestopft, die literweise Tee tranken, einander von ihren jüngsten Besteigungen erzählten und lange Hälse machten, um den Star zu identifizieren, der sich am Tresen gerade für ein Schinkensandwich anstellte. In der Woche fand sich der harte Kern ein, der sich mit Arbeitslosenhilfe durchschlug, wettergegerbte Daunenjacken und abgewetzte Pullover trug, sich streichholzdünne Zigaretten drehte und von nichts anderem als vom Klettern redete. Abends zog es die Kletterer dann die Straße hinunter in Pubs wie den »Moon«, wo sie von Tee zu Bier übergingen, aber die Gesprächsthemen waren die gleichen: extreme Leistungen und wüstes Benehmen. Es war eine hierarchische und strenge Männerwelt, aber eine anarchische und aufregende zugleich, in der gesellschaftliche Konventionen gnadenlos aufgeweicht wurden.

In der Londoner Modewelt war die Ära des Punkrock angebrochen, und neue Designer wie Vivienne Westwood zogen mit ihrem radikalen Ansatz internationale Aufmerksamkeit auf sich. Alison und Bev jedoch hatten kein Interesse am Look, der auf der King's Road in Chelsea vorgeführt wurde. Ihre innigsten Wünsche waren auf die neuen Javelin-Faserflor-Jacken gerichtet, mollige, aber ziemlich unförmige Kleidungsstücke mit Reißverschluß, die aus einem revolutionären synthetischen Gewebe bestanden und in der Felsklettereri unerläßlich geworden waren. »Eine solche zu besitzen hieß, daß man Kletterer war«, meint Bev. Die Produktion der Firma blieb hinter der Nachfrage zurück, und Alison und Bev wetteiferten wochenlang darum, wer sich als erste eine beschaffen konnte. Da den örtlichen Läden die Ware ausgegangen war, fuhr Bev sogar für einen Tag nach London und kämmte in der Hauptstadt die Geschäfte für Outdoorartikel durch, kehrte aber mit leeren Händen zurück.

Alison ergatterte schließlich eine; als ihre Freundin jedoch ein paar Wochen später auch eine hatte, stellte Alison bestürzt fest, daß ihre bereits ziemlich abgetragen wirkte. Schlimmer noch, das alles entscheidende Javelin-Markenzeichen löste sich an beiden Jacken ab. Nie um einen Rat verlegen, klebten die Mädchen die Etiketten mit Superkleber wieder an. Ihre Pingeligkeit stand im Gegensatz zu den meisten anderen jungen, im Peak District aufwachsenden Kletterern, die ein adrettes oder sauberes Äußeres als unerträglich typisch für die Mittelklasse ansahen.

Andererseits war das weibliche Geschlecht unter den jungen Kletterern, die sich Ende der siebziger Jahre zu diesem Sport hingezogen fühlten, schwach vertreten. Ein paar Mädchen gingen mit ihren Freunden auf Klettertour, aber Alison und Bev hatten kein Interesse, von Männern in der Gegend herumgeführt zu werden. Häufig kletterten sie gemeinsam, und das Phänomen zweier Mädchen, die das Seil miteinander teilten, zog von Anfang an Aufmerksamkeit auf sich. Eines Tages fuhren sie per Anhalter zu einem Sandsteinfelsen oberhalb des Dorfes Hathersage in Stanage Edge. Zu ihrem Entzücken stellte sich der Fahrer, der sie mitnahm, als Paul Nunn heraus, ein berühmter Veteran des Himalaja (Paul Nunn kam auf tragische Weise sechs Tage früher als Alison auf dem Haramosh II ums Leben, einem Berg in derselben Kette wie der K 2). »Ist ja toll, daß ihr beiden Mädchen zusammen klettert«, sagte er. »Macht weiter so.« Und er riet ihnen, in den Alpen bergzusteigen; ihre offenkundigen Fähigkeiten ließen eine solche Erwägung ohne weiteres zu. Bis dahin, sagt Bev, war es ihnen nicht in den Sinn gekommen, daß ihr Geschlecht sie zu etwas Ungewöhnlichem machte; ihre männlichen Altersgenossen hatten in ihren Augen keine anderen Beweggründe als sie selbst.

Im Sommer 1977 fuhren Alison und Bev nach wochenlangen Vorbereitungen mit Trainingsmärschen, bei denen sie schwere Rucksäcke trugen, wie geplant nach Norwegen. Die Gruppe, die aus Schulen in Derbyshire zusammengestellt worden war, setzte von Newcastle nach Stavanger über und fuhr dann mit dem Zug die schroffe Küste hinauf. Ihr Basislager befand sich im Rajo-Nationalpark innerhalb des nördlichen Polarkreises, und binnen weniger Tage hatten sie ein abgelegenes vorgeschobenes Lager auf einem Gletscher unterhalb gewaltiger Granitflächen aufgeschlagen. Im Vergleich zu dem eindrucksvollen Ferienaufenthalt in Österreich gab es hier keine Bergrestaurants, Hotels oder Steppdecken. Sie wohnten in Zelten und lebten von gefriergetrockneten Rationen, die jedesmal am Ende eines erschöpfenden Tages auf Primuskochern warm gemacht wurden. Es war Alisons erste Kostprobe der Wildnis, und bald genoß sie die Abgeschiedenheit, badete in eiskalten Gletscherseen und sonnte sich zu mitternächtlicher Stunde. Alison und Bev fanden in den Forellen aus den Seen eine Quelle frischer Nahrung, eine willkommene Ergänzung zu den eintönigen Trockenrationen.

Nominell gesehen, sollte die Expedition die Gletscherrückbildung messen, das Wetter beobachten und nach ehemaligen Siedlungen der Lappen suchen. Was Alison betraf, vertiefte die Reise in erster Linie ihre Liebe zu den Bergen. Das einzige Unschöne waren die blutrünstigen Mückenschwärme. Alison brachte mehrere Exemplare davon mit nach Hause, mit Tesafilm in ihr Tagebuch eingeklebt, verschmiert von ihrer Mahlzeit aus Menschenblut. Die Expedition endete mit einer Wanderung vom vorgeschobenen Lager einen mächtigen Fjord hinunter. »Für Fünfzehnjährige war es eine überwältigende Erfahrung«, sagt Bev. Zwei Tage nach ihrer Rückkehr am 9. August fiel die Wahl auf Alison, in einem Interview auf Radio Derby über ihre Reise zu erzählen. Am folgenden Nachmittag war sie zurück auf den Felsen und kletterte mit Pete Clarke in den Black Rocks – kein Vergleich mit den Bergen in Nordnorwegen.

Sie begann, sich erwachsen zu fühlen, und sprach mitunter in ihrem Tagebuch von sich in der dritten Person als »einer Frau«. Tatsächlich sah sie mit fünfzehn schon fast so aus wie später als Erwachsene. Sie hatte einen schlanken, jungenhaften und kraftvollen Körper. Wie viele gute Bergsteiger war sie mit einem Meter zweiundsechzig alles andere als groß. Ihr natürlich gewelltes Haar war von einem tiefen Dunkelblond, und sie hatte blaue Augen. Ihr warmes Lächeln ließ auf einen offenen, geraden Charakter schließen. So jedenfalls empfanden es die anderen.

Die Wochen in der Wildnis hatten den schulischen Druck und die spannungsvolle Atmosphäre in ihrer Familie in den Hintergrund gedrängt, und Alison empfand ein beinahe vollkommenes Glücksgefühl. Nicht zum letzten Mal in ihrem Leben waren die Berge eine emotionale Zuflucht. In einem Gebet, das sie kurz nach ihrer Rückkehr von Norwegen in ihr Tagebuch schrieb, freute sie sich auf das kommende Schuljahr, in dem sie die Mittelstufen-Abschlußprüfung ablegen würde, die ihre Schwester so gut bestanden hatte. Doch im selben Atemzug bestürmte sie den Allmächtigen, ihr die Zeit zu geben, um ihre Klettertechnik zu verbessern. Irgendwie hoffte sie, ein Gleichgewicht zwischen beidem erzielen zu können.

In der Annahme, die Eltern seien ob ihrer Hingabe an die Kletterei vor allem über die Gefahr besorgt, die das für ihre schulischen Leistungen bedeutete, lag Alison teilweise falsch. Die eigentliche Furcht war natürlich, daß sie sich verletzten könnte oder Schlimmeres. Wie die meisten Anfänger war Alison bei ihren ersten Ausflügen mit ihrem Vater oder mit der Schule als »Seilzweite« geklettert, während das Seil über ihr eingeholt wurde. Als Seilzweiter zu klettern ist im Grunde sicher, einen routinierten und konzentrierten Anführer vorausgesetzt. Doch Alison hatte nicht lange gebraucht, um den Vortritt zu übernehmen, was eine zwangsläufig gefährlichere, aber auch aufregendere Arbeit darstellt. Als Seilerste zog sie beim Klettern das sicher an ihrem Klettergürtel festgebundene Seil hinter sich her, während die Seilzweite, in dieser Zeit gewöhnlich Bev England, das Seil ablaufen ließ.

Als die Felskletterei im 19. Jahrhundert einsetzte, galt das einfache Prinzip, daß der Führer nicht fallen darf. Falls doch, hieß das, auf dem Boden aufzuschlagen. Doch über die Jahre haben Kletterer eine Ausrüstung entwickelt, die auch den Seilersten sichert, um die Falltiefe eines Sturzes zu begrenzen. Die einfachste Variante ist eine Schlinge, die um einen Felsspitze oder einen Brocken gelegt oder um einen in einer Spalte verkeilten Stein gewickelt wird. In den Alpen sind beliebte Kletterstrecken geradezu mit Felshaken übersät, in den Fels gehämmerten Stahlschäften. In Großbritannien sind Felshaken ziemlich selten, und Kletterer verwenden gewöhnlich keilförmige, zugespitzte Aluminiumösen, durch die ein kurzes Stück Seil oder ein ausgesprochen fester Draht geführt wird. Der Führer bringt Sicherung überall dort an, wo sie möglich ist, und klickt das Seil mit einem Karabiner ein. Am Fuß des Gefälles hält der Seilzweite das Seil über eine besondere Vorrichtung locker und spannt es straff, sollte der Seilerste stürzen. Solange das Seil des Ersten an einem Karabiner befestigt ist, der eine stabile Sicherung hat, kann er nicht allzu tief fallen.

Trotzdem bleibt die Führung ein ernstes Unterfangen, denn mitunter findet sich keine Sicherung in der Nähe einer schwierigen Partie, weil der Fels glatt ist und frei von Rissen, in denen sich eine Öse anbringen ließe. In einem solchen Fall kann der Seilerste so tief fallen, wie die höchstliegende Sicherung liegt – immer auch angenommen, diese wird von der Gewalt des Sturzes nicht aus dem Fels gehebelt –, und dann noch einmal so tief. Kletterseile sind in der Regel stark genug, um das Gewicht mehrerer Autos auszuhalten, aber auch sehr nachgiebig, um die Einwirkung eines aufgefangenen Sturzes auf den menschlichen Körper zu verringern. Ein typisches Nylonseil dehnt sich um vierzig Prozent aus, wenn es zum erstenmal belastet wird. Daher wird der drei Meter oberhalb einer tragfähigen Sicherung stürzende Erste mindestens acht Meter tief stürzen, sofern er sich mehr als acht Meter über dem Erdboden befindet. Es braucht Zeit und Erfahrung, um zu erkennen, wann ein Riß die richtige Form hat, um Sicherheit zu gewährleisten, und welche Ösengröße zu verwenden ist. Reagiert der Seilzweite beim Aufhalten des Seils nur langsam, wird der Erste tiefer als nötig fallen. Gute Kletterseilschaften bedürfen des Vertrauens in einem Maß, welches weit über das in anderen Sportarten Erforderliche hinausgeht, und bei einem Aufstieg zu führen heißt buchstäblich, die Verantwortung für die eigene Zukunft zu übernehmen.

Das Paradox besteht darin, daß es gerade dieses Gefühl von Verantwortung ist, das das Klettern und insbesondere die Führung zu solch einer Faszination werden läßt. Seilzweite beim Felsklettern zu sein kann sehr viel Freude bereiten, wird aber niemals der Hochstimmung gleichkommen, vollführt man schwierige Bewegungsabläufe am »spitzen« Ende des Seils. Überdies ist Klettern das beste Mittel zur Entspannung. Es ist die endgültige Verdrängungstechnik. Bald verlangte es Alison, die Führung zu übernehmen, wo immer sie konnte, und zugleich hielt ein Wort mit einer für Kletterer ganz besonderen Bedeutung Einzug in ihren Wortschatz – »Festlegung«. Festgelegt zu sein, ob auf einer fünfzehn Meter hohen Felsspitze oder an einer drei Kilometer hohen Bergwand, bedeutet, über den Punkt hinauszugehen, wo ein Rückzug noch sinnvoll erscheint, wo es beinahe mit Sicherheit leichter ist, weiter nach oben zu gehen und den Gipfel zu erreichen, als wieder nach unten zu klettern. Der Punkt, an dem sich Festlegungen einstellen, ist von Mensch zu Mensch verschieden und hängt natürlich von seinen jeweiligen Fähigkeiten ab. Gleich welcher Schwierigkeitsgrad, finden die meisten Kletterer die befriedigendsten Strecken in jenen, die eine Festlegung erfordern, eine Annäherung an eine persönliche Grenze. Die besten Kletterer sind solche mit der Begabung und Entschlossenheit, diese Grenze nach außen zu schieben, und über diese Eigenschaften verfügte Alison im Überfluß.

Ob auf Fels, Eis oder an großen Bergwänden, werden alle Arten von Aufstiegen in Kategorien eingeteilt. Unter dem in Großbritannien gebräuchlichen, etwas verwirrenden System wurden die leichten Kletterstrecken, mit denen Alison durch ihren Vater vertraut gemacht wurde, als »schwierig« oder

»sehr schwierig« eingestuft. Wer einigermaßen in Form ist, wird als Seilzweiter Aufstiege dieses Grades in der Regel bewältigen können. Nicht lange, und sie gelangte auf die nächsthöhere Stufe, »hart«. Im Frühjahr 1977 hatte Alison bereits regelmäßig die Führung auf beträchtlich härteren Strecken in der Kategorie »sehr hart« inne. Bei der Führung auf einer »sehr harten« Sandsteinroute muß man fehlerfrei klettern und die Choreographie des Felsens einhalten, sonst stürzt man ab. Zuweilen finden die Hände zwar Halt an nicht mehr als rundlichen Bauchungen, die ausreichen, um das Gleichgewicht zu stabilisieren, aber ungeeignet sind, um sich daran hochzuziehen. Die Füße ruhen nicht etwa auf bequemen Vorsprüngen, sondern zuweilen nur mehr bloßem Gekräusel im Gestein, und um darauf zu stehen, muß man der Reibung zwischen den glatten, haftenden Gummisohlen seiner Kletterschuhe und dem Fels vertrauen. Häufig ist die Sicherung auf Sandstein dürftig, und Alison lernte, daß ein Bergführer harte Partien mit Zuversicht zu erklimmen hat, auch wenn die nächstgelegene Öse weit unterhalb seiner Füße liegt und er weiß, daß diese im Fall eines Sturzes den Aufprall auf den Erdboden nicht unbedingt verhindern wird. »Sehr harte« Kalksteinrouten sind im allgemeinen weniger gefährlich, zumeist aber auch länger und steiler, und sie beanspruchen die Arme stärker. Der Führer braucht Kraft, um einen Aufstieg zu beenden, bevor er »vollgepumpt« wird, womit jener qualvolle Zustand gemeint ist, wenn Milchsäure in die Armmuskeln schießt und die plötzlich kraftlosen Finger sich von allein strecken.

Alisons Eltern waren beunruhigt über ihr derart großes Selbstvertrauen, daß sie die möglichen Gefahren nicht zu bemerken schien und gleich vielen Kletterern annahm, das Bewußtsein der eigenen Grenzen würde sie schützen. Zu Ostern 1977 plante sie mit Bev eine Klettertour in Nordwales und reagierte gekränkt und enttäuscht, als die Eltern die Idee mit der Begründung ablehnten, daß beide nicht erfahren genug seien. Sie wiesen darauf hin, daß viele der Kletterstrecken in Wales einige hundert Meter hoch sind und weit entfernt von Straßen oder Siedlungen liegen. Die Sorge ihrer Eltern war nicht unbegründet. Ein paar Wochen später kam Alison in Lawrencefield, einem Sandsteinbruch nahe Sheffield, als Führer bei einem »sehr harten« Aufstieg in Schwierigkeiten, als sie außerstande war, mit den Händen den nächstliegenden Griff zu erreichen und die Wand auf einem anderen als dem im Führer angegebenen Weg emporzuklettern versuchte. Sie befand sich weit oberhalb ihrer letzten Sicherung, und als sie das schwerste Stück in Angriff nahm, rutschten die Füße ab. Sie fiel sieben Meter tief und krachte pendelnd mit dem Kopf an den Fels. Erst wenige Wochen zuvor hatte ihre Lehrerin Hilary Collins sie wiederholt kritisiert, weil sie ohne Schutzhelm kletterte. Diesmal allerdings trug sie einen, und er schützte sie vor ernsthaften Verletzungen.

Stürzt ein Führer das erste Mal ab, ist es ein Schock, das Herz droht stehenzubleiben, und unwillkürlich löst sich ein Angstschrei. Ist es dennoch gutgegangen, brechen sich schnell Erleichterung, ja Gelächter die Bahn, und man beruhigt seine Freunde. Allein Alisons Tagebuch erfuhr, was sie wirklich fühlte: »Sehr erschrocken und verlegen.« Und wie ein Gebet: »Dir zu Dank wurde ich nicht verletzt. Danke Gott für meinen Helm, andernfalls zweifellos Schädelbruch.«

Drei Monate später, am 10. Juli, stürzte sie erneut ab, dicht unter der Spitze des Sunset Slab, einem schlecht gesicherten, »sehr harten« Aufstieg am Sandstein der Froggatt Edge. Diesmal zerrte sie sich die Bänder ihres Fußknöchels, als sie auf dem Boden aufschlug, eine schmerzhafte Verletzung, die sie noch am Anfang ihrer Reise nach Norwegen behindern sollte. Und doch wurde sie zunehmend sorgloser und war immer weniger bereit, sich das Schreckliche auszumalen, was hätte passieren können. An jenem Tag befanden sich ein paar routinierte Kletterer am Fels, die einige der härtesten Routen Derbyshires angingen, und Alison konzentrierte sich nach ihrem Sturz auf den Versuch, sie mit Sonnenbaden zu beeindrucken. Am selben Abend verfaßte sie ein weiteres Gebet: »Danke dafür, mich fallen und davonkommen zu lassen – ich muß *vorsichtiger* werden.«

Und dann, am 18. September, kam es beinahe zur strafenden Gerechtigkeit. Alison war in Stanage und kletterte mit einer Gruppe aus der Schule. Sie wärmte sich mit ein paar einfachen Kletterübungen auf und lenkte ihre Aufmerksamkeit dann auf einen wohlbekannten Klassiker – auf Hargreaves' Original Route (nach einem Bergsteiger benannt, mit dem sie nicht verwandt war) –, ein »sehr harter« Aufstieg auf den eindrucksvollen Black Slab, der über eine Reihe ungünstig gelegener Stufen zwischen weit auseinanderliegenden, abgerundeten Tritten hochführt. Alison hatte keinerlei Sicherung; sollte sie abrutschen, würde sie todsicher auf den gezackten Findlingen aufschlagen.

Während sie mit gewohnter Zuversicht emporkletterte und ein Seil für Bev hinter sich herzog, versuchte sich unter ihr John Sellars, ebenfalls ein Schüler aus Belper, an der Felswand, die er waagerecht querte. Als sie schon mehr als zehn Meter weit hochgekommen war, rutschte er ab und fiel. Für John war es nur ein kurzer Ruck. Doch im Fallen verfing er sich in Alisons Seil. Plötzlich zerrte sein ganzes Gewicht an ihrer Taille. »Es sah wirklich aus wie Zeitlupe«, sagt Bev. »Sie hatte keine Chance. Sie wurde einfach vom Fels gepellt.«

Weil die Sicherung fehlte, gab es keinen unvermittelten Stoß, als sich das Seil an ihrem Klettergürtel spannte, und Alison stürzte, sich ein paarmal an hervorstehenden Kanten schrammend, hinunter. Dabei konnte sie von Glück sagen, denn sie kam auf dem einzigen Flecken Gras auf, den es am

45

Fuß des gesamten Felsabschnitts gab. Sie schnappte nach Luft, war betäubt, aber bei Bewußtsein und am Leben. »Der Untergrund war weich und schluckte einiges vom Aufprall«, sagt Bev. Trotzdem hatte Alison heftige Schmerzen. Beide Beine waren unter ihr verdreht, jede Berührung tat weh. Während ihre Freunde versuchten, sie warmzuhalten, und ihren geschockten Körper unter mehreren Schichten aus Bergsteigerjacken begruben, lief jemand den Rettungsdienst rufen. Eine halbe Stunde später wurde sie ins Krankenhaus von Sheffield gebracht. Dort mußte sie lange auf das Einverständnis ihrer Eltern zu einer Vollnarkose warten, damit ihre Knochen gerichtet werden konnten. John und Joyce befanden sich gerade auf einer langen Wanderung anderswo in der Heide und waren unerreichbar. Am späten Nachmittag schließlich wurden sie ausfindig gemacht, und die Chirurgen konnten an die Arbeit gehen. Alison hatte sich beide Knochen ihres linken Unterschenkels gebrochen, und die linke Ferse war gesplittert. Sie mußte monatelang in Gips gehen.

Die Herrin von Meerbrook Lea

Alison stocherte mit ihrer Krücke im gefrorenen Erdboden herum, suchte Halt, um ihr Gipsbein nach vorn zu bringen. Der Pfad war steil und zugleich vereist; einmal mußte sie in die Hocke gehen und sich mit der freien Hand abstützen, um nicht hinzustürzen – wie ein Felskletterer, dachte sie bei sich, der alle seine vier Gliedmaßen benutzt, um das Gleichgewicht zu halten, das aber auf einem leichten Wanderweg. Schließlich erreichte sie die Spitze der natürlichen Zitadelle mit dem Ausblick auf winterlich verschneite Gehöfte und Trockensteinmauern. Lächelnd wandte sie sich ihrer Mutter zu. Trotz ihrer Besorgnis hatte Joyce Hargreaves es unterlassen, ihr beim kurzen Aufstieg von der Straße hoch Unterstützung anzubieten. Zu anderen Zeiten war Alison überall an der vorderen Wand der Zitadelle herumgewuselt, an den Kalksteintürmen der Harbourgh Rocks mit ihren vielen Vertiefungen, in deren kleinen, für ein Seil zu kurzen Pfeilern sie nicht mehr als Trainingsübungen sah. Nun war es im fahlen Licht des November ein kleiner Triumph, deren Gipfel über den seitlichen Pfad zu erreichen.

Wochenlang hatte sie erst im Krankenhaus und dann zu Hause tatenlos herumgelegen und war nicht weiter als bis zum Auto ihrer Mutter gehoppelt, war wieder ein Kleinkind geworden. Wie jeder andere Kletterer auch hatte sie stets die theoretische Möglichkeit hingenommen, verletzt zu werden. Doch als der erste Schock des Sturzes erst einmal überwunden war, traf sie die Wirklichkeit ihrer langen »Gefangenschaft« unvorbereitet. »Alison hatte einen freien Geist«, sagt Bev

England, »und ihre Freiheit – und etwas von ihrem Selbst-wertgefühl – waren ihr genommen worden.« Tag für Tag füll-te sie ihr Tagebuch mit Aufzeichnungen ihrer Frustriertheit. »Hätt' ich nur Fels«, jammerte sie. »Bin im Augenblick kurz angebunden. Ach, einer Frau fehlen Schnee, Eis und Felsen so sehr.« Gezwungen auf das Sofa im Wohnzimmer ihrer Eltern, verbrachte sie die Abende damit, ihre Kletterhandbücher mit Anmerkungen zu versehen und sich in Erinnerungen an die »ruhmvollen« Taten des vergangenen Frühlings und Som-mers zu vergraben. Die Eltern versprachen ihr als kleinen Trost ein neues Seil zu Weihnachten. Doch vorerst gab es für Alison kein Entkommen aus ihrer Zwangslage und Melan-cholie. Ende Januar, nachdem sie sich schon fast befreit glaub-te, stürzte Alison auf dem Weg zur Schule. Erneut wurde sie ins Hospital gefahren und erfuhr, daß sie einen weiteren Monat in Gips gehen mußte.

Fast sofort, nachdem sie wieder ohne Hilfsmittel gehen konnte, bat Alison ihren Schulfreund, Mick Kelly, sie zum nächstgelegenen Fels zu bringen, den Cromford Black Rocks. Mit sanftem Nachdruck half er ihr als der Seilzweiten den Railway Slab hoch, eine Strecke, die sie einst allein ohne Seil erklettert hatte. Es war, vertraute sie ihrem Tagebuch an, »so großartig, wieder zu klettern«. Falls sie Ängste hatte, ließ sie sich jedoch nichts anmerken, und während der folgenden zehn Tage in den Schulferien schaffte sie es, fünfmal klettern zu gehen.

Die Eltern wollten natürlich ihre Tochter glücklich sehen. Der Unfall hatte deren Drang nach Unabhängigkeit noch mehr verstärkt. So kam es, daß die Eltern ihr im Frühling 1978 einen Wochenend-Teilzeitjob vorschlugen – als Verkäu-ferin in einem Laden für Bergsteigerbedarf, dem »Bivouac« ein paar Kilometer das Tal des Derwent hoch in Matlock Bath.

48

Mit Rucksäcken, Zelten und Schlafsäcken dekoriert, die von Decke und Wänden hingen, war das »Bivouac« ein dunkler, gemütlicher Ort, den beide Hargreaves-Schwestern mit ihren Eltern zusammen schon seit Jahren immer wieder aufgesucht hatten. Er verkaufte eine große Palette von Ausrüstungsgegenständen für jede Art von Outdoorsport: Stiefel und wasserdichte Kleidung zum Wandern; Lampen und flexible Leitern für die Höhlenerkundung; Seile, Sicherungen und Klettergürtel zum Felsklettern. Alison und Sue standen mit seinem Inhaber Jim Ballard auf du und du, und als Sue ein Exemplar des örtlichen Höhlenführers kaufte, den er geschrieben hatte, wurde es von Ballard stolz signiert. Für Kletterer der Felsen des südlichen Peak District lag das Geschäft ideal. Der Kalksteinpfeiler des High Tor erhob sich gegenüber der Ladenfront über den Derwent und machte das »Bivouac« zum Magneten für die örtliche Kletterszene. Häufig kamen ganze Heerscharen junger Enthusiasten in den Laden, nachdem sie den ersten Aufstieg auf einer neuen Strecke bewältigt hatten. »Dann füllte Jim sie mit Tee ab und brachte sie dazu, den Aufstieg Schritt für Schritt zu beschreiben«, erinnert sich ein damaliger Stammkunde. »Um sie herum standen dann die übrigen Kunden und lauschten gespannt. Bei solchen Gelegenheiten herrschte richtig Betrieb im Laden.«

Selbstverständlich machte Jim Ballard, eine kleine, rundschultrige Erscheinung Mitte Dreißig, mit dichtem Bartwuchs, großen Eindruck auf Alison. Selbst wenn keine berühmten Kletterer anwesend waren, liebte er es, Hof zu halten, seine Kenntnis der umfangreichen Literatur über das Klettern auszubreiten und beiläufig die Namen seiner berühmteren Kunden fallenzulassen, so daß es schien, als redete er sie allesamt beim Vornamen an. Das »Bivouac«, das er zusammen mit seiner Frau Jean 1972 gegründet hatte, florierte; unlängst hatten sie eine Filiale eröffnet, und Ballard erinnerte die Leute gern daran, daß er ein Selfmademann war, der Sohn eines Stahlarbeiters, der eine ausgesprochen schwere Jugend in einem kleinen Reihenhaus in einem der ärmeren Viertel von Sheffield verlebt hatte. Er hatte nicht einen der Bildungsvorzüge genossen, die Alisons Eltern zuteil geworden waren, und war mit fünfzehn Jahren als Maschinenbaulehrling ins Erwachsenenleben eingetreten.

Jim ging umgehend auf den Vorschlag der Hargreaves ein, sich Alisons anzunehmen. Ende März befand sie sich auf dem Weg der Besserung, und ihr natürlicher Überschwang und ihre Zuversicht kehrten zurück. Ihre Anwesenheit jeden Samstag in Ballards Laden konnte nur gut fürs Geschäft sein, außerdem war sie auch ziemlich billig. Anstatt sich ihren Lohn in bar auszahlen zu lassen, bat sie darum, ihn ansparen zu dürfen und in Ware entgegennehmen zu können, in Form von Artikeln zum Klettern aus dem Warenlager des »Bivouac«.

Alison war flott, temperamentvoll, humorvoll und unmöglich zu übersehen. Andere, die sie zu jener Zeit kannten, sprechen noch immer mit unverminderter Zuneigung von ihr. »Ich habe dieses Bild im Kopf von ihr im Laden, im Skipullover, das Haar zu einem Knoten aufgetürmt, und sie versprüht gute Laune, lächelt und hat glänzende Augen dabei«, sagt David Hutchinson, ein Pädagoge aus Derby, der sie durch das »Bivouac« kennenlernte und später bei einigen schwierigen Aufstiegen begleitete. »Sie wirkte verrückt, kühn, immer mit dabei, immer lachend. Ich dachte, was ist sie doch für eine großartige, tolle Person.«

Alisons Job im »Bivouac« verschaffte ihr Zutritt zu der Erwachsenenwelt, bevölkert von zuweilen bekannten Kletterern, die sich keine Sorgen machen mußten, um welche Zeit sie nach Hause kamen, und die ihre eigenen Autos fuhren. An ihrem ersten Samstag machte sie die Bekanntschaft mit Paul Howarth, dem Geschäftsführer. Am folgenden Wochenende fuhr er Alison und Bev England nach der Arbeit nach Nordwales, wo er Plätze in der Hütte eines Kletterklubs in Nant Peris im Herzen des Gebirges reserviert hatte. Auf einen Drink gingen sie ins »Padarn Lake«-Hotel, einem der Zentren der walisischen Kletterszene. Dort tranken gerade zwei von Alisons Helden ihr Bier, der schroffe, direkte Don Williams, der Erstbesteigungen von den Sandsteinfelsen in Derbyshire bis zu den Giganten des Himalaja aufzuweisen hatte, und Ron Fawcett, der damals als der weltbeste Felskletterer angesehen wurde.

Vom ersten Augenblick dieser Begegnung an wollte Alison zu dieser Welt gehören, in ihr bekannt und von ihr angenommen sein als Bergsteigerin. Sie sah weder das Inselhafte dieser Welt noch die Opfer, die diese mitunter forderte. Ihr war nicht bewußt, daß jene, die diesem Sport ihr Leben widmeten, häufig der übrigen Gesellschaft und Kultur den Rücken gekehrt hatten, und das in einem Maße, daß sie teilweise unfähig waren, sich über irgend etwas anderes zu unterhalten. Ebensowenig hielt sie bei den Geistern inne, die am Rande jeder Zusammenkunft von Bergsteigern schweben, den ausgebliebenen Freunden, derer man gedenkt und die man betrauert. Alison schien das Bergsteigen die prachtvollste und wichtigste Sache der Welt zu sein, und ihre Energie und ihre Begeisterung wurden von einer gewissen Ungeduld begleitet, einem Gefühl, daß sie etwas vollbringen mußte, bevor das Leben an ihr vorbeizöge.

Als die Schule im Herbst 1978 wieder anfing, fand sie im »Derwent Mountaineering Club«, einer kleinen, aber hochmotivierten Gruppe von Kletterern, die im Umkreis wohnten und von denen einige schon große und schwierige Berge bestiegen hatten, einen Weg, um ihren Ehrgeiz zu befriedigen.

Gleich Dutzenden ähnlicher Vereine im ganzen Land organisierte auch dieser beinahe jedes Wochenende Klettertouren. Man übernachtete dann in einer der zahlreichen Bergsteigerhütten in Nordwales, im Lake District oder in Schottland, in einfachen Unterkünften mit Gemeinschaftsschlafräumen und Gasbrennern, die für Leute gedacht waren, denen zumindest in ihrer Freizeit materielle Bequemlichkeit nicht allzuviel bedeutete. Die meisten im Verein waren Jahre älter als Alison, doch sie schien keine Schwierigkeiten zu haben, sich unter ihnen zu behaupten. Bald wohnte sie ihren wöchentlichen Treffen in einem örtlichen Pub bei, ging auch an Wochentagen zu Trainingsstunden an die Felswände oder in die Turnhalle.

Alison führte ein seltsames Doppelleben. In ihrem Tagebuch widmete sie sich weiterhin angelegentlich den Sorgen einer normalen Schülerin: welche Unterrichtsstunden sie interessiert hatten; ihre Position in der Basketballmannschaft; welche Sorte Schokolade sie in der großen Pause gekauft hatte. Ihre Abende und Wochenenden jedoch waren eine Entdeckungsreise in die Erwachsenenwelt, in der beinahe alles, was sie tat, auf die eine oder andere Weise mit Felsklettern oder Bergsteigen zu tun hatte. Mittlerweile hatte Susan ihr erstes Semester an der Universität von Oxford angetreten, wo sie Mathematik studierte wie ihre Eltern. An einem Wochenende im Februar 1979 wollte Alison sie besuchen, verschob dann aber kurzfristig die Reise. Sie hatte ein besseres Angebot, die Gelegenheit, eine Woche in den schneebedeckten schottischen Bergen zu verbringen und mit ihren älteren Freunden das senkrechte Klettern auf Eis zu lernen.

Ihre Kletterfreunde wußten weder von den Auseinandersetzungen, die Alison mitunter zu Hause hatte, noch von ihren mißglückten Versuchen, sich für akademische Fächer zu inter-

essieren. Viele hatten sich wenigstens ein bißchen in sie ver-
guckt. »Sie war so begeistert und ausgesprochen befähigt, zäh
und lernte schnell«, sagt Gerry Lidgett, die längste Zeit in
Schottland ihr Partner. »Sie hatte fast keine Angst, war ziemlich keck, redete sprudelnd und hatte ein helles Köpfchen.
Bergsteigen war ihre absolute Leidenschaft.«

Der Verein hatte ein Chalet in Glen Coe gemietet, dem düsteren, engen Tal in den West Highlands, wo der MacDonald-
Clan 1692 vom Regiment des Earls von Argyll massakriert
worden war. Die Berge waren tief verschneit, und ihre Spitzen, von denen die höchste über dreihundert Meter empor-
ragte, waren von Eis gesäumt. Jeder Tag begann früh, lange
vor Morgengrauen, mit dem Piepsen von Weckern und heißem, fettem Frühstück. Dann folgte der Kampf durch knietie-
fen Schnee zum Fuß der Berge, jeder Schritt eine Anstrengung
unter der Last der schweren Rucksäcke mit der Bergsteigerausrüstung. Anstelle der flüssigen, ballettartigen Anmut, die
für gutes Vorankommen auf dem Fels nötig ist, erfordert das
Klettern im Winter Entschlossenheit, Zähigkeit und Un-
empfindlickeit gegen Kälte. An Alisons schwere Lederstiefel
waren Steigeisen geschnallt, Stahlklauen, die man ins Eis
stößt, um Fuß zu fassen. Jedes Steigeisen hatte vorn zwei Dor-
nen, die waagerecht hervortraten, und Alison lernte, daß sie
diese Zacken auf steileren Abschnitten ins Eis stoßen und
ihnen ihr Gewicht anvertrauen mußte, obwohl sie mitunter
wenig mehr als einen Zentimeter tief eindrangen. Die Hände
hielten Eispickel umklammert, die sie abwechselnd schwang,
die Füße anhob und sie wieder ins Eis stieß. Manchmal war
das Eis spröde und zersprang beim Aufschlag; manchmal lau-
erte dicht unter der Oberfläche Gestein, und der Pickel
erschütterte ihren Arm und prallte zurück. Sie lernte, auf das
feste »Karumms« sicheren, tiefen Eindringens zu lauschen,
bevor sie sich emporzog.

Die meisten Aufstiege folgten schmalen Rinnen, von Eis verstopften, tief in den Fels eingefurchten Schneisen. Sie stellten natürliche Kanäle für den Pulverschnee dar, der von den schwerbeladenen Gipfelhängen hinuntergeblasen wurde, und für den Eisbruch, den Gerry mit seinen Pickeln und Steigeisen beim Führen löste. Auf den Belegvorsprüngen zusammengekauert, versuchte Alison sich in die Wärme ihrer dicken Jacke und ihres Anoraks zu verkriechen, duckte sich zitternd vor dem Bombardement herabfallender Eisstücke und besann sich darauf, weiter aufmerksam das Seil ablaufen zu lassen. Trotz ihrer dicken Wollfäustlinge und Unterhandschuhe starben ihr die Hände langsam ab, und jedesmal, wenn das Seil sich straffte und sie anfing, dem Gefälle zu folgen, spürte sie den heftigen, heißen Schmerz, als das Blut zurück in die Finger pulste.

Doch während sie höher und höher stiegen, öffnete sich das blauweiße Panorama der Highlands wie eine glitzernde Vision der Arktis, und die Luft, die sie in die Lungen sogen, nahm die kalte, trockene Reinheit von Champagner an. In den Fängen eines echten Winters gewinnen die Berge Großbritanniens sowohl an Statur wie an Schönheit. Im Sommer ist ein Aufstieg wie der am Aonach Eagach, ein von Zinnen gekrönter Grat, der den nördlichen Rand des Glen Coe bildet, eine anspruchslose, häufig durch Massen an Leuten verdorbene Kletterei. Im Winter wird er zur Expedition von alpinem Zuschnitt, eine Querung über vereiste Bergspitzen oberhalb riesiger verschneiter Abhänge mit weiten Aussichten über benachbarte Gipfel, während über den Küstenseen Richtung Westen eine goldgeäderte Sonne steht.

Erschöpft und zufrieden wie lange nicht mehr, traf Alison zu Hause ein und stellte fest, daß ihre Eltern nach Nordwales verreist waren. Den Nachmittag vor deren Rückkehr verbrachte sie damit, ihnen eine gewaltige Mahlzeit zu kochen:

Schweinerostbraten mit vier verschiedenen Gemüsesorten, Soße und Apfelmus, anschließend Omelette surprise. Trotz eines feierlichen Versprechens vor ihrer Abfahrt hatte sie keinen Blick in ein Schulbuch geworfen. Diese Mahlzeit war in Schuld mariniert.

In Schottland, auf dem Gipfel von Stob Coire nan Lochan, hatte Alison Nigel Shepherd kennengelernt, einen angehenden Bergführer aus Wales, Anfang Zwanzig. Sie verbrachten einen gemeinsamen Abend, und als der Ausflug vorüber war, schrieb er ihr. »Riesig, danke, bin überwältigt«, verzeichnete sie in ihrem Tagebuch an dem Tag, als sein Brief eintraf, «GLÜCKLICH.« Einige Wochen später, Ende März, stimmten die Eltern zu, sie das Wochenende in Nigels Haus in Snowdonia verbringen zu lassen. Er holte sie am Samstag abend am Bahnhof von Bangor mit dem Motorrad ab, und Alison war begeistert. Am folgenden Tag brausten sie über die Hügel zu den Felsen von Tremadog, und als nach nur einer Route Regen einsetzte, verkrochen sie sich in das kleine Café am Fuß der Felsen. Von Eric Jones geführt, dem ersten Briten, der die Eiger-Nordwand allein durchstiegen hatte, war es geschmückt mit Fotos von Bergsteigern, von denen mehrere auf den Bänken aus gebleichter Kiefer saßen. Zu Alisons Entzükken kannte Nigel sie alle. Er war ein optimistischer und gutaussehender Typ und glich Alison in mancherlei Hinsicht, stand aber dicht davor, den von beiden geteilten ehrgeizigen Plan auch bald zu verwirklichen.

Nach einem weiteren Besuch glaubte Alison, zum erstenmal verliebt zu sein. Bislang hatte sich das besterhaltene Zeugnis ihres Gefühlslebens, ihr Tagebuch, nicht sonderlich lange bei Romanzen aufgehalten. Sie hatte sich als Teenager ein paarmal verliebt und eine oder zwei lose Beziehungen mit Kletterern gehabt, aber das mit Nigel schien etwas anderes. Während der Schulferien verbrachte sie ein paar Tage bei Nigel und genoß die Wonnen der Häuslichkeit. Während Nigel in seinem neuen Beruf als Kletterausbilder arbeitete, ging Alison einkaufen und kochte ihm reichliche Mahlzeiten.

Im April wollte sie ein weiteres Wochenende mit ihm verbringen, und es gelang ihr, eine Mitfahrgelegenheit zurück nach Wales mit Geoff Douglas zu organisieren, einem Mitglied des Derwent Mountaineering Club. Als Alison am späten Abend an Nigels Haus eintraf, war das einzige Zeichen von ihm ein an sie adressierter Brief, in dem er ihr erklärte, sich noch immer einer anderen verbunden zu fühlen. Zum Glück für Alison wartete Geoff draußen im Wagen. Schweigend fuhren sie durch Snowdonia und über die Insel Anglesey, wo sie am Rand des Atlantik um Mitternacht in einem Sturm ein Zelt über den Seeklippen am Craig Gogarth aufschlugen. Dort kletterten sie am folgenden Tag, der Himmel zeigte ein dunkles und beharrliches Grau, und der trübe Ozean schlug an den Fuß der graugrünen Klippen. Am Tag darauf traf sie sich mit Nigel in einem Café, und sie machten einen entmutigenden Spaziergang. Es war aus!

Wochenlang weigerte sie sich, das hinzunehmen, und klammerte sich an die Hoffnung, daß Nigel sich zuletzt doch für sie entschließen würde. Sie schrieb ihm lange unglückliche Briefe, die er nie beantwortete, kaute ihre Fingernägel ab und verbrachte die Abende damit, Kekse und Coca-Cola in sich hineinzuschlingen. Das Tagebuch zeichnete ihre tiefen Seelenqualen auf. »Nigel ist ein Schwein, und er hat mich verletzt«, schrieb sie eines Tages, »ich fühle mich abgelehnt, unglücklich, einsam und überall unerwünscht.« Während er sein Schweigen beibehielt, trat langsam Entmutigung an die Stelle der Trauer: »Ein letztes Mal – schaute nach Post – nichts. Wütend. Heute – heute abend – geheult.« Alison versuchte, über ihre übliche Aktivität Nigel Shepherd zu vergessen: Sie arbeitete, kletterte und ging auf Partys von Kletterern. Monate später meldete er sich schließlich wieder, und sie gingen eine etwas gequälte Freundschaft ein. Ihre kurze Affäre hatte ihr eine Verletzlichkeit gezeigt, mit der sie schwer umzugehen verstand. Sie haßte es, etwas zu wollen, was sie nicht bekommen konnte. Und jetzt verfluchte sie nicht allein ihren Verlust, sondern auch ihr Gefühl, so emotional abhängig und verletzlich zu sein.

Wie schon 1978 verbrachte sie einen Gutteil des Sommers in Jim Ballards Geschäft. Zugleich war sie beinahe jeden Abend draußen beim Klettern. In Nordwales hatte Ron Fawcett eine wichtige neue Route namens Lord of the Flies erklettert und damit das Interesse am Klettern in Wales wieder geweckt. Und Alison war an den meisten Wochenenden Teil dieser pulsierenden Szene. An ihren zentralen Treffpunkten war sie Stammgast: in Eric Jones' Café in Tremadog; in Petes »Eats«, ein Schnellrestaurant in Llanberis, dem alten Schieferdeckerdorf am Fuß des Snowdon; in verrauchten, einfachen Pubs wie das »Padarn«, ebenfalls in Llanberis. Die Felsen in Nordwales haben ein anderes Format als die in Alisons heimatlichem Peak District, und die besten steigen hoch über Geröllhalden und einsamen Seen auf. Sie liebte diese größeren Herausforderungen, wo das Wetter und loser oder rutschiger Fels den Ausgang bis zuletzt im ungewissen hielten. Für Alison war der Peak District mit seinen niedrigen Felsen nahe der Straße eigentlich nur ein Trainingsgebiet; Wales bedeutete echtes Klettern.

Als ihr gebrochenes Bein so gut wie ausgeheilt war, machte Alison wieder auf sich aufmerksam. Sie bewältigte nun härtere, der Art nach sehr unterschiedliche Strecken: glatte, angenehm geneigte Gesteinsplatten mit winzigen Griffen, an denen sie bloß mit Hilfe der Reibung ihrer Sohlen auf dem Fels emportappte; steile, gräßlich anstrengende Spaltrouten, die im Sandstein des Peak District reichlich anzutreffen sind und wo der Schlüssel zum Erfolg in reiner Muskelkraft liegt; die Feinheiten von Kalkstein mit seinen winzigen Kanten und Nestern, die nach kräftigen Fingern verlangen. Doch je härter der Aufstieg, desto größer sind Lust und Befriedigung dabei. Nur zu leicht bleiben die Ziele und das Streben eines gewöhnlichen Lebens allerdings dahinter zurück. Als die Schule im September wieder anfing, litt ihre Konzentration. »GLÜCKLICH. Verliebt in die walisische ›Szene‹«, schrieb sie eines Montags. »SCHLECHT im Unterricht... In Wales/Klettern verliebt, kann ich mich im Schulalltag nicht einrichten.«

Abgesehen von ihrer Kletterbesessenheit gab es nichts, worin sich Alison von Tausenden anderer Schülerinnen unterschied. Sie hatte sich für ein Geographiestudium an mehreren Universitäten beworben, die sie alle aufgrund ihrer Nähe zu guten Felsklettergegenden ausgesucht hatte, und hatte auch eine Zusage bekommen, unter der Bedingung, daß sie im folgenden Sommer ein gutes Abitur machte. Im Dezember verbrachte sie viel Zeit damit, eine kleine Rolle in einer Schulaufführung zu proben. Nach Weihnachten flog sie mit dem »Derwent Mountaineering Club« nach Spanien, um an den sonnigen Kalksteinfelsen der Costa Brava zu klettern. Keinem von ihren Freunden fiel irgend etwas Ungewöhnliches in ihrem Verhalten auf. Trotzdem trennten sie nur noch wenige Wochen von einer Entscheidung, die den weiteren Gang ihres Lebens entscheidend bestimmen sollte.

Seit dem Tag, an dem Alison im April 1978 die Arbeit im »Bivouac« aufgenommen hatte, verspürte Jim Ballard heftiges Interesse an seinem neuen Samstagsmädchen. Er war jahrelang geklettert, ohne sich darin groß auszuzeichnen, und der bloße Umstand, daß dieses Mädchen eine solche Kraft und Entschlossenheit besaß, machte es zum Gegenstand einer gewissen Neugier. Wie so viele ältere Männer, ertappte auch er sich bei dem Versuch, Eindruck auf sie machen zu wollen.

Der Welt zeigte sich Jim Ballard rauh und sicher. Er bezeichnete sich gern als ein »professioneller Yorkshiremann« und pflichtete stolz einer Ansicht bei, die machohafte Freimütigkeit bis an ihre Grenzen vertrat. Dieser Mann verbarg jedoch einige ernst zu nehmende Unsicherheiten. So hatte er in Abständen an Platzangst gelitten, die ihn im schlimmsten Fall tagelang daran hinderte, sein Haus zu verlassen. Häufig redete er darüber, was er auch ohne die Segnungen höherer Bildung erreicht hätte, und wenn er feststellte, daß jemand unter seinen Mitarbeitern einen akademischen Grad besaß, betonte er das immer wieder, als sei derjenige ein überragender Intellektueller. »Vertretern gegenüber erklärte er gern, an große Bestellungen und hohe Summen gewöhnt zu sein, weil er in der Flugzeugindustrie tätig gewesen sei«, erinnert sich einer seiner Angestellten. »In Wirklichkeit war er Flugzeugteilen noch am nächsten gekommen, als er in einer Fabrik arbeitete.« Jim war Mitglied im »Derwent Mountaineering Club«, doch so gern er im Umgang mit seinen Kunden den Ton angab, fühlte er sich bei geselligeren Anlässen befangen. Nur selten wurde er bei den wöchentlichen Vereinstreffen gesehen und noch seltener bei den gemeinsamen Ausflügen an die Felsen.

Alison blieben Ballards Verunsicherungen verborgen. Sie sah nur sein vermeintliches Selbstvertrauen, und seine ätzenden Kommentare, die er Kunden hinterherschickte, lösten bei ihr oft hysterisches Gelächter aus. Als sie eines Tages im Begriff stand, zwei teure Seile zu verkaufen, rief Jim quer durch den Laden, daß der Kunde sich lieber vorsehen sollte, weil es »Mickymaus-Seile« seien. Zum Befremden des Kunden kicherte Alison los. Es beeindruckte sie auch, was sie als Ballards persönliche Freiheit ansah. Er hatte Geld, war aber, anders als ihre Eltern, sein eigener Boß und fuhr regelmäßig in die Alpen zum Skifahren oder Bergsteigen, zuweilen in Begleitung seiner Frau Jean. Wie Alison ihrem Tagebuch anvertraute, schien er ein beneidenswertes Leben zu führen.

Wenige Wochen nach ihrem Arbeitsantritt – sie war gerade einmal sechzehn – begann eine Freundschaft zwischen Jim und Alison, die über das Geschäftliche hinausging. Aufgeregt beschrieb sie in ihrem Tagebuch, wie er ihr angeboten hatte, sie zum Klettern mitzunehmen. Und tatsächlich unternahmen sie den ganzen Frühling und Sommer 1978 über gemeinsam Klettertouren im Peak District. Anschließend gingen sie häufig in Pubs etwas essen, und sie kehrte oft sehr spät nach Hause zurück, was Anlaß zu Auseinandersetzungen mit ihren Eltern gab.

Wie dem auch gewesen sein mag: Sollte es eine gegenseitige Sympathie gegeben haben, schien es damit vorbei zu sein, als Alison sich im Frühling 1979 in Nigel Shepherd verliebte. Sie hatte in ihrem Tagebuch ihre Gefühle für Jim nie ausdrücklich beschrieben. Nun, nach Monaten regelmäßiger Erwähnung, verschwand er buchstäblich aus den Aufzeichnungen. Auch kletterten sie nicht mehr gemeinsam. Bis in den Herbst 1979 behielt ihr Tagebuch seinen gleichförmig sachlichen Ton bei. Anfang 1980 dann hörte sie zum ersten Mal seit sieben Jahren ganz auf, es zu führen.

Alisons achtzehnter Geburtstag am 17. Februar 1980, als sie volljährig wurde, fiel auf den Beginn der Halbjahresferien. Am Abend zuvor führten die Eltern sie in Derby zum Abendessen ins »Ramsden's« aus, einem beliebten Steakrestaurant am Ort. Am nächsten Morgen kam Alison mit einer gepackten Reisetasche an den Frühstückstisch. Jims Frau Jean hätte ihn verlassen, verkündete sie, und sie beabsichtigte, ihm in seinem Haus Meerbrook Lea ein paar Kilometer entfernt in den Hügeln Gesellschaft zu leisten. Sie würde auch über Nacht bleiben, sagte sie. Ihre Eltern mögen Bedenken gehabt haben, aber ihre Tochter war nun eine Erwachsene.

»Wir wußten, daß sie ihr eigenes Leben haben mußte«, sagt Joyce. Der Vater fuhr sie zu ihrer Arbeit im »Bivouac« und rechnete damit, sie den folgenden Abend wieder zu Hause anzutreffen.

Als sie am nächsten Tag gegen 17.30 Uhr nach Hause kamen, war von Alison keine Spur. Darüber machten sie sich aber keine Sorgen; es kam ja des öfteren vor, daß ihre Tochter mal länger wegblieb. Doch als sich der Abend ohne Nachricht von ihr hinzog, wunderten sie sich doch langsam über ihr Ausbleiben. Gegen einundzwanzig Uhr schließlich beschloß Joyce, Jim Ballard anzurufen und sich zu erkundigen, ob er etwas wüßte. Er reichte das Telefon an Alison weiter. Ihre Worte trafen die Mutter wie Faustschläge. Alison sagte, daß sie zu Hause seit vielen Monaten unglücklich gewesen sei. Sie liebe Jim, und sie wolle bei ihm bleiben.

Jim kam wieder an den Apparat und bot an, nach Belper zu kommen, um mit Alisons Eltern zu reden. Joyce hatte mit der Hand den Hörer zugehalten und teilte nun Ballard, nach einer hastigen Unterredung mit John, mit, daß sie beide nach Meerbrook Lea kommen würden. »Als Joyce auflegte, waren wir erschüttert«, sagt John. »Beide brachen wir in Tränen aus.«

Verwirrt und geschockt versuchten sie, sich auf die Begegnung mit Jim und Alison einzustellen. Doch auf der kurzen Strecke hoch zu Alisons neuem Zuhause waren ihnen nur zwei Dinge klar geworden: daß erstens Alison, egal wo sie wohnte, irgendwie ihre Ausbildung abschließen mußte. Zweitens müßten sie, ob es ihnen paßte oder nicht, sowohl Jim akzeptieren wie das, was ihre Tochter getan hatte, oder sie riskierten, sie für immer zu verlieren.

Jim, Alison und ihre Eltern sprachen im Wohnzimmer von Meerbrook Lea fast zwei Stunden lang miteinander. »Jim übernahm die Initiative«, erinnert sich John. »Die meiste Zeit redete er. Sie schien Ehrfurcht vor ihm zu haben, fast schon unter seiner Fuchtel zu stehen. Er hatte nichts Befremdliches oder Grobes an sich. Aber er war sehr direkt und bestimmt.« Alison, meinte er zu John und Joyce, sei erwachsen und hätte das Recht, zu tun, was sie für richtig hielt. Nur kurz versuchten Jon und Joyce, Alison zur Heimkehr zu bewegen. Aber es dauerte nicht lange, bis sie einsahen, daß das vergeblich war. »Es war ein sehr emotionaler Wortwechsel«, sagt John. »Sie fing an zu begreifen, wie sehr sie uns aus der Fassung gebracht hatte. Das war ihr noch gar nicht richtig aufgegangen. Es kam einfach alles so plötzlich; wir hatten keine Ahnung, daß sie so unglücklich gewesen ist, wie sie es sagte. Wir weinten beide.«

Am Morgen danach schrieb sie den Eltern einen Brief. Säuberlich mit blauer Tinte geschrieben, war nichts darin verändert oder gestrichen, und die Eltern hielten ihn für das Ergebnis mehrerer Entwürfe. Als eine Art Rechenschaftsbericht über ihre Gefühle und die Ereignisse vor ihrem Auszug brachte er wenig Licht ins Dunkel. Zu Anfang ihres Briefes entschuldigte sich Alison für ihr Unvermögen, sich mitzuteilen. »Vermutlich kommt da wieder mein Problem/meine Schwäche hoch, aber ich finde es sehr schwer, mich anderen zu erklären.« Der Tonfall des folgenden war zumeist auch der einer Entschuldigung. Es täte ihr leid, sich unaufrichtig benommen zu haben, indem sie ihre Beziehung zu Ballard verheimlicht hatte; es täte ihr leid, ihre Eltern zu verletzen und ihnen »Unannehmlichkeiten« zu bereiten. Der vergangene Abend, fuhr sie fort, sei »sehr entmutigend für uns alle« gewesen. Doch sie hoffte, es würde auch ein neuer Anfang sein in ihrer Beziehung zu den Eltern. Allem voran hätte er ihr »die Augen geöffnet, wie sehr ich Euch wirklich liebe für alles, was Ihr für mich getan und mir gegeben habt«. Sie schrieb, für die Zukunft zu hoffen, daß sie imstande sei, die Liebe ihrer Eltern so zu erwidern, wie sie es immer verdient hätten. Es fand sich nur ein Satz, der auf ihre wirkliche seelische Verfassung hindeutete: »Ich versuche nicht, für immer der Familie zu entkommen, sondern nur die unabhängige Person zu werden, die ich das Gefühl habe, sein zu müssen.«

Ein Teil des Unausgesprochenen ergründete einige Zeit später Alisons Cousine Daphne, als sie Alison in Meerbrook Lea besuchte. Auf ihre Art war Daphne ebenso rebellisch wie Alison gewesen. »Ich verstand sie und das, was sie da tat.« Als sie im Garten draußen vor ihrem neuen Heim saßen, erzählte Alison Daphne, sie sehne sich nach einem freien Willen, einem Gefühl, Herrin des eigenen Schicksals sein zu können. Daphne entsinnt sich noch immer der Worte, mit denen Alison ihren Entschluß beschrieb, das Elternhaus zu verlassen: »Ich mußte gehen; ich konnte die Erwartungen nicht aushalten.« Daphne zufolge »fühlte sie, daß da draußen eine ganze Welt wartete, und die würde sie bekommen«. Ihr plötzliches, heimliches Handeln war sowohl Aufbegehren gegen die von ihrer Familie für sie vorgesehene Zukunft sowie ein Mittel, ihren Ehrgeiz als Bergsteigerin zu verwirklichen.

Gleichzeitig meinte Alison, daß der Bruch unwiderruflich sei. Sie wußte, wie tief sie die Erwartungen ihrer Eltern enttäuscht hatte. Sie konnte aber noch nicht würdigen, daß die Liebe ihrer Eltern diese einen Ausgleich suchen ließ, um die Kluft nicht unüberbrückbar werden zu lassen. Bis Ostern verbrachte sie, wie vereinbart, die Wochentage weiterhin zu Hause bei ihrer Familie. Es war eine merkwürdige Zeit. »Wir machten so normal weiter, wie wir nur konnten«, sagte Joyce. »Wir redeten einfach nicht über das, was geschehen war. Uns brachte es zu sehr durcheinander, und Alison machte es zornig.« »Es war für alle eine geradezu traumatische Zeit«, erinnert sich Daphne. »Aber Alison handhabe ihr Trauma durch noch größere Entschlossenheit, ein Gelingen ihrer Sache herbeizuführen. Ihr Bett hatte sie sich gemacht. Jetzt würde sie jedem zeigen, wie entschlossen sie war, sich auch hineinzulegen.«

Nicht nur vor ihrer Familie hatte sie ihr Verhältnis geheimgehalten, sondern auch vor ihren engsten Freundinnen. Als sie es Bev England mitteilte, war deren erste Reaktion Verblüffung. »Mein Gott, Mädchen«, sagte sie, »all diese Mannsbilder da draußen, warum um alles in der Welt willst du dich mit dem einlassen?« Jim Ballard, sechsunddreißig Jahre alt und starker Raucher – eine Gewohnheit, die Alison schon immer verabscheut hat – schien eine überraschende Wahl. Bev ist bis heute davon überzeugt, daß Jims praktische Aktivposten für Alison weitaus wichtiger waren als Gefühle romantischer Liebe. »Selbst ganz zu Anfang, als sie es mir zum erstenmal erzählte, hat sie nicht gesagt, daß sie in ihn verliebt sei. Sie war von der Vorstellung berauscht, erwachsen zu werden: ihre eigene Küche zu haben, ohne daß jemand sie überwachte und ihr sagte, was sie zu tun hätte. Und sie war versessen auf das Bergsteigen und dachte, daß das Leben mit Jim ihr die Freiheit geben würde, ihrem Verlangen nachzugehen.«

Bevs Urteil fällt ein wenig zu schroff aus. Alison glaubte durchaus, verliebt zu sein – obwohl sie diesmal, anders als bei Nigel, überzeugt war, alles auch im Griff zu haben. Eine Passage ihres Tagebuchs – das sie ein paar Wochen nach dem Umzug wieder führte – bestätigt die Tiefe ihrer Zuneigung. Ende August war Jim ein paar Tage lang weg auf einer Handelsmesse. Alison vermißte ihn sehr, und als er mitten in der Nacht heimkehrte, sprang sie aus dem Bett, kaum daß sie den Schlüssel im Schloß hörte. Dann gingen sie ins Eßzimmer, wo es »weitere nette Überraschungen in Form von Geschenken in rauhen Mengen« gab.

Jim überschüttete sie mit Präsenten und erlaubte ihr, sein Auto zu benutzen. Ihre Mitschüler staunten neidisch, als sie in seinem großen Renault durchs Schultor fuhr. Ein paar Wochen nach Alisons Einzug bei Jim heiratete Paul Howarth seine Freundin Sally. Zur Hochzeit kaufte Jim für Alison ein rotschwarzes Designerkostüm. Er schenkte ihr auch Chanel No. 5, ein Parfüm, von dem er in seiner eigenen ärmlichen Jugend gehört hatte und das ihm wie ein Symbol sagenhaften, unzugänglichen Reichtums erschienen war. Viele Monate zuvor hatte Alison ihrem Neid auf Hilary Collins Luft gemacht, die einen Mann hatte, ein Auto und einen Job. Die ersten beiden Posten besaß sie nun selbst.

Allerdings verpaßte sie ihre Chance auf eine Hochschulausbildung. Als sie anfing, mit Jim zusammenzuleben, hatte ihre Lust am Lernen bereits rapide nachgelassen. Alison schrieb zwar die Abiturklausuren, fiel aber in Physik komplett durch und erzielte in Mathematik und Geographie Noten, die den Anforderungen für einen Studienplatz nicht genügten.

Für John und Joyce war das eine bittere Enttäuschung, und das Verhältnis zwischen Alison, Jim und ihren Eltern blieb für lange Zeit gespannt. »Sie wurde sehr verschlossen«, sagt Joyce, »verkroch sich in ihr Schneckenhaus. Manchmal meinte man einen Riß zu erkennen und kam fast bis zu ihr durch; doch dann schloß er sich wieder.« Aßen die vier zusammen zu Abend, spielten sie anschließend gewöhnlich Karten. »Das war ein Mittel, um die Stimmung aufzulockern. Es bedeutete, daß wir uns nicht unterhalten mußten.« Alisons Spaziergänge mit ihrer Familie, die selbst in den Monaten unmittelbar vor ihrem Auszug regelmäßig stattgefunden hatten, blieben nun aus.

Statt dessen stürzte sie sich kopfüber in ihr neues Leben. Meerbrook Lea ist ein attraktives Steinhaus, zwischen Gehölzen und Wiesen gelegen, mit Ausblick über eine sanft gewellte Hügellandschaft. Es ist ein abgeschiedener Ort fern dem Trubel in Matlock und dem Verkehr, der sich auf der Landstraße A6 durch das Tal des Derwent wälzt. An der Haustür stehen Rosen, es gibt eine weitläufige Rasenfläche, Blumenbeete, Apfelbäume, und vor dem vorderen Fenster steht eine hohe Blutbuche. Die Zimmer sind ein wenig düster, aber von der geräumigen, mit Steingutkacheln gefliesten Eßküche aus überblickt man den Garten und sieht auf die grünen Felder auf den umliegenden Hügeln. Und die Schlafzimmer wirken anheimelnd mit ihren Mansardenfenstern. Der Unterschied zu einem Vorort wie Belper hätte kaum deutlicher ausfallen können. Es war ein außergewöhnliches Anwesen, um von einer Achtzehnjährigen in Besitz genommen zu werden.

Sie machte großen Eindruck auf ihre neuen Nachbarn, das Farmerehepaar Ted und Jackie Johnson. »Ich mochte sie auf der Stelle«, sagt Ted, »sie hatte soviel Energie und Lebensfreude. Sie lief mit einem gewaltigen Rasenmäher den Garten rauf und runter, trug dabei ein Schweißband um die Stirn und ihre kleinen Shorts. Jim sah ihr zu und las dabei ein Buch.« Gleich zu Anfang fiel ihnen auf, daß Alison die meiste körperliche Arbeit verrichtete.

In ihrem wiederaufgenommenen Tagebuch ist Alisons Autorenstimme beinahe nicht wiederzuerkennen. Bislang hatte es sich um die unbefangenen Aufzeichnungen eines leidenschaftlichen und lebhaften Teenagers gehandelt. Nun wurde der Ton kokett, maniert, und die Sprache war gesprenkelt mit Wendungen wie »Lunch zu uns nehmen«, »der Reinigungskraft eine Anzahlung leisten« und »eine gemächliche Fahrt wurde unternommen«. Mochte Alison wochentags noch immer in der Schule sein, mit dem Schulmädchen Alison war es jedoch für immer vorbei. An ihre Stelle trat die Herrin von Meerbrook Lea, eine frischgebackene Erwachsene, die ihre Naivität zu verbergen suchte. Vier Jahre zuvor war Alison von den Steppdecken und leckeren Speisen hingerissen gewesen, die sie in den österreichischen Hotels vorfand. Nun empfand sie eine ähnliche Erregung angesichts der neuen häuslichen Umgebung.

Im Juli und noch einmal im Oktober verbrachten Jim, Alison und John Cook, ein Freund aus dem oberen Tal, der mit Jim zusammen im Maschinenbaubetrieb gearbeitet hatte, jeweils vierzehn Tage in Frankreich. Die Sonne schien, der Fels war warm, Essen und Wein verwöhnten sie. Nun wurde aus ihr die englische Lady im Ausland, die in ein protziges »Franglais« schlüpfte. In Buoux in der Provence nahm Jim sie zu »nackten Damenbekanntschaften« mit, die auf einem »*picque-nique*-Platz« zu Mittag aßen. Bei einem späteren Besuch der Klippen von Calanques bei Marseilles spazierten sie nach »Port Miou und Port Pain, um zu sehen, wo das Nacktbaden stattfindet«. Andere, vor allem Jims Mitarbeiter, verblüfft über Alisons plötzlichen Aufstieg von der Samstagsverkäuferin zur Freundin des Chefs, durchschauten die Pose schnell. »Sie hatte ein sehr behütetes Leben geführt und bisher eigentlich nichts anderes getan, als zu klettern. Da überraschte es nicht, daß sie jung aussah für ihre Jahre«, erinnert sich einer darunter. »Allerdings war ich schon etwas erstaunt, als wir eines Tages im Auto saßen und sie auf ein Gebäude zeigte und fragte, ob es ein Reihenhaus sei.«

So großzügig Jim auch war, kosteten ihn seine bevorstehende Scheidung von Jean und ihr Anteil am Geschäft eine Menge Geld. Sein Einkommen aus den Läden hatte er schon immer durch eigene Fertigungen aufgebessert, in erster Linie von Stahldrähten und Aluminiumleitern, die Höhlenforscher für senkrechte Abstiege verwenden. Im Herbst 1980 unternahm Alison die ersten Schritte, um weitere Artikel für Kletterer herzustellen. Sie kauften eine Industrienähmaschine und diverse Materialien, und sie fing an, Ausrüstungsgegenstände anzufertigen: Beutel für den pulverisierten Magnesiumkarbonatkalk, mit dem Kletterer sich die Hände einreiben; Nylongamaschen zum Abdichten von Wanderstiefeln für das Überqueren nassen Terrains. Später, als Alisons Geschäft sich ausdehnte, konnte man Klettergürtel, kleine Rucksäcke und Bekleidung kaufen. Seit sie siebzehn war, hatte Alison ihre Unterschrift mit einem großspurig geschwungenen kleinen »a« begonnen, das mit einem lächelnden Strichgesicht verziert war wie ein persönliches Markenzeichen. Dasselbe Motiv verwandte sie nun für ihr Etikett, und »Faces« wurde zu ihrem Markennamen. Damit hatte sie jetzt etwas Eigenes aufgebaut.

Doch selbst zu Anfang sahen einige Alisons Beziehung zu Jim nicht ohne Schattenseiten. Susan besuchte ihre Schwester in deren neuen Heim, als sie in den Osterferien nach Derbyshire zurückkehrte. »Jim gab sich große Mühe, einen guten Eindruck zu machen. Ich kam ausgezeichnet mit ihm aus. Aber Alison wirkte unterwürfig wie ein Dienstmädchen. Da machte sie schon die ganze Hausarbeit allein. Jim liebte es, sie vorzuführen, es machte ihn unglaublich stolz, daß ihm dieses attraktive junge Mädchen am Arm hing. Aber Alison hatte ihre Jugend versäumt. Jim schien mir rechthaberisch. Er pflegte sich über ihren Mangel an politischen Kenntnissen lustig zu machen. Man konnte dabei zusehen, wie er sie unter seine Kontrolle zu bringen versuchte. Sie kam mir irgendwie zahm vor, verglichen mit ihrer früheren Art.«

Für Alison aber hatte der Einzug bei Jim noch eine weitere unvorhergesehene Konsequenz. Als Schülerin und Mitglied des »Derwent Mountaineering Club« war ihr gesellschaftliches Leben ausgesprochen umtriebig gewesen. Sie hatte viele Freunde beiderlei Geschlechts und bekam so viele Einladungen zu Partys, wie man sich nur wünschen konnte. Im Vergleich dazu war Jim ein echter Einsiedler. Er hatte neben John Cook nur wenige Freunde, und seine sozialen Kontakte beschränkten sich fast ausschließlich auf Leute, die er über seine Arbeit kannte. Er sah auch keinen Grund, sich zu ändern, als Alison bei ihm eingezogen war. Vielmehr schrumpfte ihr gesellschaftlicher Radius zusammen. Sie sah nur noch wenige Kletterer aus dem Verein. Sie blieb mit Bev England zwar in Verbindung, doch auch das hielt sich in Grenzen. Jim und Alison lebten seltsam zurückgezogen in Meerbrook Lea.

Im Sommer 1982 war aus Alisons Tagebuch der gekünstelte Tonfall wieder verschwunden. Gleichzeitig wurde der rauschhafte, süße Romantizismus, mit dem sie einst ihre Empfindungen für Ballard beschrieben hatte, seltener und wortkarger. Sie hatte das Gefühl, daß Jim zuviel von ihr erwartete und daß sie alles falsch machte. Das Leben war zu ernst geworden; ihm fehlten die fröhlichen Augenblicke, durch die sich anfangs ihre Beziehung ausgezeichnet hatte. Sie schien nichts weiter zu tun, als für ihn zu kochen und sauberzumachen. Langsam, aber sicher wandelte sich Alison zu einem gewöhnlichen Kuli.

Im Herbst zeigte sich ein immer wiederkehrendes Streitthema. Bei verschiedenen Gelegenheiten wurde Alison von Jim beschuldigt, sich nicht voll für das Geschäft einzusetzen, gemeinhin an Tagen, an denen es mit seiner eigenen Arbeit nicht sonderlich gut gelaufen war. Am 2. November hatten sie wieder einmal einen solchen Tag. Sie hatte alle Haushaltspflichten erledigt, bis fünf Uhr nachmittags »Faces«-Artikel genäht und dann Tee für Jim gekocht. Ihr Bestes, schrieb sie, sei anscheinend nicht gut genug.

Zwei Tage später schwiegen sie sich noch immer an. Doch als das Jahr sich seinem Ende zuneigte und es in den Läden mit den Verkaufszahlen aufwärtsging, schienen Jim und

Alison ihre Meinungsverschiedenheiten vergessen zu haben. An Silvester betete Alison, daß 1983 »genauso gut« wie das vergangene Jahr werden möge. Zu Weihnachten hatten sich Jim und ihre Eltern zusammengetan, um ihr ein Geschenk zu kaufen, ein Mixgerät Marke »Kenwood Chef«. »Vielen Dank«, schrieb sie in ihr Tagebuch. »Es ist toll.« Sie war gerade einmal zwanzig Jahre alt.

Wege zum Gipfel

Alison Hargreaves mag ungewöhnlich gewesen sein, noch leistete sie aber nichts Bahnbrechendes. 1808 bereits hatte eine Frau den Mont Blanc bestiegen, wenn auch nur als Reklamespektakel für ihr örtliches Unternehmen. Die erste berühmte Bergsteigerin, die französische Adlige Henriette d'Angeville, überwand den Widerstand der katholischen Kirche und schrieb ein Buch über ihre Besteigung desselben Bergs im Jahr 1838. Tatsächlich hatten sich Frauen von Anfang an am Bergsteigen als einem Sport beteiligt, blieb ihre Zahl auch klein. Lucy Klein begann 1859, die Alpen zu besteigen, angetan mit schweren Röcken und von einer Kost aus Biskuitkuchen und Champagner am Leben gehalten. Ihre große Rivalin, die Amerikanerin Meta Breevort, kletterte mit ihrem Hund Tschingel kreuz und quer auf der Bergkette herum. Anfang des 20. Jahrhunderts kletterten Frauen sowohl in Großbritannien wie in den Alpen; 1937 nahmen Berridge und Clare Mallory, die Schwestern George Leigh Mallorys, der 1924 nahe dem Gipfel des Mount Everest umkam, an der Erstbesteigung des Sunset Crack am Clogwyn Du'r Arddu teil, einem riesigen, dumpf vor sich »hinbrütenden« Fels an der Nordwand des Snowdon. Andere Frauen waren, wie Nea Morin, bereit, neue Routen auf Felsen zu führen, die von Geröll und schlüpfrigem Pflanzenwuchs bedeckt waren, noch bevor es gute Ausrüstungen gab.

Trotz dieser langen Geschichte weiblicher Teilnahme am Klettern und Bergsteigen war die Zahl der tatsächlich darin aktiven Frauen jedoch klein, und ihr Niveau blieb im allgemeinen bescheiden. Die Vorstellung, eine Bergsteigerin könnte sich einem der Anläufe auf den Mount Everest in der Zeit zwischen den Weltkriegen anschließen, wurde verlacht; die gesellschaftlichen Auffassungen jener Epoche hätten das nicht zugelassen. Als die Französin Anne Bernard sich für die Teilnahme an der Expedition von 1922 zum Mount Everest bewarb, gab das Auswahlgremium zur Antwort: »Es ist dem Mount-Everest-Komitee unmöglich, den Antrag einer Dame, gleich welcher Nationalität, an einer künftigen Expedition zum Mount Everest teilzunehmen, in Betracht zu ziehen. Die Schwierigkeiten wären übergroß.«

Die Unterstellung, Frauen seien den körperlichen und seelischen Anforderungen auf schwierigeren Strecken nicht gewachsen, herrschte bis in die siebziger Jahre vor, als Frauen begannen, die höchsten Berge der Welt zu besteigen. Die japanische Hausfrau Junko Tabei erklomm 1975 als erste Frau den Mount Everest, zweiundzwanzig Jahre nach der Erstbesteigung durch einen Mann. Doch die eigentliche Pionierin war die polnische Bergsteigerin Wanda Rutkiewicz, die reine Frauenexpeditionen zu den Giganten des Himalaja wie dem fast 8 000 Meter hohen Nanga Parbat organisierte und später die erste Frau auf dem K 2 war. Sie war zäh, hatte Ausstrahlung, inneren Antrieb und Erfolg, aber selbst sie glaubte, daß Frauen physiologisch hinter Männern zurückfielen und verglich Bergsteigerinnen der Spitzenklasse mit Läuferinnen, die das Niveau ihrer männlichen Kollegen nicht zu erreichen vermochten. Trotzdem war ihr Beispiel für viele ein Anstoß, und die Zahl und das Leistungsvermögen von Bergsteigerinnen haben in den vergangenen zwanzig Jahren enorm zugenommen.

Anfang der achtziger Jahre aber machte die Zahl der Frauen noch immer nur einen Bruchteil jener der Männer aus, und in der machodominierten Kletterszene des Peak District blieb

Alison isoliert und war sich der Aktivitäten anderer Frauen kaum bewußt. All das sollte sich ändern. Die Kunde von ihren Fähigkeiten war zur Zweigstelle des British Mountaineering Council in Manchester vorgedrungen, und Alison wurde im Juni 1982 eingeladen, sich einer Gruppe von etwa zwanzig Frauen beim ersten in Großbritannien organisierten internationalen Treffen von Kletterinnen anzuschließen. Vierzehn Tage lang sollten sie und die anderen Teilnehmerinnen durchs Land gefahren werden und eine Anzahl verschiedenartiger Felsen erklettern. Das Ganze wurde vom Kletterverband mit der ausdrücklichen Absicht subventioniert und gefeiert, dem Klettern von Frauen in Großbritannien Aufschwung und Beachtung zu verschaffen.

Für Alison hieß das, entdeckt worden zu sein, und gleich am Eröffnungstag bekam sie einen ersten Vorgeschmack von landesweiter Publizität, als sie und die anderen Frauen von einem überregionalen Boulevardblatt, der *Daily Mail*, fotografiert und interviewt wurden. In diesen vierzehn Tagen lernte Alison wahrscheinlich mehr über das Klettern als in jeder vergleichbaren Zeitspanne ihres Lebens. Von ihren Gefährtinnen ermuntert, führte sie mehrere Aufstiege an, die wesentlich schwieriger waren als alle, die sie zuvor versucht hatte. Seit Jahren nun schon hatte sie frohen Mutes auf als »sehr hart« und, eine Stufe höher, »sehr, sehr hart« eingeteilten Strecken geführt. Darüber liegt eine völlig neue Dimension von Schwierigkeit: »äußerst hart«. Beim Klettern mit Mitarbeitern des »Bivouac« und mit Kunden war sie bei einer großen Zahl »äußerst harter« Routen Seilzweite gewesen, hatte aber noch nie die Führung auf einer solchen übernommen. Sie wußte, was diese Strecken mit sich brachten: »Äußerst hart« hieß entweder schwieriger oder anstrengender oder beides; Stellen zum Ausruhen waren seltener und die Griffe kleiner. Sicherung anzubringen konnte bedeuten, daß man an den

Fingern einer Hand hing und die Füße in winzigen Ausbuchtungen Halt finden mußten. Die psychologische Hürde ist für jeden Kletterer hoch, aber für eine Frau in einer Welt, in der sehr wenige Frauen auf »äußerst harten« Strecken kletterten, war sie turmhoch. Beim internationalen Treffen erkannte sie recht bald, daß es eine Handvoll Frauen gab, für die das Führen auf Routen dieser Stufe zu einem normalen Vorgang geworden war. Es dauerte nicht lange, bis sie beschloß, sich selbst an einer zu versuchen.

Ihr Debüt war ausnehmend kühn. Kletterer sprechen von Routen, die sich am Gefälle »weich anfühlen«, wenn der Autor des entsprechenden Führers vielleicht einmal ein wenig großzügig vorgegangen ist. Alisons erste »äußerst harte« Führung am Quartz Icicle an den Craig Gogarth-Klippen der Insel Holyhead fühlte sich nicht weich an. Er begann in den Tiefen des Wen Zawn, einer riesigen Einkerbung in der Küstenlinie mit zuweilen losem Gestein, deren Fuß vom Meerwasser überspült wird. Auch nur den Ausgangspunkt zu erreichen erfordert eine Wind und Wetter ausgesetzte Kletterei steile Grasböschungen über einem hundert Meter tiefen Abgrund hinab. Anschließend seilt man sich in einer unbequemen Diagonale auf einen Felsvorsprung ab, wie der Kletterführer das nennt, der aber tatsächlich nicht mehr darstellt als ein paar annehmbare Stellen für die Füße, weniger als vier Zentimeter breit und dreißig Meter über den Wellen.

Dort schob Alisons französische Partnerin Meije le Cottier zwei Sicherungsösen in die Risse im Fels, hängte Karabinerhaken ein und verband sich über das an ihrem Klettergürtel befestigte Seil damit. Nun hatte sie sicher belegt, und falls Alison bei ihrer Führung abstürzen sollte, würde sie Meije wenigstens nicht mit in den Ozean reißen. Sie klemmte Alisons Seile in die Vorrichtung an ihrem Klettergürtel ein und wartete darauf, daß diese zu klettern begann. Alison holte tief Luft, atmete den scharfen Ozongeruch ein, nahm die Art wahr, in der die Spitze der Klippe sich in weiter Ferne gegen den Himmel aufbäumte. Sie tunkte die Finger in den Beutel mit Kalkpuder, der an ihrer Hüfte baumelte, um so den Angstschweiß von ihren Fingern aufzunehmen, bevor sie zum erstenmal Halt suchten. »Okay«, sagte sie. »Bin am Klettern.«

Am Quartz Icicle muß man einen kühlen Kopf bewahren, es ist ein Aufstieg, bei dem die Führerin scheitert oder stürzt, wenn sie ihre Angst nicht zu unterdrücken vermag. Das Gestein besteht aus grünem Quarzit, das zu einem leuchtenden, gemaserten Weiß ausgeblichen ist und in dünnen und zuweilen gelockerten Schuppen ausläuft. Jede Bewegung ist der heikle Übergang von einer Schuppe zur nächsten und verlangt daher eine ruhige Gewichtsverlagerung ohne Hast. Der Winkel verläuft beinahe senkrecht, und es ist lebenswichtig, das Gleichgewicht zu halten und nicht loszustürmen. Auf der gewaltigen Felsplatte im Innern des Wen Zawn finden sich nur wenige Risse und Möglichkeiten, um eine Sicherung anzubringen, zudem hat die See den Fels durch das angesammelte Salz schlüpfrig gemacht. Ein Ausrutscher kann häufig einen Sturz von über zehn Metern bedeuten.

Alison sah nichts weiter als das Gestein vor ihren Zehen und Fingern und die nächste Bewegung. Sie ließ vierzig Meter Seil ablaufen, bis sie die Zuflucht eines geborstenen Felskamins erreicht hatte, der die Gesteinsplatte hinab verläuft. Dort belegte sie und holte das Seil ein, während Meije ihr folgte. Es mußte aber noch ein weiteres langes Gefälle überwunden werden. Auch auf diesem übernahm Alison die Führung, und dann, während am Fuß des Wen Zawn das Sonnenlicht auf einer Robbenfamilie spielte, legte sie sich lächelnd im warmen Gras zurück, der Mund trocken, sie selbst übervoll von Glück und Erleichterung.

Das internationale Treffen ließ Alison eine Welt von Leuten und Wertvorstellungen kennenlernen, die von der ihren teilweise sehr verschieden war. Sie befreundete sich mit Catherine Freer, einer praktizierenden Psychologin aus dem pazifischen Nordwesten der Vereinigten Staaten. Freer, eine lebhafte und hochgebildete Städterin, war Ideen und Themen gegenüber offen, von denen Alison kaum je etwas gehört hatte. Außerdem war sie dreizehn Jahre älter, und Alison, stets hungrig darauf, von Älteren etwas zu lernen, fand ihre größere Erfahrung sehr beeindruckend. Catherine war eine der ersten Amerikanerinnen, die sie kennengelernt hatte, und sie entdeckte für sich die Anziehungskraft der amerikanischen Sicht auf das Leben; die scheinbare Selbstsicherheit und Leichtigkeit der Amerikaner, über ihre Gefühle zu sprechen, Eigenschaften, von denen Alison sehr wohl wußte, daß sie ihr abgingen. Alison ihrerseits beeindruckte Catherine mit ihrer großen Begabung zum Bergsteigen. Catherine brachte es auf dem Berg zu guten Leistungen, hatte aber, anders als Alison, wenig Zeit damit verbracht, sich über wilde Felsen zu kämpfen. Eines Tages, als die Mannschaft in den Lake District weitergezogen war, führte Alison sie um die Hochmoore herum, die das Tal von Langdale einfassen, und orientierte sich über die gesamte Strecke mit dem Kompaß, während die beiden durch Nieselregen und Wolken stapften. Beide Frauen hatten ähnliche Zukunftsträume, beide wollten große Berge besteigen, vielleicht im Himalaja, und sie blieben nach den vierzehn Tagen auch weiter in Verbindung.

Worüber Alison nicht verfügte, war politisches Bewußtsein. Andere Frauen, mit denen sie in jenem Juni zusammengetroffen war, hatten sich ihren Platz in der Kletterszene aus einer feministischen Haltung heraus erkämpft, und für jene besaß das Treffen eine weitaus größere Bedeutung. Sie hatten Schwierigkeiten, Alison zu verstehen. Selbst in diesen Tagen tauchte Jim Ballard häufig auf, um sie von Felsen zu Felsen zu kutschieren und hing herum, um Fotos zu machen. Im Gegensatz dazu war die britische Kletterin Jill Lawrence, eine der Führungsgestalten während des Treffens und akademisch gebildete lesbische Feministin, voll der vernichtenden Kritik an Frauen, die herkömmlichen Geschlechtsauffassungen anhingen. Sie fand Alison unreif und naiv, materiell zwar abgesichert und schlicht deshalb zum Klettern freigestellt, weil sie zu einem sechzehn Jahre älteren Mann gezogen war. Während des Treffens fing Lawrence eine Beziehung mit der Amerikanerin Rosie Andrews an, seinerzeit wahrscheinlich die weltbeste Felskletterin, und die Energie und der Ehrgeiz der beiden beeinflußten die gesamte Gruppe, so wenig auch ihre Ansichten geteilt wurden.

Zu Ende der Begegnung machten sich Rosie, Jill und Alison im Peak District auf, einen Schichtenkopf aus Sandstein namens Haggar Tor zu erklettern. Die beiden älteren Frauen nahmen sich eine berüchtigte, »äußerst harte« Strecke vor, den Rasp. Die Namen von Aufstiegen bieten manchmal einen Anhaltspunkt für das Wesen eines Felsens, und der Rasp (Raspel) ist ein solches Beispiel hierfür. Mit einem durchgehenden Überhang von mehr als fünfzehn Metern Länge ist der Rasp eine lange Schinderei, bei der die Führerin nur an den Armen hängt und darum kämpfen muß, eine Sicherung anbringen zu können. Rosie versuchte es zuerst und stürzte auf halbem Weg ab. Als sie wieder auf festen Grund herabgelassen worden war, übernahm Jill die Führung und drang ein wenig weiter vor, bis auch sie die Kräfte verließen und sie den Rückzug antrat. Als Alison an die Reihe kam, war der Fels über den längsten Teil bereits mit Sicherungen versehen, und so konnte sie sich ganz auf das Klettern konzentrieren. Sie erreichte die Spitze, an der die anderen gescheitert waren.

Die Nachricht von Alisons »Aufstieg« machte in Windeseile die Runde, und Jill Lawrence wurde rasend vor Wut. Das Klettern erscheint vielleicht nur oberflächlich als Sport ohne Wettkampf. Begegnen sich zwei Kletterer zum ersten Mal, spielen sie ein Ritual aus einer Reihe von scheinbar in aller Unschuld gestellten Fragen durch, die darauf zugeschnitten sind, herauszufinden, welcher von beiden die härteren Routen bewältigt hat. Ebenso wichtig wie ihre Schwierigkeit ist der Stil, in dem diese Routen bezwungen wurden: Ist der Kletterer allein durch Zugriff auf den natürlichen Halt am Fels vorangekommen, oder hat er »Hilfe« in Anspruch genommen und sich den Aufstieg durch Sicherungen erleichtert? Unter Kletterern ist Schwindeln oder eine Strecke unberechtigt für sich in Anspruch zu nehmen ein ernsthaftes Vergehen.

Es war klar, daß Alison auf dem Rasp nicht allein aus eigener Kraft geführt hatte, sondern auf der Grundlage einer Kette von Sicherungen aufgebaut hatte, die von den anderen gelegt worden war. Es ist unwahrscheinlich, daß Alison ihren eigenen Beitrag übertrieb, sollte aber jemand ihren »Sieg« auf dem Rasp über Lawrence und Andrews ausposaunt haben, mag sie es zufrieden gewesen sein, den Irrtum auf sich beruhen zu lassen. Was auch immer die Wahrheit war, jedenfalls meinten einige Freundinnen der Lawrence, Alison sei in dem Versuch, Ältere und Bessere in den Schatten zu stellen, zu weit gegangen. Mit der Zeit gewann die Geschichte durch wiederholtes Erzählen an Gewicht, und Alison bekam unter einigen Kletterern den unverdienten Ruf einer Aufschneiderin, den sie schwer wieder loswurde.

Die Mißstimmung war ein unglücklicher Ausgang für die fabelhaften vierzehn Tage, die Alison gehabt hatte, und ihr erst kürzlich aufgebautes Selbstvertrauen brach in sich zusammen. Ein paar Tage nach dem Ende des Frauentreffens versuchte sie einen schwierigen Aufstieg über Felsspalten an der Froggatt Edge zu führen, stürzte aber ab, riß im Fallen die von ihr angebrachte Sicherung heraus und landete als Häuflein Elend vor einer Gruppe von Kletterern aus Sheffield, die sie als einflußreich ansah. Die hatten wahrscheinlich dabei nichts Schlechtes gedacht, doch Alison vermerkte in ihrem Tagebuch: »Ich hab' Angst davor, daß die Leute von mir erwarten, jedesmal so gut zu klettern, und ich dem nicht gewachsen bin.« Nachdem sie ihr Elternhaus verlassen und sich die Universität vermasselt hatte, fühlte sie nun einen doppelten Zwang, sich als Kletterin durchzusetzen.

Gleichzeitig sah sie sich zusätzlichem Druck durch Jim ausgesetzt, der stellvertretend ebenso ehrgeizig um sie bemüht war wie sie selbst. Für ihn war Alison die beste Felskletterin der Welt oder würde es zumindest bald sein. Mit Angestellten des »Bivouac«, mit Kunden und Freunden schien er zuweilen kein anderes Gesprächsthema mehr zu haben als Alisons erstaunliches Können. »Er schien den Boden anzubeten, auf den sie ihren Fuß gesetzt hatte«, sagt Sally Skinner, Jims Finanzverwalterin. »Er hob sie auf einen Sockel.« Jim beschränkte seine Bewunderung nicht auf den Laden, sondern rief unablässig Redakteure von Fachzeitschriften an und verlangte nach Berichterstattung über seine Freundin. Manchmal klappte es, und eine oder zwei Zeitschriften baten sie, Artikel zu schreiben. Doch nicht immer waren Jims übereifrige Bemühungen, Alisons Leistungen öffentlich zu machen, von Erfolg gekrönt.

Alison fing an, sich als Berufskletterin zu sehen, die eines Tages gutes Geld mit ihrem Sport verdienen würde. Ihr Tagebuch enthüllt das Ausmaß, in dem sie Jims Einschätzung bereits für bare Münze genommen hatte. Sie müßte, schrieb sie eines Tages, sich Gedanken über die Entwicklung einer Art systematischen Trainings machen, um in der weltweiten Kletterszene an »der Spitze zu bleiben«, wie sie sich ausdrückte.

Alison war gewiß in Form, aber ihr Training bestand aus nichts Wissenschaftlicherem als regelmäßigen Dauerläufen über die Hügel hinter ihrem Haus und häufigen Klettertouren. Doch sie hatte kaum eine Vorstellung davon, wie schwierig es war (und noch immer ist), aus dem Klettern auch nur ein kärgliches Einkommen zu erzielen; wie schwierig es ist, das dafür erforderliche Medienprofil zu erlangen. Anfang 1983 bot ihr »Karimor«, ein Hersteller von Rucksäcken und anderer Ausrüstung, kostenfrei Artikel als Gegenleistung an, falls sie für dessen Katalog posierte. Die Firma peppte das Angebot ein wenig auf und verkündete, daß Alison und die anderen Fotomodelle Teil eines sogenannten »Hot Rock«-Teams seien. Sie war entzückt und glaubte, ihren ersten Sponsor zu haben, doch mit Gratisrucksäcken sollte sie keine großen Sprünge machen können.

Jim war stolz auf Alisons Fortschritte. Die Kletterin Julianne Dickens, verheiratet mit einem Ingenieur, der später einer von Jims Geschäftspartnern wurde, erinnert sich daran, wie sie zum erstenmal auf Alison traf und von Jim gebeten wurde, ihr Alter zu erraten. Sie betrachtete die hübsche Frau in Kaschmirhemd und Kalbslederstiefeln und schätzte, daß sie mindestens achtundzwanzig sein müßte. Sie hatte sich um acht Jahre vergriffen, was Jim große Freude zu bereiten schien. Die Kleider und die Kosmetik, die er ihr schenkte, ließen Alison elegant und älter erscheinen: Er hatte sich eine Halbwüchsige genommen und aus ihr eine erwachsene Frau gemacht.

Mit der Zeit begann Alison, die Last eigener und fremder Erwartungen an ihre Person zu spüren. Das Paradox lag darin, daß mit wachsendem Gefühl, erfolgreich sein zu müssen, es ihr um so schwerer fiel, den ebenso entspannten wie konzentrierten Gemütszustand zu erlangen, der für die Führung auf schwierigen Strecken nötig ist, und um so wahrscheinlicher wurde ihr Scheitern. Die Fähigkeit zu gutem Felsklettern ist sowohl eine geistige wie eine körperliche Herausforderung, und langsam büßte sie ihr kostbarstes Gut ein, ihre Zuversicht. Wie die meisten Kletterer kannte Alison Tage, an denen sie einfach nicht gut vorankam, ihr ganzer Bewegungsapparat sich dagegen sperrte, und sie sich unbeholfen und furchtsam fühlte. Es fiel ihr sehr schwer, solche Tage abzuschütteln, die tiefe Krisen bei ihr auslösten. Jim betrachtete sich als Alisons Trainer, und sein Ehrgeiz für seine Partnerin führte mitunter zu qualvollen Szenen. Sally Skinner erinnert sich an einen Tag im Frühling 1983 an der Chatsworth Edge, einem Sandsteinfelsen auf dem Gut der Herzöge von Devonshire, als Jim Alison zuredete, sich an der Führung auf einer Strecke zu versuchen, der sie sich nicht gewachsen fühlte. »Sie stand tatsächlich in Tränen da«, entsinnt sich Sally. »Für mich sah es so aus, als drängte er sie und brachte sie dazu, härter zu klettern, als sie selber wollte.«

Es gab zu jener Zeit noch andere Ursachen für das angespannte Verhältnis zwischen Jim und Alison, es ging um das Geschäft. Alison hatte »Faces« gegründet, um auf diese Weise ein kleines Einkommen zu haben und die Zeit zwischen ihren Kletterausflügen auszufüllen. Nun aber sorgte ein Boom beim Wandern und Klettern dafür, daß es mit der Firma rasant aufwärtsging und sich ihre Produktpalette erweiterte. Jim hatte sich viele Jahre seines Lebens abkämpfen müssen und fand die Aussicht auf geschäftlichen Erfolg berauschend. Es war nicht länger zweckmäßig, alles zu Hause oder im hinteren Teil des Ladens herzustellen, weshalb Jim eine kleine Werkstatt in Matlock anmietete. In wesentlich freundlicheren Verhältnissen aufgewachsen, vermochte Alison seine Begeisterung nie wirklich zu teilen. Aber sie spürte, daß Jim von ihr eine Hingabe ähnlich der seinen verlangte, die sie nicht bereit war aufzubringen. Zankereien, häufig ausgelöst von ihrem Wunsch, im

Ausland zu klettern, wechselten sich mit innigen Versöhnungen ab. Alison klagte in ihrem Tagebuch, daß Jim sie für selbstverständlich nahm und von ihr erwartete, sich in seine Pläne zu fügen und seinen Wünschen zu entsprechen. Es gab Zeiten, zu denen er ziemlich dasselbe von ihr gedacht haben muß.

Wenigstens begann sich das Verhältnis zu ihren Eltern wieder zu bessern, das ja durch ihren plötzlichen Auszug gestört worden war. An einem sonnigen Februartag im Jahr 1983, zwei Tage nach ihrem einundzwanzigsten Geburtstag, marschierten der Vater und Alison zum Fuß des Kinder Downfall, der Reihe steiler Kaskaden, die den schwarzen Torftümpel im höchstgelegenen Moor des Peak District entwässern. Der Wasserfall war zu schimmerndem Eis gefroren. Vater und Tochter schnallten sich Steigeisen an die Stiefel, und sie führte ihn in der Mitte des Katarakts empor, den sie in zwei Gefälle aufteilte, und band sich auf halber Strecke an einem riesigen Eiszapfen fest, um sie beide zu sichern. Die Rollen hatten sich verkehrt; es war Johns erster Versuch auf Eis. Aber es gefiel ihm so sehr, daß er auf einem Gefälle über der Hauptkaskade die Führung übernahm. Als die Nacht über den kurzen Wintertag einbrach, suchten sie sich mit Hilfe des Kompaß ihren Weg über das gespenstische Gipfelplateau ins Tal zurück. Jahre später noch sollten sie sich dieses Tages als eines von strahlender Leuchtkraft erinnern, an dem das Wetter, ihr Klettern und ihre Partnerschaft geradezu vollendet ausfielen. Danach nahm Alison die regelmäßigen Spaziergänge mit ihren Eltern wieder auf, die mit ihrem achtzehnten Geburtstag abgebrochen waren.

Im Mai wurde sie zu einem zweiten internationalen Treffen von Kletterinnen eingeladen, diesmal nach Südfrankreich. Ihr Hauptquartier lag im Dorf La Palud oberhalb der besonnten, schwindelerregenden Wände der Verdon Gorge, einer über dreihundert Meter tiefen Kalksteinschlucht. Der untere Teil der Hauptwand, der Grande Falaise, besteht über mehr als drei Kilometer Länge aus bröckligem, gelbem Fels, weshalb die Routen von Vorsprüngen auf halber Höhe ausgehen. Dorthin führt einzig das Abseilen von der Oberkante aus und sorgt für eine derart exponierte Lage, daß die ausgewachsenen Bäume, die am Fuß der Felsen den Fluß säumen, wie kleine Brokkoliköpfe erscheinen. Hat man erst einmal eine Route in Angriff genommen, gibt es nur noch einen Weg in die Sicherheit: indem man sie hinter sich bringt.

Anfang der achtziger Jahre spielte sich auf dem Grand Canyon du Verdon so etwas wie eine Kulturrevolution des Kletterns ab, die das Image des Sports für immer verändern sollte. An der Verdon und an anderen Felsen im Südosten Frankreichs entwickelte eine Gruppe europäischer, am Hochgebirge desinteressierter Felskletterer neue Routen, die im Hinblick auf die erforderliche körperliche Anstrengung schwieriger waren als alle bisher dagewesenen. Das revolutionär Andere lag darin, daß diese Strecken zwar äußerst schwierig, aber trotzdem vollkommen sicher waren. Im Gegensatz zu vorherigen Generationen hielt es die neue Welle französischer Kletterer für annehmbar, überall dort Dehnungsbolzen aus Stahl einzubohren, wo sie Sicherung haben wollten. Ihre Strecken waren alle paar Meter mit glänzendem Stahl gespickt, in den der Führer ein Seil einhängen und sich dann ohne Gefahr ernsthafter Verletzung fallen lassen konnte. Auf diese Weise ließen sich Kletterstrecken wie Turnübungen trainieren. Das alte Sprichwort beim Klettern, »Der Seilerste darf nicht fallen«, wurde umgeschrieben. Nun galt es für den ersten, regelmäßig zu fallen, denn Herabfallen bewies, daß man sein persönliches Limit herausforderte.

Einher mit der größeren Sicherheit beim Felsklettern ging ein Aufschwung seiner Beliebtheit, die von einer glamourösen

Darstellung voll Sex-Appeal in den französischen Medien angeheizt wurde. Zum erstenmal konnten Kletterer nicht nur begabt, sondern auch in Mode sein. Vor gar nicht allzu langer Zeit noch hatten Zeitschriften und Fernsehen Kletterer als graumelierte, bärtige und verschrammte Männer abgetan, deren Blick abwesend in die Ferne schweifte, weil sie zu lange an frostigen Nordwänden zugebracht hatten. Die neue Generation trug jetzt anschmiegsames, leuchtend gefärbtes Lycra, stellte sonnengebräunte Muskeln zur Schau und posierte für Fotos in *Paris Match*. Man bediente sich ihrer nicht bloß in Anzeigenkampagnen für Outdoorausrüstung, sondern auch für Süßwaren und Autos. Insbesondere eine Kletterin stand häufig im Mittelpunkt solcher Aufmerksamkeit, die charismatische Pariserin Catherine Destivelle.

Ungeachtet ihres Images, war die Destivelle als Kletterin außergewöhnlich. Schon als Teenager hatte sie einige der härtesten Strecken in den Alpen absolviert: die abstoßenden Wälle der Ailefroide-Nordwand, die von regelmäßigem Steinschlag beharkt werden, und den Dru nahe des Mont Blanc, eine vollendet kegelförmige Bergspitze, die Walt Disney gezeichnet haben könnte. Ihre Entschlossenheit stand außer Frage; für diese frühen Expeditionen hatte sie sich abgehärtet, indem sie mitten im Winter auf dem Balkon ihrer Eltern übernachtete. Sie war jetzt Anfang Zwanzig und erwies sich auf den neuartigen Kalksteinrouten in der Provence als gleichermaßen geschickt.

Ihrem Wesen und dem familiären Hintergrund nach war sie ganz anders als Alison. Älteste von sechs Kindern, war sie gesellig und weltgewandt und hatte in Paris ein wildes Leben geführt, auch schon mal das Klettern für eine Weile aufgegeben, um nächtelang in den Spielcasinos ihr Glück zu versuchen. Nach einer durchsumpften Nacht konnte sie mit verquollenen Augen an den Fels treten und sich doch im nächsten

Augenblick in jemand verwandeln, der so flüssig und athletisch kletterte, daß es eine Lust war zuzuschauen.

Catherine hatte Chic, wohingegen Alison provinziell und linkisch wirkte. Während Alison um Aufmerksamkeit rang, war Catherine ebenso geschickt darin, sich der Medien zu bedienen, wie im Erklettern von Felsüberhängen, und sie wußte den Egos männlicher Journalisten zu schmeicheln. Mitte der achtziger Jahre ergab eine Meinungsumfrage, daß Catherine die bekannteste Frau in Frankreich war; sie war mehr Leuten ein Begriff als die Premierministerin Edith Cresson. Im Gegensatz dazu war Alison nur unter den Kletterern aus Derbyshire prominent. Eines Tages im Jahr 1983 konnte sie sich darüber begeistern, daß zwei Jugendliche sie nach einem Kletterfestival im Lake District um ein Autogramm baten. Sicher war das erfreulich, aber kein Vergleich mit den Werbeplakaten an den Wänden der Pariser Métro, die Catherine Destivelle abbildeten.

Auch Catherine war zum Treffen an die Verdon eingeladen worden, und Alison verbrachte fast einen ganzen Tag mit ihr zusammen, als sie einige der kürzeren Strecken unterhalb der Oberkante der Schlucht erkletterten. Das war eine der sehr seltenen Gelegenheiten, da sie einander begegneten, doch Alison zumindest sollte sie nie vergessen. Sie erkannte, daß Catherine einen Ehrgeiz hatte, der ihrem sehr ähnlich war. Beide Frauen wollten nicht nur als Felskletterinnen beeindrucken, sondern auch als Bergsteigerinnen auf den höchsten Gipfeln der Welt, und beide wollten sie die Besten sein. In den folgenden Jahren blieb Catherine eine immer wieder mahnende Größe in Alisons Gedanken, und wahrscheinlich schlossen diese ein persönliches Wettkampfvorhaben ein.

Alison lenkte allmählich ihren Ehrgeiz auf die Alpen und den Himalaja, denn ihr war klargeworden, daß ihre Begabung und ihr körperliches Vermögen eher für das Hochgebirge als für kurze Kletterstrecken geeignet waren. Wie sich beim Verdon-Treffen zeigte, vermochten die besten Felskletterer Kalksteinüberhänge zu erklimmen, an denen sie Halt fanden, der nicht breiter war als das erste Glied eines Fingers. In größerem Maße als je zuvor erwies sich das Verhältnis zwischen Kraft und Körpergewicht als entscheidender Faktor zur Bestimmung des Schwierigkeitsgrads, den ein Felskletterer bewältigen konnte. Alison war schlank und kräftig. Aber die allerbesten Kletterer mußten mehr zu bieten haben. Sie durften beinahe kein Gramm Fett mehr haben und mußten im Grunde unproportioniert gebaut sein mit spindeldürren Beinen und kraftvollen Oberkörpern. Einige wenige verfügten von Natur aus über solche Zähigkeit und Stärke, so Catherine Destivelle. Die meisten anderen verhielten sich teilweise wie Models auf dem Laufsteg, achteten wie besessen auf ihre Kalorienzufuhr und ihr Training, und zwar jetzt systematisch an künstlichen Kletterwänden und in Turnhallen, wo sie Gewichte hoben, endlos viele Klimmzüge und ballettartige, dem Yoga entlehnte Dehnungsübungen machten.

Selbst wenn Alison bereit gewesen wäre, sich einem derart zermürbenden Programm zu unterziehen, hätte sie damit wahrscheinlich keinen Erfolg gehabt. Vielmehr war sie sich bewußt, daß nachweislich eine Lücke zwischen ihren besten Leistungen und denen anderer führender britischer Kletterinnen klaffte, ganz zu schweigen von den besten Männern. Die Stufe »äußerst hart« deckt eine große Bandbreite von Schwierigkeitsgraden ab und ist entsprechend unterteilt worden; die leichteste Variante lautet E 1 und die 1983 härteste E 7. Alisons erste Führung auf einer »äußerst harten« Route, dem Quartz Icicle, war eine E 2. Zu ihren besten Zeiten gelang es ihr, auf einer Handvoll E 3-Strecken zu führen. Andere Frauen wie Jill Lawrence aber führten häufig auf E 4 und gelegentlich auf E 5. Gill Fawcett stand im Begriff, eine E 6 zu führen, was die Destivelle regelmäßig vollbrachte. Als die besten Kletterer wirkungsvolleres, auf bestimmte Muskeln abzielendes Training entwickelten, wurde die Schwierigkeitsgrenze abermals angehoben. Ende der achtziger Jahre war Großbritannien mit E 8-Strecken übersät. Die Kluft zwischen Alison und jenen, die an den physiologischen Grenzen dieses Sports standen, war ebenso groß wie die zwischen ihren frühen Tagen, als sie sich leichte Routen hochtastete, und dem von ihr inzwischen erreichten Niveau.

Gleichzeitig wußte sie, daß ein großes Leistungsvermögen beim Felsklettern noch keinen Aufschluß über Fähigkeiten beim Bergsteigen gab. Das Hochgebirge stellt nicht minder hohe Ansprüche an Körperkraft und ihre Beherrschung, doch sind diese Anforderungen zugleich vielseitiger und weniger spezialisiert. Auf einer Hochgebirgsroute kann es durchaus schwierige Felsabschnitte geben, aber ebenso von tiefen Spalten durchzogene Gletscher, die eine ganze Palette verschiedener Techniken zu ihrer sicheren Überquerung voraussetzen. Wie man steile Eishänge erklettert, mit der dünneren Luft fertig zu werden lernt und die Entschlossenheit aufbringt, schwere Ausrüstung zu tragen, das alles sind zusätzliche Fertigkeiten, die ein Felskletterer nicht braucht. In erster Linie aber fordert das Bergsteigen Durchhaltevermögen. In den Alpen braucht man für eine lohnende Route mindestens einen ganzen Tag. Im Himalaja müssen Bergsteiger vorbereitet sein, tage- oder wochenlang unterwegs zu sein. Einige der großen britischen Bergsteiger sind nur mittelmäßige Felskletterer gewesen. Als Alison in der Sonne der Verdon kletterte, gelang Alex MacIntyre, einem der besten britischen Bergsteiger ihrer Generation, die Erstbesteigung des Shisha Pangma, eines knappen Achttausenders in Tibet. MacIntyre, der später auf dem Annapurna umkam, hatte an den Felsen in Großbritannien Mühe, auf ganz gewöhnlichen Kletterrouten zu führen.

Sei einiger Zeit schon war Alison im Peak District mit Ian Parsons geklettert, der unlängst zu Jims Geschäftspartner geworden war. Er war neun Jahre älter als sie, kam aus einer wohlhabenden Familie in Redditch und hatte mehrere Jahre auf der ganzen Welt Erfahrungen im Klettern gesammelt. Er hatte einige Routen an den großen Wänden im Tal des Yosemite in Kalifornien absolviert, aufreibende Partien an bis zu einem Kilometer hohen Felswänden, die bis zu einer Woche ununterbrochenen Kletterns erforderten. Er hatte eine Reihe harter und langwieriger Strecken in den Alpen hinter sich gebracht, einschließlich der American Direct auf dem Dru. Eindrucksvoll sein Aufstieg auf den riesigen Cassin-Kamm des Denali, des höchsten Berges in Nordamerika. Parsons war seit den frühen Tagen des »Bivouac« mit Jim Ballard bekannt. Zurückhaltend, beinahe schüchtern, scheute er leere Phrasen und war unter den Kletterern ebenso beliebt wie geachtet. Alison hätte sich als Partner für ihre ersten Alpenbesteigungen keinen besseren aussuchen können, und Ian war bereits so häufig mit Alison geklettert, daß er Vertrauen in ihre Fähigkeiten hatte, überdies vertrat er den Standpunkt, nur »die Strecken zu klettern, die ich wollte, nicht die Strecken, von denen die Leute mir sagten, ich sollte sie nehmen«. Und weiter: »Ich neige zu der Auffassung, daß es bei den großen Routen nur um die richtige Einstellung geht. Die verschiedenen technischen Fähigkeiten kann man recht einfach erlernen. Aber bei der Mentalität, wenn man nicht von Natur aus über eine entsprechende verfügt, da wird's schon schwerer. Hat man sie, ist es nicht besonders wichtig, welche Art von Route man vor sich hat, ob eine große Felswand im Yosemite-Tal oder eine Nordwand in den Alpen. Beim Bergsteigen geht's eigentlich darum, drin festzustecken und festgelegt zu sein – ist man das erstmal, bleibt man meistens auf Kurs und bringt die Route hinter sich.« Ende September 1983 machten sich

Ian und Alison auf den Weg in die Alpen. Sein erstes Ziel war ehrgeizig: ein harter Aufstieg auf dem Frendo-Ausläufer an der Nordwand der 4 000 Meter hohen Aiguille de Midi.

Als sie müde und hungrig nach einer langen Autofahrt in Chamonix eintrafen, wollte er nichts weiter als ein Bett. Aber die Wetteraussichten, außen am Büro der Bergführer ans Schwarze Brett geschlagen, waren optimal. Gelangweilt betrachtete Alison die triviale Geschäftigkeit der örtlichen Skiboutiquen und Bars und starrte auf die erhabene Silhouette darüber, eine gewaltige Brustwehr von dreizehn Kilometern Länge, vom Dom des Mont Blanc zu den schneegefleckten Dolchen der Aiguilles von Chamonix. Sie konnte es nicht ertragen, auch nur eine einzige Nacht zu warten. Sie schlug Ians Proteste in den Wind und bestand darauf, daß sie ihre Rucksäcke packten und in die Seilbahn stiegen.

Ihr Zielort hieß Plan de l'Aiguille, eine Haltestelle auf halber Strecke der höchsten Seilbahn Europas, die beinahe senkrecht bis zum Gipfel des Midi weiterfährt. Während die Touristen die Gondeln wechselten, machten sich Alison und Ian daran, auf altem Schnee der hoch aufragenden Wand, einem kalten und chaotischen Durcheinander aus Granit und Eis, entgegenzugehen. Der Herbsttag war schon weit fortgeschritten, und das reine Blau des Himmels nahm die blassere, milchige Färbung an, die eine alpine Dämmerung ankündigt. Unter ihnen verloren sich die Kiefern in den türkisfarbenen Tiefen des Tals von Chamonix.

Über ihre Köpfe hinweg summte die letzte Seilbahngondel des Tages. Die glatte Oberfläche des Schnees wurde unregelmäßig und karstig; sie kraxelten über die groben Überreste einer alten Lawine hinweg, über tonnenweise Schneetrümmer, die vom überhängenden Band der Eisklippen, der »Firnzacken« nahe dem Gipfel, herabgefegt waren. Dort, wo der Hang schließlich auf den grauen, gesprenkelten Granit stieß, wurde ihnen der Weg von einem tröpfelnden, düsteren Spalt von grundloser Tiefe versperrt, einem *rimaye* oder Bergschrund, bei dem sich die Gletscherspalte im Winkel zwischen Felswand und darunterliegenden Gletscherhängen bildet. Hier machten sie Rast, nahmen die Rucksäcke ab und kramten Seile und Helme hervor. Ian fand eine Brücke aus verfestigtem Schnee und begann, sie schwankend zu überqueren, während er mit seinem Eispickel sondierte. Alison stapfte sich eine Vertiefung in den Schnee und versuchte, Sicherheit zu gewinnen, während sie das Seil ablaufen ließ. Die Schatten wurden länger, und sie spürte den Temperaturabfall.

Der Frendo-Ausläufer ist nach dem französischen Bergsteiger Eduardo Frendo benannt, der 1941 den ersten Aufstieg angeführt hatte. Im prosaischen Jargon des französischen Bergführers, des *Guide Vallot*, ist der Frendo eine *grande course*, eine große Strecke, die nur wenige Anfänger überhaupt in Betracht ziehen würden. Seine Silhouette zieht in den Straßen von Chamonix den Blick auf sich, spaltet sie doch das unregelmäßige Rechteck der Midi-Nordwand in zwei Hälften. Das erste Drittel besteht aus einem breiten, birnenförmigen, mit Schnee gesprenkelten Gesteinsfächer, der sich stolz zu beiden Seiten der Flanke erhebt. Der »Stengel der Birne« ist der Anfang einer steilen, gewundenen Granitrippe, die in einer gleichmäßigen Kurve nach rechts verläuft. Darüber glitzert ein Kamm aus Eis wie ein Faltenwurf in gefrorenem Leinen, bevor ein letzter Gesteinspfeiler den Weg zum Gipfel verschanzt. Während Alison den Bergschrund überquerte, kletterte Ian weiter vorn bereits eine verschneite Rampe hoch.

Im Zwielicht fanden sie einen Felsvorsprung von der Größe eines Couchtisches. Sie hängten ihre Rucksäcke an Felshaken, die sie ins Gestein getrieben hatten, verkrochen sich, noch immer die Klettergürtel um, in ihre Schlafsäcke und nutzten das Seil, um sich sicher am Berg festzuzurren. Halb lagen, halb saßen sie auf einem Bett aus spitzen Steinen, kochten sich Tee mit getautem Schneewasser und kauten auf ihrem Abendbrot herum, Sardinen, Käse und Schokolade. Es war windstill, und sie sprachen kaum, starrten auf die Lichter des Ortes, die ihnen von der Talsenke her zuzwinkerten, vom Boden der gut 2 000 Meter tiefen Kluft zu ihren Füßen. Der Mond ging mit ungewöhnlicher Helligkeit auf und störte Alisons Versuche einzuschlafen.

Bevor der Morgen graute, störte Ians Wecker die Stille. Das Tal war ein Bett aus grauen Wolken, die noch in tiefem Schatten lagen. Richtung Osten waren die Kalksteintürme der Dents du Midi von kaltem, blassem Rosa eingerahmt. Ihr fröstelte, sie war steif, und ihr taten die Knochen weh, als sie sich zwang, den Kocher anzuzünden und Schnee für den Tee in den Kochtopf zu schaufeln. Das Brummen der Gasflamme war das einzige Geräusch. Nach einer Stunde waren sie für den Aufstieg bereit.

Alison war es gewohnt, Felsen gewandt und fast tänzerisch zu erklettern; jede Falte im Gestein durch ihre federleichten, gummibesohlten Schuhe zu spüren; sie war gewöhnt an die sinnliche Freude sonnenerwärmter Steine unter ihren Fingern. Nun steckten ihre Füße in nagelneuen, unempfindlichen doppelwandigen Plastikstiefeln, um die auch noch Steigeisen geschnallt waren. Sie fühlte die Kerben und Vorsprünge nicht mehr, auf die sie die Füße setzen mußte: Nur mit den Augen konnte sie erkennen, ob sie sicher stand. Der Fels des Frendo war kalt, scharf und abschürfend. Es war, als lernte sie das Klettern noch einmal von vorn. Ihr gewöhnlich so sicheres Gleichgewicht war aus dem Lot gebracht. Auf ihrem Rücken zerrte die schwere Last ihres Rucksacks. Ihre gewohnte Zuversicht war verflogen, und sie fühlte sich unbehaglich und unsicher.

Was sie am meisten taumeln machte, war das Ausmaß des Ganzen, war die Entfernung, die es zurückzulegen galt. Bevor sie das Tal verlassen hatten, hatte Alison den Führer studiert. Es sah nach einem langen Weg zum Gipfel aus, doch das Buch gab dafür nur tausendeinhundert Fuß an – nicht mehr als auf einigen der längeren Kletterstrecken, die sie in Schottland bewältigt hatte. Nur hatte sie die Beschreibung leider falsch gelesen. Der Frendo-Ausläufer mißt in senkrechter Höhe mehr als tausendeinhundert *Meter*, also gut das Dreifache. Der Morgen verging in rauschhafter Anstrengung. Um acht Uhr fingen die Seilbahngondeln über ihren Köpfen zu schwirren an. Ian und Alison nahmen kaum Notiz davon, waren von einem Universum aufgesogen, das auf eine einzelne Linie an einer Felswand geschrumpft war. Sie wechselten sich bei der Führung ab, als sie versuchten, aus dem Labyrinth der Rampen, Spalten, Rippen, Kämme und Überhänge schlau zu werden, in das sich die schlichte Birnenform am Frendo verwandelt, sieht man sie aus der Nähe. Alison vergeudete kostbare Zeit, als sie auf ganzer Länge eines Fünfzigmeterseils einen blinden Kamin hochkletterte, der in einen unüberwindlichen Überhang mündete. Sie mußte umkehren und seilte sich an einem Felshaken ab. Auf einem Drittel des Wegs, an der Spitze der Birnenform, fühlte sie instinktiv, daß sie nun den Gipfel erreicht haben müßten. Mit einem Mal wurde ihr der Unterschied zwischen Fuß und Meter doch sehr deutlich.

Die Route streckte sich unendlich, der Gipfel schien nicht näher als schon vor Stunden. Jenseits eines tiefen Engpasses verlief das Klettern fast in der Senkrechten, während sie sich an die gebogene Felsrippe hielten, eine Abfolge steiler, teilweise von Eis verstopfter Spalten und Kamine. Sie kletterten mit weit gespreizten Beinen und hohem Schwerpunkt, immer auf der Suche nach dem nächsten festen Tritt. Einmal rutschte Ian aus, fiel immer tiefer und wurde erst aufgehalten, als sich sein

Steigeisen in einem Felshaken verfing. Er schwang sich auf eine Felsschuppe und gewann hier seine Standfestigkeit zurück. Da Alison nicht an die Höhe akklimatisiert und von der trockenen Luft ausgedörrt war, wurde sie zusehends erschöpfter und schleppte sich bald unbeholfen voran. Ian übernahm jetzt zumeist die Führung. Jedesmal, wenn sie ihn auf einem Vorsprung einholte, keuchte sie, daß sie eine Pause bräuchte.

Doch der Aufstieg ging weiter, und Alison sah Dinge, von denen sie zuvor nur geträumt hatte. Der Gletscherhang, den sie von der Seilbahn aus emporgestapft waren, schien so tief unten zu liegen, daß sie auch in einem Flugzeug hätten sein können. Sie konnte über die Berge auf der Nordseite des Tals hinweg Seen und Wiesen sehen und nach Westen hin tief hinein in die ungeheure Weite des ländlichen Frankreichs schauen, bis dorthin, wo in dunkelblauem Dunst Erdboden und Himmel aufeinandertrafen. Unter ihr, zu ihrer Rechten, lagen die Nadelspitzen anderer Berge, der Aguille du Peigne und der Aguille des Pèlerins, deren Granit von der Sonne golden beschienen war. Über ihren Gipfeln, im Lee der riesigen Westwand der Aguille du Plan, ließ sich ein großer Vogel, vielleicht ein Lämmergeier, seine weitgespannten Flügel schwarz gegen den Schnee, von der Thermik emportragen.

Die Felsrippe endete auf einem Plateau von den Ausmaßen eines einzelnen Schlafzimmers, dies die größte waagerechte Fläche für mehrere hundert Meter. Alison und Ian ließen sich dort für eine Weile nieder, tranken etwas Wasser und knabberten Schokolade. Jenseits lag der Eiskamm, wo sie die Frontalzacken ihrer Steigeisen in die Oberfläche stoßen und mit den Eispickeln arbeiten mußten. Mit weniger als fünfundfünfzig Grad ist der Kamm nicht steil, war aber nach einem langen, trockenen Sommer eisenhart, so daß der Stahl kaum eindrang. Auf halber Strecke des ersten Gefälles, vom tiefen

Abgrund zum Gletscher in ihrer Unsicherheit bestärkt, erkannte Alison, daß sie vergessen hatte, ihre Fäustlinge überzuziehen, denn ihre Finger wurden steif. In der bedenklichen Balance auf den Frontalzacken ihrer Steigeisen stehend, mußte sie ihre Eispickel loslassen, um in ihren Taschen nach den Fäustlingen zu fischen, während ihr Herz in der dünner werdenden Luft hämmerte und ihr Atem stoßweise vor Anstrengung und Angst ging.

Noch immer war kein Ende des Ausläufers in Sicht. Der Nachmittag neigte sich seinem Ende zu, und der schwierigste Abschnitt, der abschließende Felspfeiler, stand ihnen noch bevor. An seinem Fuß, über dem entsetzlichen Abgrund am Berg festgebunden, zitterte Alison, verängstigt und entmutigt, und wartete darauf, daß Ian den nächsten winzigen Vorsprung erreichte. Anschließend nahm er das härteste Gefälle von allen in Angriff, ein aufgeschlagenes Buch aus Granit, wo er auf das Klettern mit künstlichen Hilfen zurückgreifen mußte und nach den Felshaken vorausgegangener Bergsteiger suchte, um sich daran hochzuziehen. Es war kein Ort, um dort die Nacht zu verbringen. Als Alison das Seil ablaufen ließ, beruhte ihre Haltung auf dem festen Stand eines einzelnen Fußes, und sie verlagerte ihr Gewicht abwechselnd vom einen Bein auf das andere, damit keines davon taub wurde. Der Wind frischte auf, und der Himmel begann, sich mit Wolken zu beziehen. Endlich hörte sie Ian rufen, daß er sicher sei, und sie war an der Reihe zu klettern. Sie kämpfte sich die letzten Felsbrocken der Strebe empor und ließ sich auf ihrer Spitze in den Schnee plumpsen. Nun konnte sie sich hinlegen und ausruhen.

Sie hatte den Kamm erreicht, der den Midi mit seinem nächsten Nachbarn verbindet, der Aguille du Plan. Im Winter ist der Kamm durch einen Handlauf aus Seilen gesichert, und Hunderte von Skiläufern kommen von dort Tag für Tag zum

Anfang der Piste durch das Valleé Blanche nach Montenvers hinunter. In dieser letzten Septembernacht war es dort oben wild, düster und windig; die Temperaturen sanken weit unter den Gefrierpunkt. Ian, ebenso müde wie Alison, trottete wieder los. Zunächst nahm sie ihm das übel und war verärgert, daß er sie allein ließ. Dann aber blickte sie nach links und wurde einer neuen, von Sternen erhellten Welt gewahr, dem Inneren der Bergkette. Schartige Riesen schimmerten durch die Dunkelheit: der große Bug des Grandes Jorasses; die steilen Minarette des Mont Blanc du Tacul. Plötzlich kam eine tiefe Freude in ihr hoch, ergriffen von der sicheren Gewißheit, daß dies die Welt war, nach der sie sich sehnte. Als sie in den Tunnel trat, der zur Seilbahnstation führte, lächelte Alison.

Nach einer Nacht in der Seilbahnstation fuhren sie am nächsten Morgen mit der ersten Gondel zurück nach Chamonix. In den folgenden zehn Tage absolvierten Ian und Alison fünf weitere Aufstiege. Zumeist waren das Felsrouten auf dem goldfarbenen Granit, von dem das Mont-Blanc-Massiv nur so strotzt, die letzte aber verlief auf einer kurzen, steilen Eiswand, der Nordwand des Tour Ronde, eines Gipfels an der französisch-italienischen Grenze. Anschließend verbrachten sie die Nacht in ihrem Zelt hoch oben im Gletscherbecken des Vallée Blanche. Die vorangegangenen Tage waren beinahe unerträglich heiß gewesen, und Alison war trotz der Höhe im T-Shirt aufgestiegen. Nach ihrer Tour auf dem Tour Ronde jedoch legte sich der Altweibersommer mächtig ins Zeug. Als sie wieder zu ihrem Zelt abstiegen, füllte sich der Himmel mit Wolken, und Schneefall setzte ein. Bald saßen sie in einem ausgewachsenen Gebirgssturm fest. Die ganze Nacht lang zerrte der Wind an den Zeltbahnen, knallend rissen eine nach der anderen die Spannleinen, bis es sicher schien, daß das Zelt über ihnen zusammenbrechen würde. Am nächsten Morgen packten sie im düsteren Wirbeln des Sturms, richteten ihre

Ausrüstung und zurrten sich ihre Anorakkapuzen fest ums Gesicht. Im Mont-Blanc-Massiv werden Kompasse durch das magnetisierte Gestein praktisch unbrauchbar, und als sie sich, durch das Seil verbunden, ihren Weg über das Vallée Blanche erkämpften, war die Orientierung zumeist Glückssache. Den Morgen zuvor hatte der Gletscher friedlich und gutmütig gewirkt. Nun peitschte ein heulender Schneesturm darüber hinweg.

Zunächst fühlte Alison sich doch sehr beklommen. Als dann aber die vertrauten Felsen des Midi in den Wolkenlücken auftauchten, fing sie an, das Erlebnis zu genießen. Noch mußten sie den messerscharfen Kamm ersteigen, den sie am Ende des Frendo-Ausläufers erreicht hatten, doch Alison spürte eine große innere Freude über ihre Kraft und ihr Durchhaltevermögen, als sie sich gegen den Wind stemmte und aufwärts stapfte. Nun hatte sie sich vollständig an die Berge und auch an die Höhe akklimatisiert, fühlte sich zuversichtlich und stand unter dem Eindruck, alles im Griff zu haben.

Es gab keine Aussicht, unter solchen Bedingungen nach Chamonix abzusteigen – die Seilbahn verkehrt bei starkem Wind nicht mehr –, und sie richteten sich in der Wärme des Generatorenraums auf ein weiteres Biwak ein. Am folgenden Morgen hatte sich der Sturm erschöpft. Alison und Ian verfolgten auf der Terrasse der Station den Sonnenaufgang und staunten über den Ausblick, der sich da auf die mit frischem Schnee verputzten, in der Morgensonne rosa leuchtenden Berge auftat. In ihrem Tagebuch zog sie Bilanz:

»Ich hatte einen alpinen Sturm erlebt/überlebt, jetzt zeigten sich die Berge in all ihrer Pracht: Ist man in den Alpen bescheiden und vermag zu überleben und sich darauf einzustellen, dann wird man belohnt. Sturheit und Dickköpfigkeit führen in die Katastrophe, fürchte ich. Es gibt eine Menge zu lernen, setzt man aber ein gutes Quantum Sorgfalt und Zeit ein, läßt sich noch größerer Gewinn erzielen ... Ich habe das Gefühl, mit mehr Zeit und noch mehr Strecken werde ich genau das richtige Rüstzeug für meine Wünsche erlangen, das richtige Know-how für Routen, und mit der Zeit imstande sein, alle Gefahren durch geschärftes Bewußtsein, Aufmerksamkeit und Respekt zu minimieren.«

Sie hatte recht damit, das Gebot der Flexibilität zu betonen; nichts ist beim Bergsteigen tödlicher als die Entschlossenheit, ein bestimmtes Ziel unter allen Umständen zu erreichen. In den Alpen und anderen Gebirgen mit Gletschern ist es lebenswichtig, effektiv zu klettern und sich so wenig wie möglich Gefahren auszusetzen, indem man sich an die empfohlenen Zeiten hält. Selbst wenn die Verhältnisse nicht so schlimm sind, um eine Strecke unbegehbar zu machen, können sie das Vorankommen derart verlangsamen, daß allein darin schon ein wesentliches Risiko liegt. Ist ein Bergsteiger bereit, sich kurzentschlossen für ein anderes Ziel zu entscheiden, sollten die Umstände das verlangen, kann das lebensrettend sein. Ebenso ist richtig, daß Erfahrung die Gefahren verringern kann. Allerdings schien Alison zu glauben, daß es möglich sei, das eigene Urteilsvermögen bis zu einem Punkt zu schärfen, an dem Gefahren praktisch ausgeschaltet werden können, daß theoretisch sämtliche Bergunfälle vorhersehbar gewesen und somit vermeidbar wären.

Ein paar Tage vor ihrem Aufbruch nach Chamonix war ihr auf einer Handelsmesse in München ein Mann vorgestellt worden, der seine Finger durch Erfrierungen eingebüßt hatte, nachdem er am Matterhorn von einem Sturm überrascht worden war. Alison war zutiefst irritiert; sie war entsetzt darüber, daß jemand derart unter dem Sport zu leiden haben könnte, den sie so sehr liebte. »Solche Sachen dürften nicht passieren. Ich werde alle erdenkliche Vorsicht walten lassen, damit mir so etwas nicht widerfährt. Mit Vorsicht, Sorgfalt und Respekt dürften solche Sachen nicht vorkommen.« Unter Bergsteigern ist die Vorstellung weit verbreitet, sie würden die Fehler der anderen nicht machen. Aber es ist ein Trugschluß. Mit Intelligenz und Planung lassen sich Risiken vermindern, aber ein Rest an Gefahr bleibt immer.

Wettervorhersagen sind nicht unfehlbar, und Stürme brechen los, wo eben noch klarer Himmel herrschte. Manchmal werden scheinbar feste Schneehänge zu Lawinen. Firnzacken-Bänder stürzen plötzlich zusammen und bombardieren Darunterstehende mit Eisblöcken von der Größe eines Autos, und Steine – von Kieseln bis zu tonnenschweren Felsen – lösen sich durch das beständige Einwirken von Sonnenschein und Frost. Die großen Bergketten der Welt sind Orte, wo die Erdoberfläche in Bewegung ist, wo tektonische Platten aufeinanderstoßen und Menschen, gleich wie erfahren, dann von den Folgen erwischt werden. Bergsteiger nennen diese unvorhersehbaren Bedrohungen »objektive Gefahren«.

Alison kehrte aus Chamonix in glückseligem Zustand zurück. Sie fühlte sich rundum gut und genoß sowohl ihre Erinnerungen wie die Heimat: die klare Herbstluft in Derbyshire, die Backkunst ihrer Mutter und den üblichen Trott in der »Faces«-Werkstatt, in der Jim zwei Mitarbeiter eingestellt hatte, um der wachsenden Nachfrage gerecht zu werden. Sie ging mit Jim wandern und kletterte fröhlich auf den Harborough Rocks herum.

Alison war nicht die einzige Britin, die das Bergsteigen ernst nahm. Jill Lawrence war im Yosemite-Tal und auf Baffin Island im arktischen Ozean geklettert; Brede Arkless hatte schon seit Jahren als professionelle Bergführerin in den Alpen gearbeitet. Trotzdem war in den frühen achtziger Jahren die

Zahl der Frauen gering, die sich an Routen wie dem Frendo-Ausläufer versuchten. Ian Parsons zufolge war ihr Geschlecht für Alison schlicht kein Thema: »Es schien immer zweitrangig. Schließlich brachte sie das nie aus der Ruhe. Es war auch nichts, worüber sie geredet hätte. Ich glaube schon, daß sie es deswegen schwerer hatte, so erfolgreich so sein, wie sie es wurde, weil es einfach damals für eine Frau so ungewöhnlich war, solche Sachen wie sie zu machen, und zwar unabhängig, ohne daß ein Typ sie hinter sich herzog. Und ich kann mich nicht erinnern, daß sie jemals gesagt hätte, sie wolle wieder runter, sie fühle sich unwohl, obwohl wir verschiedene Strecken gestiegen sind – einschließlich des Frendo – bei denen nicht immer die besten Bedingungen herrschten.«

Es hatte sich bereits herausgestellt, daß Ian und Alison als Team im Gebirge ungewöhnlich gut miteinander harmonierten. Sie war die Anfängerin, er der ruhigere und erfahrenere Bergsteiger, zudem von ausgleichendem Einfluß. Wie bei allen Partnerschaften hatten sie ihre Meinungsverschiedenheiten, die sich aber gewöhnlich schnell beilegen ließen, und beide erfreuten sich der Gesellschaft des anderen. Vor allem vermittelten sie einander wohl ein Gefühl von Sicherheit. In den folgenden neun Monaten unternahmen sie zwei weitere Reisen in die Alpen und konnten eine bemerkenswerte Liste zusehends schwierigerer Strecken vorlegen. Im Mai 1984 erkletterten Alison und Ian die Supercouloir auf dem Mont Blanc de Tacul. Einst als einer der härtesten Eisaufstiege in ganz Europa angesehen, kostete sie dieser düstere, senkrechte, im ganzen einen Kilometer lange, tief in die Granitpfeiler des Bergs eingeätzte Tunnel zwei lange Tage. Es war Alisons erstes *extremement difficile* oder ED und bedeutete eine weitaus härtere psychologische Barriere als die Führung bei ihrem ersten »äußerst harten« Felsklettern. Es war zugleich die erste von vielen Erstbesteigungen durch eine Britin. Binnen weniger Wochen folgten zwei weitere an den Nordwänden der Aiguille de Triolet und von Les Courtes, funkelnden Eisflächen oberhalb des Argentière-Gletschers. Im Anschluß an Les Courtes gingen sie wieder nach Chamonix zurück, wo Ian einem Freund aus Neuseeland über den Weg lief und die beiden den Abend damit verbrachten, sich gemeinsam zu betrinken. Während Ian feierte, plante Alison schon die nächste Route: die Nordwand des Matterhorns über der Schweizer Gemeinde Zermatt. Sie hatten sich bereits zweimal dieser großen Wand genähert, wurden dann aber von schlechtem Wetter vertrieben. Diesmal sollte nichts schiefgehen. Alison telefonierte mit Frau Biner, die das Bahnhofshotel führte, seit über hundert Jahren Herberge für Bergsteiger. Es herrschten gute Bedingungen an der Wand, sagte diese, und die Wettervorhersage sei gut.

Es war dennoch eine gewaltige Herausforderung. Die Nordwand des Matterhorns wurde erstmals, bereits 1931, von den Brüdern Fritz und Toni Schmid bezwungen, doch in den Jahren seither war wenig geschehen, was ihren Schwierigkeitsgrad verringert hätte. Sie ist rund 1 100 Meter hoch und eine riesige Fläche aus Eis und verwittertem Gestein, von der manche der steileren Abschnitte sozusagen die Vertrauenswürdigkeit einer alten Trockensteinmauer besitzen. Auf einigen der härteren Gefälle gibt es keine Stelle zum Belegen oder für zuverlässige Sicherung, nirgendwo läßt sich eine Öse einschieben oder ein Haken einschlagen. Dort können sich weder Seilerster noch Seilzweiter einen Sturz leisten. Und auch die Umkehr wäre sehr schwierig, da sich nirgendwo ein Ankerpunkt zum Abseilen finden läßt. Nicht einmal die Felsvorsprünge sind geeignet, um dort die Nacht im Biwak zu verbringen. Die Wand muß schnell durchstiegen werden oder gar nicht.

Ian hatte am folgenden Tag einen mächtigen Kater, und Alison war wütend auf ihn. Als sie in Zermatt eintrafen, schlich sich Ian zum Schlafen davon, um zwei Stunden später von einer Alison in voller Montur geweckt zu werden. »Sie war nicht sonderlich beeindruckt«, erinnert sich Ian. »Wenn sie eine Route zurücklegen wollte, konnte sie ziemlich unsanft werden.«

Alison teilte ihm mit, daß sie bis zur Hörnlihütte am Fuß der Wand gehen würde. Sollte Ian ihr zu folgen imstande sein, würden sie beide tags darauf die Wand angehen. Falls nicht, würde sie allein den einfacheren Hörnli-Kamm ersteigen. Die Scham trieb Ian aus dem Bett, und er packte seine Sachen zusammen und wankte ihr hinterher, zunächst zur Seilbahnstation und anschließend den steilen und sonnendurchglühten Pfad hoch.

Diesmal herrschten an der Wand tatsächlich optimale Verhältnisse. Um 3.30 Uhr früh verließen sie die Hütte und stiegen um fünf in die Wand. Die steile Schneefläche im unteren Drittel war gut verfestigt, und die Felsen darüber waren trokken. Ian legte am Ende der Schneefläche seine Steigeisen ab und führte auf den schwereren Gesteinsgefällen, während Alison die Führung an Stellen übernahm, wo Eis war. Nahe am Gipfel wurden sie mit einer verwirrenden Vielzahl von Felsrinnen und Kaminen konfrontiert, aus der nur ein einziger Weg in die Sicherheit der leichten obersten Hänge führte. Ian machte ein paar angstvolle Augenblicke durch, als sie über Streifen aus bröckligem Gestein stiegen, doch gegen acht Uhr abends hatten sie die Bergspitze erreicht. Während sich die Dunkelheit herabsenkte, kletterten sie auf der Schulter des Hörnli-Kamms bergab und schlugen in 4 000 Metern Höhe ihr Zelt auf. Bis auf die Knochen durchgefroren, wurden sie am nächsten Morgen von den ersten geführten Gruppen geweckt, die an ihnen vorbeikletterten.

Nach dem Abstieg schliefen sich Alison und Ian am Schwarzsee aus, bevor sie nach Zermatt zurückkehrten, wo ihnen ihre Leistung allmählich bewußt wurde. Frau Biner kam ihnen entgegen mit einigen der örtlichen Bergführer im Gefolge, die Alison der Reihe nach die Hand schüttelten. Alisons Aufstieg auf das Matterhorn war der erste einer Britin gewesen und einer der ganz wenigen durch eine Frau überhaupt. Nachher bat Frau Biner sie zu selbstgebackenem Kuchen und Tee in ihr Wohnzimmer. Es war ein Zeichen dafür, daß sie etwas ganz Besonderes vollbracht hatten. In ihrem Tagebuch konnte sich Alison Nonchalance erlauben. »Haben Nordwand des Matterhorns bestiegen«, schrieb sie. »Voll zufrieden.«

Kangtega

Als sich Alisons Maschine im Landeanflug auf Katmandu befand, einem der gefährlichsten internationalen Flughäfen, zuckten über den Hügeln gleich hinter der Hauptstadt von Nepal Blitze, und Donner rollte über das Tal hinweg. Das Flugzeug ging in eine letzte Rechtskurve, um auf die Landebahn einzuschwenken, der Himalaja lag hinter einer Wand aus schwarzen Wolken und Regen verborgen, doch bei Alison wurde jegliches Angstgefühl von ihrer Aufregung verdrängt, in eine Welt einzutreten, deren Besuch sie sich als Teenager erträumt hatte und als Kletterer wie Doug Scott noch wie ferne Helden erschienen waren. Es war ihre erste unmittelbare Begegnung mit einem Entwicklungsland, und sie empfand die typische Mischung aus Ratlosigkeit und Reisefieber, als sie im Fond eines klapprigen Taxis vom Flughafen aus durch die verstopften Straßen Katmandus fuhr. Für eine junge Frau, deren Erfahrungsschatz auf ihre Heimat Derbyshire und Berge in Europa beschränkt war, erwies sich »diese seltsame Mischung aus Menschen, Tieren, Leben«, wie sie das in ihrem Tagebuch beschrieb, als der Beginn einer Unterweisung in ein Leben, das ihr bislang unbekannt war.

Am nächsten Morgen eilte sie los, um die Tempel und Paläste Katmandus zu besichtigen, und stieg die vielen polierten Stufen zum buddhistischen Tempel von Swayambhu empor, während Affen an ihrer Seite liefen, Kunststücke vorführten und auf den Geländern hinunterrutschten. Bettler warteten in der heißen Sonne, Opfer von Lepra und Tuberkulose, und hielten die Hände auf. Am Stupa oben auf dem Hügel blickte

Alison über die Stadt und sah den Pilgern beim Drehen der Gebetsmühlen zu, während die Mönche in ihren kastanienbraunen Umhängen im Schatten dösten. Dann ging sie über die Plätze und Gassen der Altstadt zurück, trotz der Mittagshitze fest entschlossen, nichts zu versäumen. Sorge bereitete ihr einzig ihr Magen: »Es macht mich ganz nervös, was ich essen darf, und ich hab mich deshalb auf scharfe, gekochte Speisen beschränkt.«

Natürlich war Alison nicht als Touristin in Nepal. Während sie die Exotik Katmandus genoß, wartete sie auf die Ankunft der Expedition aus den Vereinigten Staaten, der sie sich anschließen wollte. Bald schon würden sie in die Nähe des Mount Everest fliegen, um eine neue Strecke auf dem Kangtega zu versuchen. Bis vor wenigen Wochen hatte sie nur wenig über den Gipfel gewußt, den sie zu besteigen hoffte, aber die Männer, mit denen sie dazu antreten würde, besonders Jeff Lowe und Tom Frost, gehörten in ihrer Welt zu den berühmtesten Bergsteigern schlechthin.

Das Bergsteigen im Himalaja erfordert Zeit, Geld und Hingabe, und die meisten Alpinisten kommen nie dorthin, denn in den Alpen kann man ein halbes Dutzend Touren auf einem halben Dutzend Bergen bequem in vierzehn Tagen machen. Im Himalaja dauert es häufig eine Woche oder länger, auch nur den Fuß des Berges zu erreichen, den man sich für einen Aufstieg ausgesucht hat. Sollte das Wetter sich dann noch als launisch erweisen oder die Verhältnisse am Berg gefährlich sein, muß der Aufstieg verschoben werden. Außerdem braucht man eine besondere Ausrüstung, und Lebensmittel müssen beschafft werden. Dazu kommen die Extrakosten für die Fliegerei um den halben Erdball und den Umgang mit der Bürokratie, der einen Bergsteiger Tage kosten kann. Man muß Träger finden, die die Ausrüstung schleppen, und einen Koch, der die Truppe im Basislager ernährt. Ein solches Unterfangen ist gewaltig im Vergleich damit, einen Rucksack in den Kofferraum des Autos zu werfen und nach Chamonix zu fahren. Für Alison jedoch war soviel Vorbereitung zu keiner Zeit ein Problem; in ihrer Vorstellung war der Himalaja die natürliche Fortsetzung des Wegs, der auf den kleinen Felsen in Derbyshire begonnen hatte. Alisons Problem lag vielmehr darin, eine Expedition zu finden, der sie sich anschließen konnte. Das Zusammenleben mit Jim hatte die Zahl der ihr bekannten Kletterer beschränkt. Ian Parsons war der einzige Partner für richtiges Bergsteigen, den sie gehabt hatte, doch seine Zeit wurde durch die Arbeit im Geschäft aufgezehrt. Ihr Endziel blieb der Himalaja, obwohl es bis zum Februar 1986 in weiter Ferne zu liegen schien. Und doch sollte es nur eine Frage von Wochen sein, in denen ihr Traum vom Bergsteigen in der größten Bergkette der Welt sich verwirklichen würde. Als sie in Katmandu aus einem Flugzeug stieg, hatte sie es in einem einzigen, scheinbar mühelosen Sprung dorthin gebracht, wo sie sein wollte.

Die Art, wie sie es geschafft hatte, war typisch für ihre Entschlossenheit, ein Ziel zu erreichen; die Belastungen und Konflikte in ihrer Beziehung zu Jim hatten diesen Entschluß nur noch forciert.

Nach ihrem Triumph an der Nordwand des Matterhorns 1984 blieb Alison fünfzehn Monate den Alpen fern. Selbst wenn man ihr eine Phase befriedigten Ehrgeizes zugesteht, war dies für ihr Alter und ihren leidenschaftlichen Klettertrieb eine erstaunlich lange Zeitspanne. Ihrem Tagebuch zufolge lag der Grund dafür bei Jim. Es hätte eine Zeit gegeben, klagte sie, da er sie scheinbar gerne hatte klettern lassen, wann immer sie das wollte. Nun bestünde er darauf, schrieb sie, daß sie für »die Reise selbst aufkommen« und nicht sein Geld dafür verwenden sollte. »Ich komme dem Höhepunkt meines Kletterns nahe – und das ist meine einzige Lebensleistung«, schrieb sie in einer der vielen Ausführungen zum Thema. »Ich hab das Gefühl, wenn Jim mich aufhält, so wie er will, bin ich nicht sicher, was aus meiner Zukunft wird.«

Es waren nicht bloß die Kosten, die Jim als Begründung anführte, sie fiel auch im Geschäft aus. Bergsteigen hieß Abwesenheit von zu Hause. Und der Himalaja bedeutete sogar mehr als einen Monat. So oft sie wollte, könnte sie ihre Abende auf den Felsen des Peak District verbringen, sagte Jim, doch ein längeres Fernbleiben würde das Geschäft nicht tragen können. Alison sperrte sich gegen seinen Einspruch. Falls Jim ihr nicht »helfen« sollte, auch nur in die Alpen zu fahren, dann würde sie eine eigene Einkommensquelle finden und »seine Mittel nicht weiter anzapfen«, schrieb sie. Sie schien vergessen zu haben, daß sie »Faces« gegründet hatte, den erfolgreichsten Teil des Unternehmens, und außerdem als Teilhaberin an der Werkstatt und den Läden sowohl rechtlich wie moralisch einen Teil der Einkünfte zu beanspruchen hatte; es waren nicht einfach nur »Jims Mittel«. Das Selbstvertrauen, das Alison aus dem Bergsteigen zog, mag ihm wie eine Bedrohung erschienen sein. Nachdem er ihr den ganzen Sommer 1985 über gesagt hatte, daß sie nicht in die Alpen fahren könnte, gab Jim zuletzt doch nach, wenn er auch immer noch betonte, daß sie eigentlich zu Hause bleiben und arbeiten müßte. Ende September war Alison wieder mit Ian Parsons unterwegs nach Chamonix.

Ausnahmsweise nahmen sie sich einen leichten Aufstieg zum »Aufwärmen« vor, ehe sie sich auf eine große Route festlegten. Nach einer Nacht im Tal brachen sie dann zur Leschaux-Schutzhütte auf, um die Nordwand des Grandes Jorasses in Angriff zu nehmen. Für viele Bergsteiger ist dies die beflügelndste und zugleich respekteinflößendste Wand in den gesamten Alpen, die am Ende des Leschaux-Gletschers fast senkrecht aufsteigt. Die Eiger-Nordwand mag berühmter sein, doch die Eleganz des Grandes Jorasses, seine geradezu architektonischen Konturen und sein solider Granit verleihen dem Berg einen besonderen Reiz; und wie der Eiger sind mit dem Grandes Jorasses die besten Bergsteiger und die wildesten Geschichten verbunden. Alison und Ian hatten einen Ausläufer aus Gestein und Eis ausersehen, der gut 1 200 Meter hoch zum zentralen Gipfel des Berges hin ansteigt, zur Pointe Croz, und als sie den mit Geröll übersäten Gletscher hinaufstapften und die gewaltige Wand ihnen den Himmel verstellte, hatten sie das Gefühl, die Berge ganz allein für sich zu haben.

Es herrschte wolkenloses, kaltes und windstilles Wetter, aber die Herbsttage waren kurz. Der Aufstieg beginnt in einer verschneiten Erosionsrinne, die sich hinter einem Felsturm die unteren Hänge des Bergs emporschlängelt. Sie hatten leichtes Terrain erwartet. Statt dessen fand sich Ian wieder, wie er mit den Frontalzacken seiner Steigeisen auf fast senkrechtem, gefrorenem Gesteinsschutt wippte, der mit vereinzelten Eistropfen durchsetzt war. Auf halber Strecke verlor er einen Eispickel und schaffte es erst bis zum oberen Ende des Hangs, nachdem er seinen Rucksack abgelegt und für Alison zurückgelassen hatte.

Nachdem sie mehrere Felsgefälle auf dem Kamm des Ausläufers überwunden hatten, wurde es allmählich dunkel. Sie suchten eine Stelle für ein Biwak, doch der Berg fiel ohne Unterbrechung steil ab. Schließlich richteten sie sich auf einem schmalen Granitklotz ein, einer Fläche, gerade groß genug für ihre Hinterteile: Ihre Füße baumelten über dem Abgrund. Vor Sonnenaufgang machten sie sich wieder bereit und tranken heißen Tee, als die ersten Strahlen hinter den benachbarten Gipfeln im Osten hervorkrochen. Langsam suchten sie sich ihren Weg nach oben, über kalten Granit, steile Eisflächen und Passagen aus Geröll. Die Nacht brach über sie herein, als sie noch immer weit unterhalb des Gipfels waren. Diesmal gab es überhaupt keinen Felsvorsprung, und Alison hing im Schlafsack an ihrem Klettergürtel. Dennoch gelang es ihr, für beide das Essen zu bewerkstelligen und trotz ihrer unbequemen Lage den Kocher zu bedienen.

»Wir redeten wenig«, erinnert sich Ian, »wir machten einfach weiter.« Bei ihren früheren Aufstiegen war er der erfahrene Führer gewesen, der sie beide aus Schwierigkeiten herausholte, während Alison die vielversprechende Schülerin war. Auf der Pointe Croz kletterten sie als gleichwertige Partner. Es gab keinen Spielraum für Irrtümer.

Am nächsten Morgen, ihrem dritten Tag in der Wand, führte Alison auf dem ersten Gefälle, einer steilen Eisrinne. Unter ihr ließ Ian, durch ein paar wacklige Felshaken mit dem Berg verbunden, das Seil ablaufen. Mit vor Erschöpfung getrübtem Blick und im Zwielicht tastend, hatte es Alison versäumt, eines ihrer Steigeisen richtig anzulegen. Das war die Art von Fehlern, die sie vermeiden zu können glaubte, doch unvermittelt war sie in tödlicher Gefahr. Auf halber Länge der Rinne rutschte das Steigeisen vom Stiefel und schlenkerte nutzlos an seinem Sicherheitsgurt um den Fußknöchel. Ohne Steigeisen glitt ihr nackter Stiefel am Eis ab und fand nicht den geringsten Halt. Sie konnte sich weder aufwärts noch abwärts bewegen. Sollte sie fallen, stand zu befürchten, daß der Ruck des sich spannenden Seils heftig an Ians Beleg ziehen würde, daß dabei die ohnehin wackligen Felshaken herausgerissen und sie beide in die Tiefe stürzen würden. Alison spürte, wie sie hyperventilierte, das Herz pochte ihr gegen die Rippen, während sie in blankem Entsetzen die Stiele ihrer Eispickel umklammerte. Sie wußte, daß sie sich wieder unter Kontrolle bringen mußte, und zwar schnell, bevor die Kräfte sie verließen.

Sie holte ein paarmal tief Luft und stellte sich vor, nicht tausend Meter über dem Leschaux-Gletscher zu schweben, sondern auf den Eisfällen von Bossons herumzutollen, einem beliebten Übungsgelände ein paar Minuten abseits der Tal-

straße nach Chamonix. Langsam, vorsichtig auf ihr Gleichgewicht bedacht, bückte sie sich etwas und hob halb das Bein,
bis sie den Stiefel und das baumelnde Steigeisen greifen konnte. Sie streifte ihren Fäustling ab, stopfte ihn sich in die Tasche
und rastete behutsam die Verschlüsse ihres Steigeisens an Stie-
felkappe und Ferse wieder ein. Sie richtete sich auf und pro-
bierte das Steigeisen aus, um sich zu vergewissern, daß es fest
saß. Jetzt konnte sie ihren Aufstieg fortsetzen, wieder mit
Herzklopfen, aber diesmal vor Erleichterung.

Der Croz-Ausläufer gab sich nicht ohne weiteres geschlagen. Der nächste Abschnitt, ein waagerechter Quergang, hätte aus Eis bestehen sollen, aber das meiste war geschmolzen
und hatte glatte Gesteinsflächen zurückgelassen. Nach einem
letzten Kamin waren sie auf dem Gipfel, einem vollkommenen rechten Winkel, der die Wand von einer Schneefläche
abgrenzte. Erschöpft ließen sie sich nieder. In der frostigen
Herbstluft richteten sie in fast 4300 Metern Höhe ihr drittes
Biwak her.

Die Pointe Croz war die letzte große Alpenroute, die Alison
mit Ian machte. Das war nicht etwa seine Absicht gewesen; sie
hatten eine in jeder Hinsicht bemerkenswerte Partnerschaft
gehabt. Der Grund waren seine Geschäfte, die ihn so in Anspruch nahmen. In den folgenden sieben Jahren hatte er insgesamt nur sechs Wochen Urlaub. »Nicht ich habe ein Geschäft geführt«, erinnert er sich, »sondern das Geschäft hat
mich geführt.« Lange Zeit vorher hatte Ian jedes Jahr mehrere
Monate damit verbracht, im Ausland zu klettern. Jetzt, als er
dem Traum vom Erfolg nachjagte, den Jim geweckt hatte,
sah er sich an die Fabrikation und die Läden gefesselt und
von Jim in Ketten gelegt. »War man selbst nicht da, mußte
man am Ende jemand anderes einstellen, um die Arbeit zu
erledigen.« Alison ihrerseits sollte dieser Beschränkung entkommen.

Kurz nach ihrem vierundzwanzigsten Geburtstag am 17. Februar 1986 waren Alison und Jim in München auf einer Handelsmesse. Unter den vielen hundert Ausstellern trafen sie auf Jeff Lowe, einen berühmten Bergsteiger aus den Vereinigten Staaten, der eine Firma für Bergsteigerausrüstung hatte und nach Europa gekommen war, um seine Produkte zu vermarkten. Er und Jim waren alten Bekannte, und Alison war Lowe im Herbst zuvor in Chamonix begegnet, kurz bevor sie den Croz-Ausläufer bezwang. Auch ihn hatte Alisons Leistung beeindruckt.

Jeff Lowe besaß eine glänzende Ausstrahlung, er bereiste die ganze Welt, hatte viele Gipfel bestiegen und führte anscheinend ein Leben in Freiheit. Er beeindruckte Alison und Jim gewaltig. Wenige Wochen nach der Messe, so erzählte ihnen Lowe, plante er, nach Nepal zu fahren, um sich dort an einer neuen Strecke auf dem Nuptse zu versuchen, einem nahen Nachbarn des Mount Everest. Möglicherweise würde einer seiner Partner ausfallen, und für diesen Fall könnte Alison dessen Platz einnehmen. Selbst wenn das nicht ginge, könnte sie sich seiner Gruppe auf dem Berg anschließen, den er als erstes zu besteigen beabsichtigte, nämlich den wunderschönen Zwillingsgipfel Kangtega, mit Blick auf das buddhistische Kloster Tengpoche in der Heimat der Sherpas. Für einen ersten Vorstoß in den Himalaja war dies eine verführerische Aussicht. Mit knapp unter 6 700 Metern war der Kangtega zwar wesentlich niedriger als die wirklichen Riesen des Himalaja, der Mount Everest und der Lhotse, aber sehr viel höher, als Alison je gegangen war. In Gesellschaft Jeff Lowes eine neue Route zu besteigen war eine zu gute Gelegenheit, um sie auszuschlagen.

Im Verlauf einer kurzen Unterhaltung hatte sie sich darauf festgelegt. Damit wurde buchstäblich ein Kindheitstraum wahr. Noch vor wenigen Jahren hatte sich ihr Traum vom Himalaja darauf beschränkt, daß sie Vorträge von Leuten besuchte, die ihn bestiegen hatten. Selbst Jim, der sich im Jahr zuvor noch hartnäckig gegen ihre Fahrt in die Alpen gewehrt hatte, wurde von Lowes verheißungsvollem, aufregendem Vorschlag in den Bann gezogen und gab seine Einwilligung. Es war Ende Februar. Alison würde Ende März aufbrechen.

Zurück in Großbritannien, stürzte sie sich in die Vorbereitungen für ihre Reise, bewarb sich um Zuschüsse, buchte Flugtickets und schloß Versicherungen ab. Vierzehn Tage vor ihrem Aufbruch nach Katmandu verbrachte sie einen Abend mit ihren Eltern und sprach erstmalig von ihrer Reise. Sie gaben ihr tausend Pfund dazu, mehr als die Hälfte der Endsumme. Alisons Gefühle waren in Aufruhr, eine Mischung aus Aufregung und Angst, aber sie genoß die unvermittelte Anteilnahme an ihrer Person. Der *Derby Evening Telegraph* schickte einen Fotografen, und sie landete auf der Titelseite der Zeitung. Eine Frau aus ihrer Gegend, die den Himalaja bestieg, war eine Sensation. Alison würde mehr als zwei Monate fort und so lange von Jim getrennt sein wie noch nie, seit sie in Meerbrook Lea eingezogen war. Doch diesmal gab es keine Vorwürfe, er schien jetzt ebenso hingerissen von ihrem plötzlichen Eintritt in die große Welt wie sie selbst. Als sie am 30. März aufwachten, war starker Schneefall. Sie schenkte Jim ein Osterei, dann machten sie einen Spaziergang im Schnee, die Aktivität »ihrer Wahl«, wie sie ihrem Tagebuch mitteilte, um die letzten gemeinsamen Stunden vor ihrer Abfahrt zu verbringen. Später traf einer von Jims Mitarbeitern ein, um beide zum Flughafen zu fahren. Es war noch Zeit für ein Abendessen, und Alison weinte ein wenig, sie spürte wohl die widerstreitenden Anziehungskräfte von Heimat und Abenteuer. Dann sammelte sie ihre Habe zusammen und verschwand im Abflugbereich. Seit dem Tag im Jahr 1980, als sie ihr Elternhaus verlassen hatte, war ihr das Leben nicht mehr so vielversprechend erschienen.

Nach einem Sightseeing-Tag rund um Katmandu nahm Alison einen Minibus zum Flughafen, um die übrige Gruppe zu treffen. Jeff stellte ihr Mark Twight vor, mit vierundzwanzig nur wenige Monate älter als sie selbst – ein temperamentvoller, aufsässiger junger Mann, hatte nur beschränkte Erfahrungen, dafür war er ungemein ehrgeizig. Bruce Roghaar war kein erfolgsverwöhnter Bergsteiger, sondern mitgekommen allein um des Erlebnisses willen, im Himalaja zu sein. Zwei weitere Mitglieder der Expedition waren schon einige Zeit vorher in Nepal eingetroffen. Tom Frost, inzwischen Mitte Vierzig, war schon viele Male auf den großen Bergketten gewesen und befand sich bereits in den Ausläufern des Mount Everest, war dort mit seiner Familie auf Trekkingtour. Henry Kendall, ein berühmter Physiker und der erste Amerikaner, der den Walker-Ausläufer des Grandes Jorasses bestiegen hatte, war gleichfalls schon im Khumbu-Gebiet und bereitete sich auf den Aufstieg vor.

Alison schien von solcher Begleitung nicht überwältigt zu sein. Die nächsten paar Tage verbrachten sie in Katmandu, während die nepalesischen Behörden den Papierkram für die Expedition bearbeiteten. Es gab gelegentlich Ausflüge zu Sehenswürdigkeiten, doch die meiste Zeit verbrachten Alison und ihre neuen Freunde damit, Bier zu trinken und sich zu unterhalten. Das erste Restaurant, das Alison mit Lowe besuchte, hieß »Rum Doodle«, nach dem fiktiven Berg in dem satirischen Bergsteigerroman von W. E. Bowman. Das Restaurant führt ein Buch mit dem Autogramm von fast jedem, der den Mount Everest bestiegen und überlebt hat. Neun Jahre später fügte Alison ihren eigenen Namen hinzu.

Die Gruppe verließ Katmandu am 5. April. Wie Hunderte von Expeditionen vor ihnen flogen sie nach Lukla, eine aus einer Bergflanke herausgemeißelte Flugpiste und das Tor zum Gebiet des Mount Everest. Als die zweimotorige Otter die

Enge des Tals von Katmandu verließ, stiegen sie über den Staub und Smog hinweg; dahinter lagen die engen Schluchten, Wälder und lindgrünen Reisfelder der Mittelgebirge Nepals. Alison machte aus dem Fenster Fotos, als sie zum ersten Mal auf den Himalaja starrte, auf die Pyramiden von Jugal Himal, Gauri Sankar und Menlungtse, dann die kompakte Masse von Gyachung Kang und Cho Oyu, zwei der höchsten Berge der Welt. Etwas weiter abseits, am Eingang zur Dudh-Kosi-Schlucht, beinahe versteckt hinter der gigantischen Wand von Nuptse und Lhotse, konnte sie den Mount Everest selbst sehen. Gegen Ende des vierzigminütigen Flugs tauchte die Maschine plötzlich in ein Seitental ab und drehte auf den Hügel am gegenüberliegenden Ende und die schmale, steil ansteigende Landebahn zu. Es war eine atemberaubende Einführung in den Himalaja.

Jeff war schon vorausgeflogen und heuerte bereits Träger an, um die Ausrüstung hoch nach Namche Bazar zu schaffen, der Hauptstadt des Khumbu-Gebiets. In den folgenden Tagen stieg die Expedition langsam das Tal hoch. Alisons Ängste um ihre Verdauung erwiesen sich als wohlbegründet. Sie selbst, Jeff und Mark litten allesamt unter verschiedenartigen Magenbeschwerden, die sie zuweilen außer Gefecht setzten. Der Pfad klebte hoch über dem Fluß am Hang und führte an hölzernen Herbergen für Trekkingleute und Sherpa-Gaststätten vorbei. Nach einer Rast in Namche Bazar, der quirligen Stadt voller Wandererherbergen, zogen sie zum Kloster in Tengpoche weiter, das sich gut 4 000 Meter über dem Meeresspiegel erhob. Im Kloster ertönten die Gesänge der kahlköpfigen Mönche, sie hatten Jakbutterlampen entzündet. Draußen über dem Bach, der den Mount Everest herabstürzt, lagen Gipfel, die einst so entlegen und verlockend wie Shangri La erschienen waren – die ausgekehlte Bergspitze des Ama Dablam und die schimmernden Flanken des Thamserku.

An diesem wunderschönen Ort ruhten sich die Bergsteiger aus. Alison war vollkommen darin versunken. Am 12. April fiel ihr ein, daß es ja Jeffs Geburtstag war. Seit ihrem Aufbruch in England war es das erste und für mehrere Wochen das letzte Mal, daß sie ihn in ihrem Tagebuch erwähnte. Die Sherpas erledigten die alltäglichen Dinge der Expedition und überließen es den Bergsteigern, sich an die dünne Luft zu akklimatisieren und auszuspannen. Ein paar Tage lang hatte Alison nichts »Anspruchsvolleres« zu tun, als herauszufinden, wie sie sich die Haare mit Wasser waschen konnte, das über offenem Feuer erhitzt wurde. Sie fühlte sich gelöst, ja verwöhnt, und befreit von den üblichen häuslichen Pflichten.

Bald wurde es jedoch Zeit, zum Basislager für den Kangtega, zwei Tagesmärsche entfernt, weiterzuziehen. Es lag im wilden Omoga-Tal und weit abseits der Hauptstrecke für Treks zum Mount Everest, der die Expedition bislang gefolgt war. Die Bergsteiger befanden sich nun in einer abgeschiedenen Zeltgemeinde am eigentlichen Rand jener Bergwände, die zu besteigen sie gekommen waren. Jeff feierte ihre Ankunft, indem er eine Flasche Whisky kreisen ließ, und sie redeten, aßen und tranken bis tief in die Nacht. Sie hatten jetzt alle ihre Darmerkrankungen überwunden. Alison stand nun vor ihrer ersten wirklichen Probe.

Bevor sie sich an den Kangtega wagten, wollte Lowe, daß seine Gruppe den leichteren, niedrigeren Berg Lobuje Peak erkletterte, damit ihre Körper noch mehr Zeit bekamen, sich an die sauerstoffarme Luft zu gewöhnen. Es gibt eine leichte Route zum Gipfel, an der sich Bergsteiger-Anfänger regelmäßig versuchen, doch Lowe hatte schon bei früheren Aufenthalten in dem Gebiet eine unerschlossene Strecke über die steilere Ostwand ausgewählt. Das bedeutete einen weiteren Tagesmarsch vom Omoga-Zeltplatz ins Dorf Lobuje, wo es viele Sommeranwesen und Touristenherbergen für Wanderer gab. Während des Marsches spielte Alison im Geiste künftige Reisen durch, und ihr Blick folgte imaginären neuen Routen an den Flanken der Berge zu beiden Seiten. Lobuje liegt an der Spitze des Khumbu-Gletschers, dem Eisstrom, der von der Südwand des Mount Everest abgeht, und Tausende von Trekkingleuten kehren dort jedes Jahr ein. »Offenbar einst ein hübscher Ort, heute nur noch ein Müllhaufen, von Westlern verschandelt«, kommentierte Alison. »Wir haben ihn für immer ruiniert.«

Lowe erstieg den Gipfel des Lobuje mit Henry Kendall zusammen, einen Tag später folgten ihnen Alison und Mark Twight. Technisch gesehen war die neue Route um einiges leichter als manche ihrer Aufstiege in den Alpen; sie erforderte weniger als einen Tag, und die meiste Zeit konnten sie gut auf das Seil verzichten. Aber der Berg ist über 6 000 Meter hoch, beinahe 1 500 Meter höher als der Mont Blanc, Alisons bisher höchster Gipfel, und die Luft ist natürlich merklich dünner.

Oberhalb von etwa 1 000 Metern gleichen Menschen den geringeren Sauerstoffgehalt auf natürliche Weise aus, indem sie tiefer und öfter atmen und somit mehr Sauerstoff in die Lungenbläschen befördern, der dann an den Blutkreislauf abgegeben wird, ein »hyperventilatorische Reaktion« genannter Vorgang. Gleichfalls erhöht sich der Druck in der Lungenarterie und öffnet damit Blutgefäße in der Lunge, die auf Meereshöhe gewöhnlich in Ruhestellung, also geschlossen bleiben, was wiederum mehr Sauerstoff ins Blut befördert. Nach etwa einer Woche schließlich senkt sich gar die Pulsfrequenz, da der Körper sich auf die neue Höhe einstellt. Die Zahl der sauerstofftransportierenden roten Blutkörperchen steigt, wobei aber Veränderungen in der biochemischen Zusammensetzung des Blutes größere Bedeutung zukommt. Die Bildung des Enzyms Diphospholglycerat wird angeregt, das die Abgabe von Sauerstoff vom Hämoglobin an das Gewebe ermöglicht. Dasselbe gilt für weitere Enzyme, die an der

Aufnahme von Sauerstoff beteiligt sind. Die Zahl der Blutgefäße in den Muskeln steigt ebenfalls, wodurch letztere mit mehr sauerstoffhaltigem Blut versorgt werden. Die meisten dieser Veränderungen sind nach sechs Wochen mehr oder weniger abgeschlossen, wobei sich die Atmungs- und biochemischen Vorgänge selbst in nur sechs Tagen vollziehen. Bis der Körper akklimatisiert ist, geraten Trekkingleute und Bergsteiger, wenn sie aus niedrigen Höhen kommen, schon auf 3000 Metern außer Atem und stellen Herzrasen bei sich fest. Kopfschmerzen, Schwindelanfälle und Schlafschwierigkeiten können sich einstellen, und wenn sie zu schnell hochsteigen, riskieren sie lebensbedrohliche Folgen wie pulmonale oder zerebrale Ödeme. Der Körper gewöhnt sich in der Regel an die Höhe, und der Bergsteiger kommt wieder allmählich in Form. Tatsächlich ist eine gute körperliche Verfassung kein zuverlässiger Anhaltspunkt dafür, wie leicht sich der einzelne angleichen kann; physiologisch gesehen bleibt das häufig ein Glücksspiel.

Alison merkte schon bald, daß ihr die Akklimatisation keine großen Schwierigkeiten bereitete. So war sie gehobener Stimmung, selbstsicher und zuversichtlich. Die Probleme mit Jim waren in die Ferne gerückt, und es fiel ihr leicht, guter Dinge zu sein. Damit stand sie nicht allein da. Die meisten Alpinisten finden in dieser befreienden, eskapistischen Seite des Bergsteigens einen der anziehendsten Gründe dafür, den Sport auszuüben.

Wieder im Basislager vereint, trafen die Bergsteiger ihre letzten Vorbereitungen für den Kangtega. Sie rechneten damit, zehn Tage am Berg zu sein. In dieser Zeit mußten sie alle Lebensmittel, ihre Zelte und Schlafsäcke, ihre Kocher und persönlichen Gegenstände auf dem Rücken tragen. Darüber hinaus mußten sie auch ihre gesamte Steigausrüstung, die Felshaken, Karabiner, Seile und sonstigen erforderlichen Hilfsmittel für einen technisch anspruchsvollen Aufstieg mitschleppen.

Auf schwierigen Routen im Himalaja haben Bergsteiger in der Vergangenheit Seile entlang des Weges angebracht und eine Kette gut ausgestatteter Vorratslager eingerichtet, die bis in die Nähe des Gipfels reichen. Während die Expedition vorankam, verlängerte auch sie die Versorgungskette um ein weiteres kleines Stück, um dann für eine Ruhepause ins Basislager zurückzukehren. Einige Expeditionen werden noch heute auf diese Weise durchgeführt. Lowe plante jedoch, den Kangtega in einem einzigen fortwährenden Vorstoß zu ersteigen, so wie er es auch in den Alpen getan hätte. Dieser »alpine Stil« des Bergsteigens ist sowohl körperlich wie psychisch äußerst anstrengend. Er bedeutet Abgeschnittenheit vom Basislager, ohne den Seelentrost, daß eine Seilfolge nach unten in Sicherheit führt. Im Himalaja ist auf Bergen, die großenteils die maximale Flughöhe von Hubschraubern überragen, eine Rettung wenig wahrscheinlich. Dennoch sehen die meisten führenden Bergsteiger die Schlichtheit des alpinen Stils als lohnender und sogar sicherer an, da sie sich über eine kürzere Zeitspanne auf dem Berg aufhalten. In den Worten eines ihrer hervorragendsten Vertreter, des Südtirolers Reinhold Messner, sehen sie darin ein Bergsteigen »mit bescheidenen Mitteln«.

Die Notwendigkeit für Alison und ihre vier Begleiter Jeff Lowe, Tom Frost, Bruce Roghaar und Mark Twight, alles in ihren Rucksäcken zu tragen, verlieh der Gewichtsverminderung große Bedeutung. Sie breiteten ihre gesamte Ausrüstung vor den Zelten aus und erwogen den Wert eines jeden Gegenstands. Dann wurden die Lasten gleichmäßig aufgeteilt. Als Alison ihren Rucksack auf seine Größe hin ausprobierte, konnte sie sich einer mulmigen Vorahnung nicht erwehren. Er wäre schon auf einer leichten Tour auf Meeresspiegelhöhe schwer gewesen, aber sie mußte mit ihm auf steilem Fels, Eis und unbekanntem Terrain in der dünnen Luft des Himalaja klettern. »Alison war richtig stabil«, erinnert sich Lowe. »Sie leistete ihren Beitrag und war zudem auch noch technisch gesehen stark. Sie kletterte mit uns auf gleichberechtigter Basis, keine Frage. Sie setzte sich voll ein.« Seine Ansicht wird von Mark Twight geteilt: »Sie hatte eine starke Do-it-yourself-Ethik, die ich bewunderte. Sie war nicht damit zufrieden, sich an anderer Leute Rockzipfel zu hängen. Ich hab' nur wenige Typen getroffen, denen es nichts ausmachte, mit derart großen Rucksäcken zu klettern.«

Beide Männer bestätigen ihren nahezu besessenen Ordnungssinn, ob im Lager oder beim Bergsteigen. Sie stellte sicher, daß die Sachen, die sie über den Tag brauchen würde, leicht erreichbar waren, und am Abend machte sie es sich rasch bequem und legte sich alles zurecht, damit die übrige Zeit so entspannt wie möglich ausfiel. Haushaltenkönnen im Hochgebirge klingt nach einer unbedeutenden und banalen Fertigkeit, aber beim Bergsteigen im Himalaja geht es vielfach um das Vermögen, etwas effektiv zu tun und die eigene Moral hochzuhalten.

Tom Frost und Bruce Roghaar hatten die vorangegangenen beiden Tage damit verbracht, auf den Hängen über dem Basislager einen Pfad anzulegen, doch noch immer kam die Gruppe nur schleppend vorwärts. Das Wetter zeigte sich nicht von der besten Seite, es war feucht und bewölkt, erinnerte mehr an Schottland als an den Himalaja, aber Alison war zu aufgeregt, um sich etwas daraus zu machen. Die Besteigung des Lobuje war bloß eine Übung zum Aufwärmen gewesen. Jetzt wurde es richtig ernst. Um sechs Uhr früh schlugen sie am Rand eines Gletschers ihr erstes Lager auf.

In den ersten drei Tagen kamen sie nur langsam voran. Das Wetter hatte sich aufgeklärt, und das Klettern war nicht besonders schwierig, doch als sie Schneehänge und steilere Abschnitte aus Eis emporkraxelten, wurden ihnen ihre Lasten unter der Sonne beinahe unerträglich. Am zweiten Tag entschloß sich Bruce Roghaar, müde und verzagt, zum Basislager abzusteigen; Lowe hatte schmerzhaften Husten, und auch die anderen waren erschöpft, so daß sie sich am dritten Tag den Morgen über ausruhten. Das Leben und Klettern in großer Höhe verbraucht Tausende von Kalorien, da aber jeder Krümel im Rucksack mitgeschleppt werden muß und die Höhe außerdem auf den Appetit schlägt, können sie nicht ausreichend ersetzt werden. Und um der Höhenkrankheit vorzubeugen, müssen Bergsteiger täglich mindesten vier Liter Flüssigkeit zu sich nehmen, doch Schnee aufzusammeln und zu schmelzen ist ein langwieriger und umständlicher Vorgang. Schon ein Zelt zu verlassen oder zu betreten ist alles andere als einfach. Kommt Schnee mit hinein, wird er tauen, und bald sind Kleidung und Schlafsäcke durchweicht und gegen die durchdringende Kälte nutzlos geworden. Nach jedem kurzen Austritt muß gewissenhaft der Schnee von Kleidung und Stiefeln geklopft werden. Es ist auch lebenswichtig, um den Zelteingang herum die Schneeflächen, die zur Trinkwasserversorgung dienen, nicht zu verunreinigen. Da Bergsteiger sich aber üblicherweise am Rand eines Abgrunds niederlassen, erfordert eine angemessene Entfernung vom Lager die Sicherung durch ein Seil. Schon zum Urinieren das Zelt zu verlassen kann ausgesprochen anstrengend werden, besonders nachts. Männliche Bergsteiger haben einen Teil dieses Problems schon vor langem gelöst. Sie führen leere Plastikflaschen mit, die sich selbst in einem Schlafsack benutzen lassen, um dann diskret entleert zu werden. Frauen verfügen da über nichts Gleichwertiges, wie Alison in ihrem Tagebuch spitz bemerkte.

Am dritten Nachmittag beschlossen sie, auf einen Bergsattel zu steigen, um von dort den Rest ihrer beabsichtigten Route zu überblicken. Dorthin gelangten sie ohne Schwierigkeiten. Oberhalb des Sattels wand sich der ihnen noch bevorstehende Grat zu einem Plateau unter dem Gipfel empor. Plötzlich setzte sich Lowe in Bewegung und strebte einer zwanzig Meter hohen Eiszinne zu, die den Sattel krönte. Er schwang seine Eispickel und hackte sich mit den Stiefelspitzen seinen Weg nach oben, ein gähnender Abgrund zu seinen Füßen, und das ohne Seilsicherung. Es war reiner Überschwang oder vielleicht das Bedürfnis, vorzuführen, daß er noch immer über Kraftreserven verfügte. Aber Alison war trotzdem entschlossen, es seinem unbekümmerten Selbstvertrauen gleichzutun, und setzte ihm hinterher. Twight hielt ihr Verhalten für unverantwortlich. »Sie hatte so ein Konkurrenzdenken, was Jeff betraf. Der Alleingang an der Eisklippe kam mir ziemlich töricht vor. Sie hatte dabei keine negative Einstellung, sie wollte nicht auf Kosten eines anderen gewinnen. Sie wollte einfach mithalten. Sie war unwahrscheinlich von Ehrgeiz getrieben.«

Anschließend wurden der Grat steiler und das Klettern beschwerlicher. Zwei Tage, nachdem sie den Sattel erreicht hatten, fanden sie einen ausgezeichneten Lagerplatz gleich unterhalb einer Wand, die den Zugang zum Gipfelplateau versperrte. Bestrebt, ihre Fähigkeiten unter Beweis zu stellen, machte Alison sich mit Eifer daran, eines der Zelte aufzurichten. Doch sie steckte die eine Stange zu nachlässig in den Schnee und mußte verzweifelt zusehen, wie sie den Berg hinunterrutschte. Das Zelt war zu einem nutzlosen Stoffsack geworden. So mußte nun eine Schneehöhle gegraben werden. Um ihren Fehler auszubügeln, stürzte sich Alison entschlossen ans Graben, schaufelte mit Händen und Eispickeln einen Tunnel in den eisigkalten Schnee und versorgte die beiden Kocher die ganze Nacht über.

Am nächsten Tag, sie hatten kaum zu klettern begonnen, bezog sich der Himmel, der Wind frischte auf und Schneefall setzte ein. Am frühen Nachmittag waren sie zurück in ihrer Schneehöhle und mußten einen frostigen und freudlosen Rest des Tages durchstehen. Doch als Alison ihr Tagebuch weiterschrieb, während sie in einem möglicherweise Tage währenden Sturm festsaß, erklärte sie sich lediglich für »unterkühlt, ein wenig enttäuscht und unsicher, wie viele Verzögerungen es noch geben wird«. Sie war aber entschlossen, die positive Seite der Lage zu sehen: »Dennoch – für mich ist das ein guter Ruhetag – mein Körper kann sich erholen und akklimatisieren.« Nach einer kalten Nacht, zusammengepfercht mit den anderen, erwachte sie »lebhafter und frischer« und »war voller Tatendrang«.

Die nächste Etappe begann mit einer waagerechten Querung zum Fuß einer Felsspalte. Es ging alles andere als leicht, und Lowe stürzte ein kurzes Stück in die Tiefe. Er blieb unverletzt, doch als Alison folgte, fühlte sie sich nervös und heiter zugleich. Auf dem Kangtega zählte ihre Fähigkeit zum Führen nicht minder als in den Alpen oder auf einem heimischen Felsen. Als Seilerste hing ihr Leben vom eigenen Geschick beim Klettern und beim Anbringen der Sicherung ab, und so konnte sich auch ihr Wert für die Gruppe erweisen. Bislang hatte sie nur auf verhältnismäßig leichtem Terrain geführt. Nun stand sie einem Gefälle gegenüber, das aussah, als forderte es sie bis an die Grenzen ihrer Leistungskraft.

Sie verhielt einen Augenblick, um sich zu konzentrieren, bevor sie sich an einer Furche in der Wand emporzog. Da und dort fanden sich dünne Eisinseln, in die abgeschupptes, vom Frost aufgesprengtes Gestein eingestreut war. Hier ging es um technisches Klettern, das dieselben geschickten Bewegungen und Verlagerungen des Gleichgewichts erforderte wie auf den Klippen im Peak District, nur daß sie sich nun auf 6 400 Metern Höhe im Himalaja befand, schwere Plastikstiefel und Steigeisen trug und ein Paar Eispickel umklammert hielt. Die härteste Probe kam ganz zum Schluß. Sie duckte sich auf einer Eisschliere unter einen Felsüberhang, wobei die Frontalzacken ihrer Steigeisen kaum faßten. Langsam streckte sie einen Arm aus, über den Überhang hinaus, tastete nach der nächsten Schliere und schwang ihren Eispickel. Er krachte in festes weißes Eis, und bevor der Mut sie verließ, zog sie sich mit aller Kraft nach oben. »Alison hat phantastische Arbeit an der Stirnwand geleistet«, erinnert sich Lowe. »Sie hat mich mit ihrer Führung wirklich beeindruckt. Sie war stark, stärker als Mark zu der Zeit.« Ein kurzes Stück weiter lag der nächste Lagerplatz, eine schmale Brücke zwischen zwei Eisklippen, doch nach einer Woche auf dem Berg forderte der Aufstieg seinen Preis. Alison litt unter Augenschmerzen, und Jeff würgte und hustete die ganze Nacht. Ihre Körper wurden zusehends schwächer.

Und doch kletterten sie am nächsten Morgen weiter. Jetzt waren sie dicht unter dem Gipfelplateau und spürten, daß sie dem Ende des Grats näher kamen. Von unten hatte ein Engpaß zwischen Grat und Gipfel den Anschein erweckt, als würde er ein letztes, ungeheures Hindernis abgeben. Doch ihre Sorge war unbegründet. Als Alison und Lowe Ausrüstungsstücke zusammenräumten, die sie am Abend zuvor zurückgelassen hatten, hörten sie Twight rufen, daß er am Engpaß sei. Ein einziger Schritt, und er stand auf dem Plateau. Endlich konnten sie ausspannen, sich in der Sonne ausstrecken, ihre Schlafsäcke trocknen und eine bequemere Schneehöhle ausheben. Es schien, als hätten sie den Gipfel schon bezwungen. Aber in der Nacht verschlimmerte sich Lowes Zustand. Er war noch immer entschlossen, bis zum Gipfel durchzuhalten, befürchtete aber, daß sich Ödeme in seiner Lunge gebildet hatten, ein von der Höhe verursachtes Leiden, bei dem die Zellen der Lunge Flüssigkeit absondern. Das kann binnen weniger Stunden zum Tode führen, da der Kranke buchstäblich ertrinkt, weil die Lungen sich füllen. Hätte sich Lowe tatsächlich Ödeme zugezogen, wäre der sofortige Abstieg seine einzige Überlebenschance gewesen. Das aber hätte sich vom hochgelegenen Kangtega-Plateau aus nur schwierig bewerkstelligen lassen.

Die entspannte Fröhlichkeit des vorangegangenen Tages war verflogen. Das Wetter war klar, aber kalt und windig, und die höhere, südliche Spitze des Berges lag noch immer weit entfernt. Als sie einen leichten Schneehang umgingen und die Gipfelpyramide als Ganzes vor Augen hatten, wurde offenbar, daß es noch dauern würde bis nach oben. In Lowes geschwächtem Zustand wäre es zuviel gewesen, erst noch den Gipfel zu erklimmen und dann abzusteigen. Frost bot ihm an, ihn zur niedrigeren, leichter zugänglichen Nordwest-Spitze zu begleiten, und dann den Abstieg anzutreten. Alison und Mark könnten allein bis zum Gipfel vorstoßen. Man kam überein, sich in der Schneehöhle auf dem Plateau zu treffen, wo man die vergangene Nacht zugebracht hatte, und von dort aus gemeinsam abzusteigen.

Alison und Mark wurde bald klar, daß sie den bevorstehenden Aufstieg ernstlich unterschätzt hatten. Sie hatten angenommen, daß die Spitze nur noch vier Seillängen weit entfernt wäre. Als sie sich den steilen, vereisten Rinnen näherten, die den Verlauf des Aufstiegs markierten, erkannten sie, daß sie mehr als die doppelte Entfernung zu klettern hatten. Sollten sie ihr Ziel beibehalten, hätten sie kaum Aussicht, den Gipfel zu erreichen und vor Einbruch der Nacht zur Schneehöhle zurückzukehren. Keiner von beiden zögerte: Zu sehr wünschten sie sich, mit einer bedeutenden Erstbesteigung im Himalaja belohnt zu werden, und sie waren sich sicher, daß Tom und Jeff dafür Verständnis haben würden.

Um fünf Uhr nachmittags erreichten sie den Gipfel. Der Sonnenuntergang stand bevor. Mark machte ein Foto von Alison, wie sie im Schnee hockt, ihr Gesicht von Wollmaske und Brille verborgen, ihr Schatten reicht über den Bildrand hinaus. Hinter der flachen Spitze des Kangtega trat der Gipfel des Mount Everest aus einer Wolkenbank hervor. Das Dach der Welt war auf einmal ein sehr einsamer Aufenthaltsort.

Der Abstieg fällt oftmals schwerer als der Aufstieg, und als das Zwielicht den Berg emporkroch, waren Alison und Mark sich einig, daß der geplante Abstieg viel zu schwierig werden würde. Im dämmrigen Licht starrten sie die gewaltigen Abgründe hinunter und suchten nach einer leichteren Route. Gerade noch konnten sie die Konturen eines verschneiten Grats ausmachen, der sich über dem oberen Teil der Nordwand nach unten zog. Es sah aus, als böte er einen leichten Rückweg zum Plateau sechshundert Meter zu ihren Füßen, wo Jeff und Tom auf sie warteten. Der Grat wurde von schweren Wächten gesäumt, welligen, vom Wind geformten Simsen aus Schnee, die über einem dunklen Nichts hingen. Alison und Mark wußten, daß sie ihr Gewicht möglicherweise nicht tragen würden.

»Wir waren völlig unvorbereitet«, erinnert sich Twight. »Wir kletterten den Grat zwei Seillängen weit hinunter, bis einer von uns versehentlich durch die Schneewächte stieß.« Durch ein Loch starrten sie ins Leere. Es war ein Augenblick akuter Gefahr. Sie zogen sich vom Grat zurück und fanden schnell eine alternative Strecke. Nun mußten sie sich abseilen und schnitten mit ihren Eispickeln Poller aus dem Eis, um die sie ihre Seile legten. »Ich hatte im Leben noch keinen Poller geschnitten und sie auch nicht«, sagt Twight. »Ich hatte in einem Buch Fotos davon gesehen. Und es war inzwischen stockdunkel. Alison und ich spielten da echt va banque.« Am Fuß des steilen Abschnitts, zurück auf den sanfter abfallenden Hängen des Plateaus, aßen sie Schokolade und tranken Wasser, bevor sie langsam zur Schneehöhle zurückstapften. Kurz vor Mitternacht trafen sie ein.

Sie hatten auf ein Willkommen von Tom und Jeff gehofft, aber die Höhle war leer. Lowe und Frost hatten beschlossen, nicht länger zu warten, und Alison und Mark waren auf sich allein gestellt. Am Morgen ging dem Kocher der Brennstoff aus, nachdem sie in einer kleinen Pfanne Schnee geschmolzen hatten. Sie waren hungrig und ausgetrocknet, doch sie würden erst im Basislager Nahrung und Flüssigkeit bekommen. Von der Schneehöhle aus seilten sie sich zum Engpaß ab und folgten dann einer leichteren Erosionsrinne, anstatt die Route ihres Aufstiegs zu nehmen. Nachdem sie mehr als dreihundert Meter abgestiegen waren, stießen sie auf eine halb ausgegrabene Schneehöhle, wo Lowe und Frost die vorangegangene Nacht verbracht hatten, und folgten ihren Spuren zu einer Kluft im Grat. Sie hatten gehofft, auf der anderen Seite einen leichten Weg in sichere Gefilde vorzufinden. Statt dessen fiel dort eine weitere Erosionsrinne steil ab. Wieder waren sie gezwungen, sich abzuseilen, was ihre Rückkehr ins Lager weiter verzögerte.

Sie seilten sich mehr als zwanzigmal ab, um zum Fuß der Rinne zu gelangen. Die Hände und Finger waren vom tagelangen Klettern und der Kälte zerschunden. Schließlich erreichten sie sanft abfallende Schneeflächen und wateten, zuweilen bis zur Brust eingesunken, durch tiefen Schnee. Das Basislager kam in Sicht. Im Kantinenzelt warteten die anderen, um ihnen zu gratulieren.

»PHANTASTISCH!« schrieb Alison in ihr Tagebuch. In jener Nacht völliger Erschöpfung, die Zehen von Blasen gepeinigt, ein Pochen im verstauchten Handgelenk, war sie noch immer viel zu aufgeregt, um sich entspannen zu können. Zitternd lag sie in ihrem feuchten Schlafsack und wartete auf den Schlaf.

Doch selbst jetzt war ihr Ehrgeiz nicht restlos gestillt. Nun, da der Kangtega bestiegen war, fiel die Gruppe langsam auseinander. Tom und seine Familie machten sich auf den Heimweg in die Vereinigten Staaten, und Mark und Jeff gingen daran, ihren Aufstieg auf den Nuptse zu planen. Alison war sich stets im klaren gewesen, daß der Kangtega für die beiden nur eine Vorbereitung auf dieses noch größere Vorhaben war. Aber nun fühlte sie sich doch ein wenig frustriert. Alisons

Tagebuch läßt nicht die Spur eines Wunsches erkennen, nach Hause zurückzukehren, sondern verrät nur den Drang, ihr glückseliges Dasein im Himalaja fortzuführen. Als die Gruppe vier Tage nach dem Abstieg vom Kangtega die Zelte abbrach, begleitete sie Jeff und Mark zu deren neuen Basislager am Fuß der Nutpse-Südwand.

Ihr Verhältnis zu Mark war allerdings gespannt. Alison beschwerte sich in ihrem Tagebuch, daß dieser auf Distanz gegangen war; Mark seinerseits fand sie zusehends herablassend. »Das war nie boshaft«, sagt er. »Mehr eine Verschiedenheit von Kultur oder Humor.« Mit Lowe verstand sie sich hingegen gut. Der Umstand, daß er sie als Bergsteigerin schätzte, gab ihrem Selbstwertgefühl mächtigen Auftrieb. Ganz offensichtlich wollte sich Alison ihnen anschließen, meint Twight. Doch hatten sie geplant, den Nuptse unbedingt zu zweit in Angriff zu nehmen.

Alison war bald wieder ausgezeichnet in Form und hatte sich beinahe vollständig vom Kangtega erholt. Wieder heimzufahren, ohne noch etwas anderes zu versuchen, ging ihr gegen den Strich, und sie schaute sich nach jemandem um, mit dem sie klettern konnte. »Daß ich im Basislager rumsitze und anderen beim Klettern zusehe, ist nicht drin. Ich muß hier raus und meine Sache durchziehen«, schrieb sie in ihr Tagebuch. Kurz nachdem sie in Lukla gelandet war, hatte sie Matt Duff kennengelernt. Er hatte am Lhotse Shar aufgegeben, einem riesigen Ausleger des Mount Everest, hielt sich aber noch in der Gegend auf. Duff war krank und bereitete seinen Rückflug vor, doch Alison bekam einen Schotten aus seiner Gruppe zu fassen, Sandy Allan. Der war einverstanden, an den Berg zurückzukehren und es ein zweites Mal zu wagen. Das Klettern am Lhotse Shar ist wesentlich leichter als am Kangtega, aber der Berg ist dafür wesentlich höher. Mit 8200 Metern Höhe ragt sein Gipfel weit in die »Todeszone« hinein, in den

Bereich, wo die Atmosphäre so wenig Sauerstoff enthält, daß der Körper sich nicht mehr daran anpassen kann und sein unaufhaltsamer Verfall einsetzt.

Alison kehrte in das Basislager am Fuß des Nuptse zurück, um Lowe und Twight mitzuteilen, was sie vorhatte, und um ihre Ausrüstung zusammenzusammeln. Abends machten sie Käsekuchen und Schokoladenpudding, was Alison veranlaßte, sich über ihren Appetit zu wundern. »Nie zuvor habe ich an so vielen aufeinanderfolgenden Abenden so viel gegessen und mich so voll gefühlt«, schrieb sie in ihr Tagebuch. »Ich hoffe bloß, daß ich noch zum Klettern komme, um etwas von diesem übermäßigen Fraß wieder loszuwerden, den ich in den letzten zwei Wochen in mich reingefuttert habe.«

Es blieben ihr aber nur noch zehn Tage bis zu ihrem Abflug aus Lukla, und sie wußte, daß das Wetter für eine realistische Aussicht auf Erfolg optimal werden müßte, doch schon nach einem Tag auf der Route wurde deutlich, daß die Verhältnisse nicht mitspielten. Tiefer weicher Schnee verlangsamte ihren Aufstieg, der Wind frischte auf, Blitze umspielten in der Ferne die Berge und ließen ahnen, daß das Wetter umschlagen würde. Je steiler die Hänge, um so tiefer wurde auch der weiche Schnee, und sie entschlossen sich zum Abstieg. Wie viel leichter war es am Ende, umzukehren und abwärts zu stapfen.

Enttäuscht, aber überzeugt, das Richtige getan zu haben, kehrte Alison ins Nuptse-Basislager zurück, um auf Jeff und Mark zu warten, während Sandy Allan auf einen Flug nach Lukla und Katmandu hoffte. Sie faulenzte in der Sonne und schrieb Briefe an Bev England und Ian Parsons. »Ich hab' großes Glück, so gute Freunde zu haben«, vermerkte sie in ihrem Tagebuch. Jim würde sie früh genug wiedersehen, um ihm nicht auch noch schreiben zu müssen.

Vier Tage lang verbrachte sie damit, den Berg abzusuchen und Jeff und Mark zu beobachten, die als winzige, leuchtend bunte Punkte in der enormen Weite des Nuptse herumkraxelten. Auch sie machten schließlich kehrt, besiegt von den Schneemassen, die ja auch Alisons und Sandys Absichten auf dem Lhotse Shar durchkreuzt hatten. In Eile seilten sie sich an der Wand ab und trafen am 27. Mai wieder im Basislager ein. Stundenlang redeten die drei über den Aufstieg und besprachen den Plan, im Herbst zurückzukehren. Alison bekannte, sich selbst gern am Nuptse versuchen zu wollen, und erwog, Catherine Freer zu bitten mitzukommen. Die Monate in Nepal hatte sie sehr intensiv verlebt, und so schien es undenkbar, nicht noch einmal wiederzukommen. Jeff und Mark waren im Herbst 1986 tatsächlich wieder da, brachen aber ihr Unterfangen nach zehn Tagen Mühsal und wachsenden Spannungen untereinander ab. Doch Alison war nicht mit ihnen; sie sollte den beiden Männern in den folgenden Jahren zwar erneut begegnen, aber nie wieder mit ihnen zusammen klettern.

Zwei Tage später, nachdem Jeff und Mark ins Basislager zurückgekehrt waren, brachen sie ihre Zelte endgültig ab, kehrten den Bergen den Rücken und marschierten hinunter nach Lukla zur Rollbahn. In Katmandu hatten sie Zeit zum Geschenkekaufen und für eine Reihe von Abschiedsessen. »Ein trauriger Tag heute – Expedition beendet«, schrieb Alison am 2. Juni. »Richtig gründlich gewaschen unter herrlich heißer Dusche – zu schön, die sauberen Laken letzte Nacht!« Das Mittagessen an jenem Tag war »unsere letzte gemeinsame Mahlzeit. Keine Zeit zu verbummeln, nur eine Stunde fürs Essen, Taxi zurück ins ›Tibetan Guest House‹ zum Koffereinladen und Verabschieden. Reihum Umarmungen und Tränen. Zwei großartige Freunde. Mir war traurig zumute.« Am folgenden Morgen stieg sie am Flughafen Heathrow aus der Maschine und wurde von Jim, Ian Brown und ihren Eltern begrüßt. Und Alison weinte wieder. Die große Flucht war zu Ende.

Neues Leben an der Todeswand

Anfang der zweiten Septemberwoche 1986, drei Monate nach Alisons Rückkehr aus Nepal, vernahmen die Angestellten von »Faces« ein fürchterliches Gebrüll aus dem Büro im hinteren Teil der Werkstatt in Matlock. Sie wußten, daß der Sommer eine schwierige Zeit für Jim Ballard gewesen war: zuerst Alisons lange Abwesenheit; dann Probleme mit dem Absatz, woraufhin ihm maßgebliche Zulieferer die Hölle heiß gemacht hatten. An Temperamentsausbrüche waren sie gewöhnt, das hier aber hörte sich anders an, denn Jims Zorn richtete sich gegen Alison.

»Es klang ernst«, sagt Ian »Hovis« Brown, ein Outdoor-Großhändler. »Er wurde richtig ausfallend – wenn er sonst brüllte, blieb er gewöhnlich noch einigermaßen höflich, falls Sie wissen, was ich meine. Also ging ich ins Büro und mischte mich ein. Ich trat von hinten an ihn heran, legte die Arme um ihn und hielt ihn fest umklammert. Ich versuchte, ihn zu beruhigen. Ich meine, zu ihm gesagt zu haben: ›Na, na, so schlimm kann's doch nicht sein.‹«

Es überrascht nicht, daß sich der Vorfall Ian Brown ins Gedächtnis eingeprägt hat. Er war es gewöhnt, daß Jim die Erfolge Alisons lobte, ihre Stärken und Fähigkeiten rühmte; viele Jahre lang sprach er von ihr als einem Kletter-»Genie«. Alisons Tagebücher lassen wissen, daß ihr gemeinsames Leben meistens harmonisch verlief und es lange Phasen des Glücks gab. Kam es aber zwischen ihnen zu Streitigkeiten, sah Jim sich manchmal außerstande, diese wieder beizulegen.

Der Mann, der Alison auf einen Sockel gehoben hatte, der jede ihrer Heldentaten pries und verehrte, konnte sich auch wie ein Tyrann aufführen. An einem kalten Januartag, ein paar Monate nach dem Vorkommnis in Matlock, sah Ted Johnson, der Nachbar von Jim und Alison, wie hart Jim wirklich sein konnte. Jim mußte zu einem Treffen fahren und bestand darauf, daß Alison sein Auto aus einer Schneewehe herausschaufelte, was sich als undurchführbar erwies. »Alison schaufelte drauflos, aber Jim ging es nicht schnell genug«, sagt Johnson. »Er hatte sie völlig verstört. Sie heulte.«

Alisons tiefes Verletztsein kann man durchaus nachfühlen, und ihrem Tagebuch nach gab es Zeiten, da solche Vorfälle wochenlange Schwermut auslösten. Und doch hat sie über Jahre hinweg sich bei niemandem beklagt und keinen ernsthaften Versuch unternommen, Jim zu verlassen. Wenn jemand eine sichtbare Verletzung bemerkte, gab Alison ausweichende Erklärungen ab. Einmal traf sie sich kurz vor Weihnachten 1984 mit ihrer alten Schulfreundin und Kletterpartnerin Bev England. Bev fiel auf, daß sie ein blaues Auge hatte. »Manchmal sprach sie davon, daß Jim ›häßlich wurde‹, ohne je zu sagen, was das bedeutete«, erinnert sich Bev. »Sie sagte mir, das Veilchen käme von einem Unfall, bei dem ihr ein Zweig ins Auge geraten sei.«

Ihrer Cousine Daphne öffnete sie sich noch am ehesten. Mitte der achtziger Jahre arbeiteten beide häufig zusammen als Ausbilderinnen in einem Outdoor-Zentrum im Peak District, wo sie jungen Leuten aus ärmeren Verhältnissen beibrachten, wie man sich abseilte, ein Kanu fuhr und kletterte. Einer der Kurse fand statt, nachdem Daphne das blaue Auge an Alison bemerkt hatte; in jener Woche redeten sie nächtelang mit einer für Alison seltenen Offenheit. Alison wußte auch, daß Daphne von ihrem ersten Mann über Jahre immer wieder geschlagen worden war, und Daphne meint, daß sie drauf und dran schien, Jims Verhalten nicht mehr zu bemänteln.

Und dennoch, als sie im April 1983 zum erstenmal eine solche gewalttätige Szene erwähnte, beschrieb sie das Geschehen als »Riesenkrach und Kampf«. Alison benutzte eine kindlich verballhornisierte Schreibweise des englischen Wortes für Kampf, und das vermutlich mit Absicht, da sie die Orthographie natürlich beherrschte. Dies deutet auf einen psychologischen Rückzug in die infantile Persönlichkeit des »verlorenen kleinen Mädchens« hin, das »unartig« gewesen war – ein Wort, das sie in den ersten Jahren der Beziehung für rein verbale Zerwürfnisse mit Jim gebraucht hatte. Sie hielt die Vorwürfe und die ihr unterstellten Mängel offenbar für gerechtfertigt. Man spürt, wie erleichtert sie über die anschließende Versöhnung und die Rückkehr zur Normalität war, wenn sie das Einerlei von Teekochen, Baden und frühem Zubettgehen beschreibt.

Mit zunehmender Reife jedoch verzeichnete Alison die schlechten Zeiten in ihrer Beziehung zu Jim mit einer Mischung aus Zorn und resignierter Verzweiflung. Als Jim sie im Sommer 1986 öffentlich kritisiert hatte, schrieb sie, daß er sie wie »ein Stück Hundedreck« behandelt hätte; er möge »abhauen oder mir etwas Achtung erweisen«.

Alison nahm ihm mehr und mehr übel, auf welche Weise er ihr Leben zu ordnen versuchte. Beispielsweise schwärmte Alison dafür, mit Daphne im Outdoor-Zentrum zu arbeiten, und genoß es, mit den Kindern den Reiz zu teilen, den die Berge boten. Jim hingegen sah in den Kursen lediglich eine leichtfertige Ablenkung von dem, was Alisons richtige Arbeit hätte sein sollen, nämlich sich in ihrem Betrieb zu engagieren, und er machte ihr die Teilnahme so schwer, wie er nur konnte. Daphne erinnert sich: »Zu wissen, daß Alison zu einer bestimmten Zeit zurück sein mußte, war bei etwas logistisch so Komplexem wie diesen Kursen sehr schwierig. Hatten wir uns fünfzehn Minuten verspätet, drehte er schon durch.«

Andere Aspekte seiner Persönlichkeit waren für Alison vielschichtiger und gewichtiger. Lange bevor er sie kennenlernte, hatte Jim Schützlinge zu fördern versucht, junge Kletterer, die im »Bivouac« gearbeitet hatten, vielversprechend schienen und sich auf einmal mit einem selbsternannten »Manager« wiederfanden. Nun sah Jim sich als Alisons Trainer, als ihr Mentor, der sie zu Ruhm und Ehre in der internationalen Kletterszene hinführen würde, was durchaus positive Seiten hatte: Es gab Zeiten, da sie schlecht kletterte, jegliches Selbstvertrauen einbüßte und Jim es dann war, der sie erneut in Form brachte, sie zu leichten Routen überredete, dabei wußte, daß sie es auch bald mit härteren Herausforderungen wieder aufnehmen würde. In solchen Zeiten empfand sie tiefe Dankbarkeit ihm gegenüber. Zu anderen Zeiten jedoch fühlte sie sich von seinen Erwartungen erdrückt: »JB reagierte komisch, als ich meinte, einen Tag vom Klettern ausspannen zu müssen«, schrieb sie im Mai 1984. »Er scheint von mir zu erwarten, eine ›Klettermaschine‹ zu sein.«

Selbst wenn sie weit weg war, spielte er die Rolle eines Managers. Im Sommer 1984 beispielsweise versuchten sich Ian Parsons und Alison auf dem Walker-Ausläufer – einer immens anspruchsvollen Route an der Nordwand des Grandes Jorasses und einem der wichtigsten alpinen Ziele überhaupt. An ihrem ersten Tag am Berg überwanden sie achtzehn Gefälle: rund sechshundert Meter schweres Klettern auf Fels und Eis. Doch als Ian und Alison für die Nacht ihr winziges Biwakzelt aufstellten, zogen Wolken auf. Ein schreckenerregendes Schauspiel aus Blitz und Donner setzte ein, und es schneite die ganze Nacht über. Am folgenden Morgen war der feste graue Granit, der trocken sein mußte, um abstiegen werden zu können, mit einer dicken Schneeschicht überzogen. Den ganzen Tag über blieb das Wetter schlecht, und Wind und Schneegestöber droschen auf das Zelt ein. Klugerweise beschlossen sie, keinen Ortswechsel zu versuchen, und verbrachten die Zeit mit Dösen, knabberten Schokolade und bereiteten Getränke zu. Den Morgen darauf herrschte noch immer feuchtes und sehr kaltes Wetter, was die Route unbegehbar machte. Ian und Alison waren ziemlich unterkühlt und steif, es kostete sie Mühe, ihre Schlafsäcke zu verlassen, die Schutzkleidung überzuziehen und sich den Elementen auszusetzen. Nachdem sie sich achtzehnmal bei nervenzermürbend eisigen Verhältnissen abgeseilt hatten, waren sie wieder auf dem Gletscher und froh, in Sicherheit zu sein.

Am folgenden Tag in Chamonix bemühte sich Alison, Jim an den Apparat zu bekommen und getröstet zu werden, doch seine Reaktion ließ sie bestürzt zurück. Anstatt ihnen sein Mitgefühl für den notwendigen und schwierigen Rückzug auszusprechen, war er »stinksauer, daß wir die Walker nicht geschafft haben«, teilte sie ihrem Tagebuch mit.

Ein paar Tage später, als das Wetter sich gebessert hatte, erstiegen Ian und Alison die Nordwände von Courtes und Triolet – zwei erschöpfende *grandes courses* an zwei aufeinanderfolgenden Tagen. Auf dem Triolet war das Eis grau, spröde und hart, und sie kletterten einen großen Teil der Strecke im Schatten einer riesigen überhängenden Eisklippe, die jederzeit zusammenstürzen und sie mit Bruchstücken von der Größe eines Autos bombardieren konnte. Erst um sechs Uhr abends erreichten sie den Gipfelkamm, und sie verliefen sich mehr als einmal an den südlichen Flanken des Bergs auf der Suche nach der Abstiegsroute. Erst gegen halb zehn stolperten sie zur Tür der Couvercle-Schutzhütte herein, zwanzig Stunden nachdem sie die Argentière-Hütte auf der anderen Seite des Bergs verlassen hatten. Als Alison bei Jim anrief, verhielt er sich ziemlich gleichgültig. Jetzt seien sie soweit, sagte er, sich »eine große Route vorzunehmen«.

Genau das taten sie dann am Matterhorn. »Er sprang ziemlich ruppig mit ihr um«, erzählt Daphne Chalk, »und auf seine eigene, ziemlich andersgeartete Weise erwartete er von ihr, einen bestimmten Weg einzuschlagen, so wie ihre Eltern erwartet hatten, daß sie die Universität besuchte. Als sie begriff, daß sie eine Beziehung eingegangen war, in der nicht minder hohe Ansprüche an sie gestellt wurden, fiel es ihr sehr schwer, damit zurechtzukommen.«

Obgleich Jim für Alison großen Ehrgeiz an den Tag legte, brachte das Zusammenleben mit ihm eine paradoxe Konsequenz für ihre Stellung und ihren Ruf in der Welt des Kletterns mit sich. Sozial unbeholfen, bewegte er sich nicht in den Kreisen, in denen ein solcher Ruf gefestigt wird, und das hatte auch für Alison Folgen. Weniger befähigte Kletterer als sie waren bekannter und angesehener, weil sie mit den »richtigen« Leuten in den »richtigen« Pubs tranken, wo ein paar einflußreiche Meinungsmacher, einige davon mit den beiden größeren Klettermagazinen verbunden, entschieden, wer es wert war, ernst genommen zu werden. Jim und Alison waren das nicht. Da sie die Supercouloir, die Nordwand des Matterhorns, den Croz-Ausläufer und den Kangtega bezwungen hatte, hätte sie als die technisch fortgeschrittenste Bergsteigerin ihrer Generation berühmt sein müssen, zumindest in Großbritannien. Mit der Zeit ärgerte Alison die Erkenntnis, daß sie nicht die ihr zustehende Aufmerksamkeit genoß, und das trieb sie weiter an.

Auch Jim mag vernünftigerweise gespürt haben, daß sich ihre Unvereinbarkeiten mit der Zeit nur noch vertieften. So sehr er auch in Alisons Erfolgen schwelgte, erfuhr schließlich auch sein persönlicher Ehrgeiz Erfüllung. Mit dem Geschäft, das 1986 elf Leute beschäftigte, wurde für ihn ein Kindheitstraum wahr. Und er konnte nicht verstehen, weshalb seine Begeisterung Alison – deren Kindheit materiell abgesichert gewesen war – ungerührt ließ. Schlimmer noch, sie schien nur dann wirklich glücklich zu sein, wenn sie Hunderte oder Tausende Kilometer weit entfernt war.

Auch er war mitunter niedergeschlagen. Er klagte über Streß und Überarbeitung und ließ an den Wochenenden den Schwung missen, um irgend etwas anderes zu tun, als sich im Haus gehen zu lassen. Nicht lange nach Alisons Rückkehr vom Kangtega verbrachte er einmal fast ein ganzes Wochenende im Bett, obwohl ihm körperlich nichts fehlte. Er war unleidlich und reizbar, bei Männern häufig ein Symptom für Depressionen. Sein Verhältnis zu Alison war nicht die einzige äußere Ursache dafür. Die Läden liefen nicht so, und der Absatz ließ nach. Wenige Tage vor dem von Ian Brown bezeugten Zwischenfall in der Werkstatt war er nach München auf eine Outdoor-Handelsmesse gereist. Dort wurde er von einem französischen Hersteller von Skibekleidung, den Jim als persönlichen Freund betrachtet hatte, arg gedemütigt. Dieser weigerte sich, Jims Bestellung ohne Bezahlung der Ware im voraus entgegenzunehmen.

Wiederholt stellte sich Alison die Frage, ob es nicht an der Zeit sei, die Beziehung zu beenden. Und mitunter litt sie wochenlang an Schwermut und heulte vor Einsamkeit und Entmutigung. Aber sie wich immer wieder vor einem entscheidenden Schritt zurück. Ein Eintrag vom Dezember 1986 drückt ihre Traurigkeit wie ihre Unentschlossenheit aus:

»Im Augenblick neuerlich deprimiert. Ich brauche ein neues Ziel. Momentan habe ich das Gefühl, mich verirrt, mitten im

Flug verheddert zu haben und nicht sicher zu sein, ob ich eine Bruchlandung machen und noch einmal von vorn anfangen oder weiterflattern soll und hoffen, daß alles gutgeht. Jegliche Begeisterung, die ich hatte, ist mir gründlich ausgetrieben worden; es ist leichter, sich nichts draus zu machen. Ich brauche Unabhängigkeit – um etwas zu tun und zu schaffen, um selbst etwas zu erreichen.«

Und doch schon wenige Wochen später, während einer im wesentlichen erfolglosen Winterreise in die Alpen, sollte sie sowohl von ihrer Freude an den Bergen wie davon schreiben, wie sehr sie Jim vermißte und brauchte. Dieses Muster wiederholte sich viele Male. Im Grunde war Alisons Entschlossenheit, ihr Leben mit Jim zum Erfolg zu führen, beinahe so groß wie der Wille, der sie Berge hinauftrieb, vielleicht weil sie sich etwas anderes nicht vorstellen konnte. Sie hatte nie allein gelebt, nie einen Studienabschluß oder eine berufliche Qualifikation erworben. Seit langem schon war sie an den Wohlstand gewöhnt, den ihr Jim und das Unternehmen boten: So sehr sie sich nach Unabhängigkeit sehnte, hatte sie auch Angst davor. Offenbar konnte sie auch nicht ertragen, zuzugeben, daß jene, die ihren Auszug aus dem Elternhaus an ihrem achtzehnten Geburtstag fragwürdig gefunden hatten, mit ihren Zweifeln recht behielten. Zugleich gab es weniger prosaische Gründe für beider Zusammenbleiben, denn die Liebe zwischen ihnen hatte sich nicht restlos abgenutzt. Nach ihrer Rückkehr vom Kangtega hatten sie erwogen, Kinder zu haben, eine Vorstellung, die sie rundheraus von sich wies – »Mutterschaft«, schrieb sie, würde »alle Pläne umstoßen.« Als Monate vergangen waren, sollte sie den Gedanken allerdings erneut in Betracht ziehen.

Im Frühjahr und Frühsommer 1987 versuchte Alison, die Kluft zwischen ihren beiden Gefühlswelten in ihrem Leben zu

überbrücken, indem sie Jim stärker an ihrem Klettern beteiligte. Nachdem sie die örtlichen Felsen im Peak District jahrelang mit anderen aufgesucht hatte, fingen sie wieder an,
gemeinsam zu klettern. Beide waren aufgefordert worden,
sich im Herbst einer zweiten Expedition in den Himalaja
anzuschließen, um sich am Ama Dablam zu versuchen, einer
7 000 Meter hohen Bergspitze im Lee des Mount Everest.
Doch selbst in den Bergen kamen sie nicht mehr miteinander aus. Ihre Wochenendausflüge mündeten häufig in Streit.
Im Mai fuhren sie zusammen nach Frankreich. Sie besuchten
die Kalksteintürme der Meeresklippen von Calanques, einem
malerischen Flecken über den Stränden der Côte d'Azur.
Doch als Jim dort eine Route zu führen versuchte und
scheiterte, war es mit ihrem Klettern für den Rest des Tages
vorbei, und beim nachfolgenden Krach wurde er wieder tät-
lich.

Ein paar Wochen später, Anfang Juli, fuhren sie geschäftlich nach Chamonix und verbrachten einen Abend mit
Patrick Gabarrou, einem berühmten Bergführer, der sie
von momentan idealen Bedingungen für den Schleier über-
zeugte, einem riesigen Eisfeld an der Nordwand des Grandes
Jorasses. Für Jim Ballard, dessen Alpenerfahrung nicht der
Rede wert war, stellte das ein imposantes Vorhaben dar.
Der Schleier ist lang und anspruchsvoll und äußerst expo-
niert – in jeder Hinsicht eine *grande course*, und Alison war
überglücklich über die Aussicht, eine solche Route gemein-
sam zu machen, und hetzte durch Chamonix, um Vorräte zu
besorgen und die Ausrüstung auszuwählen. Sie nahmen die
Bergbahn nach Montenvers und kletterten die gefrorenen
Wellen des Mer de Glace hinunter, doch als sie anderthalb
Stunden danach den Gletscher zur düsteren Nordwand
hochstapften, ließ das gewaltige Ausmaß seines Vorhabens
Jim schließlich innehalten. Sie kehrten um. In Chamonix

trafen sie auf der Straße einen Bekannten, und Jim gestand, daß ihm der Mumm fehlte, sowohl den Geschäften wie dem Bergsteigen nachzugehen. Alison überkam eine Welle des Mitgefühls; sie war traurig, daß ihm seine Grenzen vor Augen geführt worden waren, aber auch stolz auf seine Aufrichtigkeit.

So war sie bereits in einem empfindsamen Zustand, als sie kurze Zeit später auf Bill O'Connor traf, den Führer der bevorstehenden Expedition zum Ama Dablam. Er brachte niederschmetternde Nachrichten mit. Catherine Freer, Alisons Freundin und Vorbild, war bei einem Unfall auf dem Hummingbird-Grat des Mount Logan, einer sehr langen und schwierigen Strecke in der gefrorenen Wildnis des kanadischen Yukon, umgekommen. Alison brach schluchzend zusammen. Noch vor wenigen Wochen hatte sie mit Catherine telefoniert und aufgeregt mit ihr Pläne geschmiedet, im Himalaja gemeinsam zu klettern. Am selben Abend brachen sie und Jim nach Süden auf. Die folgenden paar Tage verbrachten sie mit Kanufahren auf der Ardèche; Alisons Trauer hatte die Spannungen zwischen beiden verfliegen lassen.

Der Tod Catherine Freers berührte Alison wie nichts zuvor in ihrem Leben. Im vorangegangenen Sommer hatte sie eine Tragödie am K2 verfolgt, dem zweithöchsten Berg der Welt an der Grenze zwischen Pakistan und China, der bis 1986 nur von Männern bestiegen worden war. Im Juli gelang mit der Polin Wanda Rutkiewicz die erste Gipfelbesteigung durch eine Frau, sie kehrte auch sicher zum Basislager zurück. Am selben Tag, etwas später, wiederholte die Französin Liliane Barrard die Leistung Wandas, starb aber zusammen mit ihrem Mann Maurice, als beide beim Abstieg in Gipfelnähe ein Biwak machen mußten. Eine dritte Frau, die britische Felskletterin und Filmemacherin Julie Tullis, erreichte am 4. August die Bergspitze in Begleitung des österreichischen Bergsteigers Kurt Diemberger, kurz nachdem Alan Rouse die Erstbesteigung durch einen Briten gelungen war. Beim Abstieg rutschte Julie Tullis dicht unter dem Gipfel beinahe dreihundert Meter weit über Schneehänge abwärts; sie kam davon, allerdings fanden die beiden ihr höchstgelegenes Lager nicht mehr und waren gezwungen, in rund 8 200 Meter Höhe eine furchtbare Nacht im Freien zu verbringen. Als sie am folgenden Tag, von den Rufen anderer Bergsteiger gelotst, die Zelte von Lager IV erreichten, war Julie stark geschwächt. Ein heftiger Sturm umtoste bereits den Berg. Er dauerte mehrere Tage an und hielt die Bergsteiger dort oben fest. Nahrung und Gas gingen ihnen aus, und der körperliche Verfall vollzog sich in der dünnen Luft rasch. Am 7. August erwachte Julie Tullis nicht mehr aus einem tiefen Schlaf. Als der Sturm drei Tage später nachließ, war Al Rouse bewegungsunfähig und wurde in seinem Zelt zurückgelassen. Drei der fünf, die Lager IV verließen, starben auf dem Weg nach unten: Nur Diemberger und ein weiterer Österreicher, Willi Bauer, überlebten, erschöpft, mit Erfrierungen und fürs Leben traumatisiert. In jenem Sommer forderte der K 2 insgesamt dreizehn Opfer.

So entsetzt Alison war, es stellte ihre Ziele, von denen auch Julie Tullis so beseelt gewesen war, nicht in Frage. Alison hatte niemanden unter den Toten gekannt, und die Katastrophe schien fernzuliegen, als sei Sterblichkeit etwas, was stets anderen Menschen widerfährt. Nicht viel anders war es, als ihr Vater im August 1984 einen Herzanfall erlitt und sie einfach annahm, daß er sich erholen würde. Es war ein Schock, in der Intensivstation des Krankenhauses den Mann, der ihre Liebe zu den Hügeln und Bergen geweckt hatte, an Schläuche und Geräte angeschlossen zu sehen. Aber die Ärzte versprachen ihr, daß er gute Chancen auf Genesung hätte, was glücklicherweise eintrat.

Mit dem Tod von Catherine Freer verhielt es sich anders: Er erschütterte Alisons eigenes Gefühl von Unverwundbarkeit. »Sie war ein wunderbarer Mensch«, sagte Alison Jahre später, »ein hervorragender Mensch. Ich hatte das Gefühl, daß sie eine sanfte Person im falschen Körper war. Sie sah so stark und aggressiv aus und war doch so sanft und freundlich. Wirklich sehr wünschte sie sich einen Mann und Kinder.« Catherine war zudem eine äußerst befähigte Kletterin mit ausgezeichnetem Urteilsvermögen. Zum erstenmal fing Alison an zu begreifen, daß die von ihr mindestens seit ihren Reisen in die Alpen wiederholte Formel, alle tödlichen Unfälle seien die Folge menschlicher Fehlleistung, eine Täuschung sein könnte.

Doch wenn sie auf Catherines Tod hin eine Pause einlegte, so ließ sie sich davon nicht dauerhaft aufhalten, sie begann bald mit den Vorbereitungen für den Ama Dablam. Wurde Alison später von nicht bergsteigenden Journalisten befragt, wie sie den Sport mit dem Wissen um den Tod von Freunden wie Catherine Freer weiterhin ausüben könnte, gab sie gewöhnlich zur Antwort, daß Bergsteigen nun einmal das war, was sie trieb, und sie würde vorsichtiger sein. Doch, wie Catherine auch, kletterte sie, weil sie wußte, daß keine andere Erfahrung derart eindringlich sein konnte und solchen Gegensatz zwischen Schinderei und erhabener Erfüllung bot; und, wie Catherine auch, wußte Alison um den Preis einer Gefahr nicht nur für Leben und Gesundheit, sondern für das eigene Vermögen, für Beziehungen und konventionelle Karrieren.

Catherine Freer hatte das Wesen der Gefahren wohl begriffen, die sie dennoch in Kauf nahm, und räumte durchaus ihre zwiespältigen Gefühle dem Bergsteigen gegenüber ein, gab zu, daß sie Angst vor dem Tod hatte und mitunter die Weisheit dessen anzweifelte, was sie da tat. Für Alison war diese Form von Selbstanalyse ein seltenes Phänomen. Öffentlich äußerte sie sich niemals über die Möglichkeit des Sterbens, außer daß sie betonte, daß es für sie zuviel zu leben gäbe, als hätte es das bei den in den Bergen Umgekommenen nicht gegeben. In Wirklichkeit hatte sie Angst vor dem Sterben, wie sie Angst hatte, sich selbst einzugestehen, daß es noch andere Lebensinhalte gab und vielleicht bessere als den von ihr gewählten.

Einige Wochen, bevor sie zum Ama Dablam aufbrach, tat Alison einen wichtigen Schritt hin zu größerer Bekanntheit; sie machte einen Film, der in den Vereinigten Staaten ausgestrahlt wurde. Die Kameras folgten ihr an die Südwand der Aiguille du Midi, ein sonniger Aufstieg auf goldenem Granit über Chamonix. In der Sendung mit dem Titel *The Games Climbers Play* gab sich Alison hart, professionell, fast emotionslos und konsequent dem Verfolg ihrer Ziele gewidmet. »Man muß das Bergsteigen an die erste Stelle im Leben setzen, ob bei Beziehungen oder sonstwo. Kommt das Bergsteigen nicht zuerst, erreicht man gar nichts«, sagte sie in die Kamera. Mit dieser äußeren Haltung hatte sie sich einen Panzer zugelegt, der ihre Verletzlichkeit verbergen sollte.

Dabei war sie über ihre Beziehung wie über ihre Laufbahn so unsicher wie eh und je. Ein paar Tage vor den Dreharbeiten hatte sie in ihr Tagebuch geschrieben: »Ich hab' das Gefühl, beinahe Anerkennung als Bergsteigerin erlangt zu haben – ich will sie nicht verlieren, bevor ich sie nicht wirklich unter Beweis gestellt habe.«

Ende September brach Alison in Begleitung Susans, ihres Schwagers Steve und Steve Aisthorpes, eines weiteren Bergsteigers, nach Nepal auf. In Katmandu trafen sie sich mit Bill O'Connor, der früher eingetroffen war, um die notwendigen behördlichen Formalitäten zu erledigen. Er war von der Kultur der Völker des Himalaja fasziniert und nahm Alison und die anderen nach Boudha mit, einem Zentrum des tibetischen Buddhismus. Im Jahr zuvor war Alison zu aufgeregt gewesen, um viel in sich aufnehmen zu können. Nun begann sie, eine von der ihren so verschiedene Kultur wertzuschätzen. Sie empfand große Sympathie für die Sherpas, den kleinen Volksstamm tibetanischen Ursprungs, der im Schatten des Mount Everest und der umliegenden Anhöhen lebt, bewunderte ihr gemesseneres Dasein, ihren ruhigen Umgang mit den Kindern.

Das Trekking zum Basislager wurde durch die Anwesenheit der Schwester um vieles freundlicher. Alison war glücklich, das Erlebnis der Berge mit jemand so Nahestehendem zu teilen. »Wir brauchen beide die Freundschaft der anderen, und es ist wunderbar, sie zu finden und zu entwickeln«, schrieb sie in ihr Tagebuch. Als Sue und ihr Mann sie im Basislager zurückließen, um die Trekkingtour um den Khumbu herum fortzusetzen, weinten die Schwestern. Alison und ihre Gruppe bereiteten sich auf den Aufstieg zum Ama Dablam vor.

Zu Beginn der Jahreszeit war das Wetter schauerlich gewesen, mit plötzlichen Stürmen und heftigem Schneefall. Eine andere britische Gruppe war Ende September von Krankheit und schlechten Wetterverhältnissen zur Umkehr gezwungen worden, und die meisten Teilnehmer der Expedition waren inzwischen nach Hause aufgebrochen, bis auf zwei, die einen letzten Versuch wagen wollten. Als sie vom Berg abstiegen, kamen ihnen Alison und Steve Aisthorpe entgegen. Andy Perkins und Henry Todd war es nicht besser als bei ihren vorherigen Anläufen ergangen; sie hatten sich, von wochenlanger Anstrengung erschöpft, durch tiefen, lockeren Schnee gekämpft. Ihre Expedition war eine bettelarme Angelegenheit verglichen mit der, die gerade eingetroffen war. Die beiden Bergsteiger waren verdreckt und hatten wochenlang nur von Reis und Linsen gelebt. Als sie den Neuankömmlingen im Kantinenzelt die bevorstehenden Schwierigkeiten schilderten, wurden sie zu ihrer Verblüffung mit Fischfrikadellen in Herzchenform bewirtet, entsinnt sich Perkins.

Aber auch Alisons Expedition hatte kein größeres Glück mit dem Wetter. Sie wollten den Südwestgrat des Ama Dablam besteigen, was Mitte der achtziger Jahre noch eine ungeheure Herausforderung darstellte. In den letzten Jahren wurden Seile von tief unten am Berg bis zur Spitze fixiert und machen es seither auch unerfahrenen Kletterern leicht, den Gipfel zu erklimmen. 1987 noch hätten sie sich steilen, anstrengenden Etappen auf Fels und Eis gegenübergesehen.

Zwei Tage nach dem Einrichten des Basislagers stiegen Alison und ihre Gruppe die sanften Hänge zum Anfang der eigentlichen Gipfelroute in 5 000 Meter Höhe hoch. Dort schlugen sie ihre Zelte auf und verbrachten eine ungemütliche Nacht, in der ihre Körper Mühe hatten, sich an die Höhe zu gewöhnen. Am Morgen begann es zu schneien. Sie hatten keine Wahl als den Abstieg. Drei weitere Tage blieb das Wetter allenfalls mäßig mit tiefhängenden Wolken und Schneegestöbern. Am Abend des 19. Oktober brach ein gewaltiger Sturm los. Bis zum Morgen war ein knapper Meter Neuschnee gefallen. In einer der bei Trekkingleuten und Alpinisten beliebtesten Jahreszeit, wo das Wetter gewöhnlich ruhig ist, waren Hunderte von Menschen hoch oben in den Bergen vom Schnee überrascht worden, und Nachrichten über Opfer machten in der Khumbu-Region die Runde. Nachdem sich der Sturm gelegt hatte, erkannte Alisons Gruppe, daß ihre Nahrungsmittel und das Kerosin zum Kochen ohne den geplanten Nachschub bald zur Neige gehen würden. Trotz des tiefen Schnees schlugen sie sich abwärts zum Dorf

Pangpoche durch, wo Sue in Sorge auf sie wartete, da sie nicht wußte, wie weit oben am Berg sie gewesen waren, als das Unwetter einsetzte. Sie hatte versucht, einen Gebirgspaß ins benachbarte Tal zu überqueren, und war zur Umkehr gezwungen worden. Alison zwängte sich in das Zelt, daß sich Sue mit Steve teilte, und war froh, wieder mit ihrer Schwester vereint zu sein.

Zum zweiten Mal innerhalb weniger Monate war Alison mit dem Tod konfrontiert worden. Am darauffolgenden Tag schrieb sie:

»Jetzt begreife ich, wieviel Glück wir alle gehabt haben – Bergsteiger und Trekkingwanderer auch. Heute morgen wachten wir auf und sahen den Leichenzug eines Jaktreibers auf seinem Weg zur Einäscherung vorbeikommen – sehr ernüchternd. Ein kleines Mädchen hatte solche Angst, daß es meine Hand umklammert hielt.«

Die Gruppe war nun seit mehr als zwei Wochen in Nepal und war ihrem Ziel keinen Schritt näher gekommen. Bill O'Connor und Alison machten lange Spaziergänge, besprachen ihre Vorhaben und Hoffnungen für die Zukunft. Sie fragte ihn auch, was ihrer Karriere zugute kommen könnte, was er von Fotos halte und wie sie an Sponsoren herankäme. Aber sie unterhielten sich ebenso über Persönliches, über ihre Beziehung zu Jim. O'Connor war ihr zum ersten Mal in den späten siebziger Jahren begegnet, als sie noch das Samstagsmädchen im »Bivouac« war. »Ich hab von ihnen nie als einer Einheit gedacht, nie als ein Paar«, erinnert er sich. »In Anbetracht ihrer Jugend hatten sie keine enge Beziehung, die mir auch nicht sonderlich gefühlvoll erschien. Es war beinahe wie ein Arrangement; sie zog daraus, was sie haben wollte, und Jim tat das offensichtlich auch.«

Alison war in einer seltsamen Stimmung, noch immer vom Tod der Freer und den Folgen des Sturms betroffen. Bevor sie Katmandu verlassen hatte, war sie eines Abends mit Susan lange auf dem Balkon ihres Hotels geblieben und hatte darüber sinniert, ob es nicht für sie an der Zeit sei, Mutter zu werden. Auf ewig pragmatisch und alles auf das Bergsteigen beziehend, dachte Alison, so meinte ihre Schwester später, daß ein Baby aus ihr eine bessere Kletterin machen könnte, so wie es aus Ingrid Christianssen eine bessere Marathonläuferin gemacht hätte.

Eines Morgens, als Bill und Alison im Ausgangslager herumtrödelten und einen Berg anstarrten, der eindeutig nicht zu besteigen war, traf ein Bote aus Katmandu mit einer dringenden Nachricht aus der Heimat ein: Bills Frau Sarah war schwanger. Er war glücklich, aber die Kunde hatte eine für Alison ebenso große Bedeutung. Nun glaubte sie zu wissen, daß ein Baby ihre Schwierigkeiten mit Jim beheben und ihrem Leben den fehlenden Sinn geben würde. Außerdem würde es endgültig unter Beweis stellen, daß sie 1980 die richtige Entscheidung getroffen hatte, als sie von den Eltern fortzog. Sie beschloß, nach ihrer Rückkehr in England zu versuchen, schwanger zu werden. Doch Bill O'Connor denkt, »daß sie Kinder hatte, um ihre Sache irgendwie zum Laufen zu bringen.«

Ende Oktober konnten sie schließlich zu ihrem Lager am Ama Dablam zurückkehren, nur um ihre Zelte und alles darin von Lawinen zerstört zu finden. Ohne jemals wirklich in Gang gekommen zu sein, war die Expedition vorüber. Alison schien das kaum etwas auszumachen, so ungeduldig war sie, das neue Leben zu beginnen, das sie sich ausgemalt hatte:

»Ich würde gerne nach Hause fahren, ich vermisse all die Vorzüge von Liebe, gutem Essen, davon, das beste Obst, Gemüse

145

und Brot einzukaufen, was man kriegen kann. Ich freu' mich darauf, mein Arbeitszimmer einzurichten – letzte Hand an unsere Schlafzimmer zu legen – und zu versuchen, eine Familie zu gründen.«

Ihre Vision eines friedlichen Familienlebens verfolgte sie mit gewohnter Entschlossenheit. Und Ende Dezember war sie gehobener Stimmung. Die beiden Läden erfreuten sich guter Weihnachtsumsätze, und das Haus war frisch renoviert worden. Als sie in ihrem Tagebuch über die Fortschritte nachzudenken begann, die sie 1987 gemacht hatte, mußte sie sich eingestehen, daß in sportlicher Hinsicht alles beim alten geblieben war. Ihr Geschäft und ihre Familie aber würden einer guten und hellen Zukunft entgegensehen können, glaubte sie. Anfang des neuen Jahres wurde Jims Scheidung rechtskräftig, neun Jahre, nachdem Jean ihn verlassen hatte. In der letzten Februarwoche 1988 stellte Alison fest, daß sie schwanger war. Sie fuhr zu ihren Eltern, um ihnen mitzuteilen, daß sie und Jim heiraten und sie bald Großeltern sein würden.

Wie die meisten Bräute machte Alison beträchtliche Umstände, das Passende zum Anziehen zu finden, und entschied sich schließlich für ein teures, schickes rosa Kostüm. Die Feier fand am 23. April im Standesamt von Belper statt. Es gab nur wenige Gäste: die Geschäftspartner von Jim und Alison, Sue und Dick und ihre Partner und natürlich die Eltern. In gegenseitigem Einverständnis war Alisons älteste und beste Freundin Bev nicht eingeladen worden, ebensowenig ihre Begleiter bei ihren letzten Bergtouren. Im Anschluß an die Formalitäten gab es ein Mittagessen in einem örtlichen Hotel, bevor die Gesellschaft zum Tee in das Heim der Hargreaves in Belper fuhr. Bis zehn Uhr abends spielte man Karten, dann fuhren Jim und Alison nach Hause. Wie so vieles im Verhältnis zwischen Jim und Alison war ihre Hochzeit eine sachlich-nüchterne Angelegenheit.

Dennoch standen sich Alison und Jim in der Zeit der Schwangerschaft näher als in den ersten Tagen ihrer Beziehung. Seit sie in den Alpen mit dem Bergsteigen begonnen hatte, schienen sie beide zum erstenmal gemeinsam an einem Strang zu ziehen.

Alison blieb körperlich aktiv. Anfang Mai ging sie mit Jim im Hochmoor von North Yorkshire zum Felsklettern und wanderte eine Woche mit ihren Eltern durch Dartmoor und Exmoor. Aber sie fing an, sich müde zu fühlen. Sie arbeitete emsig am Haus und richtete alles für die Ankunft des Babys her. Sie wurde schwerer und runder, doch selbst jetzt noch wollte sie einen letzten großen Aufstieg, bevor Füttern und schlaflose Nächte kamen. Sie wollte eine wirklich wichtige Route bewältigen, um nicht in Vergessenheit zu geraten, wenn sie durch das Kind aussetzen müßte. Sie suchte also bei Dr. Charles Clarke um Rat nach, einem Neurologen und weltweit anerkannten Fachmann für Hochgebirgsmedizin, der mit Chris Bonington im Himalaja berggestiegen war. Ihre Frage war, ob sie in großer Höhe klettern könnte ohne Schaden für ihr ungeborenes Kind. Clarke sah darin nur ein geringes Risiko, gab Alison aber zu verstehen, daß ein Aufenthalt im Hochgebirge im zweiten Drittel der Schwangerschaft »unziemlich« sei, und veranlaßte sie, ihren vorläufigen Plan einer Reise nach Alaska aufzugeben. Andererseits konnte Clarke keinen Grund erkennen, weshalb sie nicht in den Alpen klettern sollte. Alison stürzte sich auf den Vorschlag. In den Alpen gab es nur eine Route, die ihren Ehrgeiz lange genug befriedigen würde: die Eiger-Nordwand.

Alison war sich wohl bewußt, daß Großbritanniens berühmtester Bergsteiger Chris Bonington sich seinen Namen zum Teil durch die Erstbesteigung der Nordwand durch einen

Briten im Jahr 1962 gemacht hatte. Der Aufstieg hatte es ihm ermöglicht, seinen Lebensunterhalt künftig mit Bergsteigen zu verdienen; er schrieb in der Folge mehrere erfolgreiche Bücher und hielt viele, gutbesuchte Vorträge. Und schließlich gewann er aufgrund dieser Leistung eine ganze Sponsorenschaft und war ständig präsent in den Medien. Die Nordwand blieb nach wie vor eine Herausforderung. Aufstiege durch Frauen waren selten, und es gab keinen durch eine Britin.

Trotz ihrer Gefahren ist die 1938 erstmals bezwungene Eiger-Nordwand nicht die schwierigste Strecke in den Alpen. Andere Routen stellen höhere technische Anforderungen, verlangen größere Geschicklichkeit oder Kraft, haben steilere Eispassagen. Aber dennoch gehört sie zu der kleinen Zahl der Berge, die der nicht bergsteigenden Öffentlichkeit am meisten vertraut sind, und ihr Mythos ist noch größer als ihr auch in Wirklichkeit beträchtliches Format. Sie ist einfach riesig. Die wie ein gewaltiger schwarzer Sessel geformte Eiger-Nordwand ist an die zwei Kilometer hoch. Im Berner Oberland Teil seines nördlichen Walls, türmt sie sich über grünen Wiesen und Seen auf und ist von der weit über hundertfünfzig Kilometer entfernten süddeutschen Tiefebene aus leicht zu erkennen. Der Fels, ein vom Frost zersprengter, bröckliger dunkelgrauer Kalkstein, droht Bergsteigern auf fast ganzer Länge der Wand mit Steinschlag, wenn die durch nächtliche Eisbildung im oberen Bereich der Wand festgefrorenen Gesteinsbrocken sich tagsüber durch die Sonnenwärme lösen. Auf dem schrägen, als Zweites Eisfeld bekannten gewaltigen Terrain setzt das Bombardement schon kurz nach Morgengrauen ein. Bei schlechtem Wetter wirkt die Wand bei heftigen örtlichen Stürmen wie ein Kessel für Gewitter, die häufig losbrechen, selbst wenn die Gipfel ringsherum wolkenlos bleiben.

Vor allem ist die Eigerwand berühmt wegen ihrer bedrohlichen Lage über dem winzigen Weiler Kleine Scheidegg. Schaulustige können dort auf den Hotelterrassen das Vorankommen der Bergsteiger durch Teleskope verfolgen, die den Berg in eine enorme Freiluftbühne verwandeln, auf der das Stück bei jeder Verschlechterung des Wetters rasch dramatische Züge annehmen kann. Lange bevor sie bezwungen wurde, bildete die Eigerwand schon ihren Mythus heraus. Als sich die beiden erfahrenen Münchener Bergsteiger Max Sedlmayer und Karl Mehringer im August 1935 zu ihrem ersten Versuch an der Wand anschickten, wurde ihr Vorankommen genauestens überwacht. Ihr anfangs schnelles Tempo ging in langsames Dahinkriechen über, und Wolken versperrten die Sicht auf sie. In der Nacht ihres dritten Biwaks fegte ein fürchterliches Unwetter über die Wand, doch als es am fünften Tag aufklarte, kletterten sie noch immer. All das wurde von der Kleinen Scheidegg aus beobachtet, jede neue Wendung war Stoff für die Journalisten, die durch Teleskope zusahen.

Am Abend des fünften Tages zogen wieder Wolken auf, und Sedlmayer und Mehringer wurden nicht mehr lebend gesehen. Wochen später flog der gefeierte deutsche Weltkriegspilot Ernst Udet dicht an der Wand vorbei und sah eine winzige Gestalt aufrecht festgefroren auf einem schmalen Vorsprung, wo die Bergsteiger ihre letzte, qualvolle Nacht verbracht haben mußten. Vom anderen Bergsteiger fehlte jede Spur. Die Stelle wurde als Todesbiwak bekannt, und die Nordwand bekam einen neuen Namen: Mordwand.

Für Hitler und die Nazis wurde der Berg zur Metapher und zum härtesten natürlichen Versuchsgelände für deutsche Mannhaftigkeit. Im Jahr der Olympischen Spiele 1936 in Berlin wagten vier Bergsteiger einen weiteren Anlauf: die Bayern Toni Kurz und Andreas Hinterstoisser und die beiden Österreicher Willi Angerer und Edi Rainer. Sie kamen stetig, wenn auch langsam voran; bei einer kritischen horizontalen Querung über glatte Kalksteinflächen zum Fuß eines Eisfeldes führte Hinterstoisser. Doch Angerer wurde von einem herabfallenden Stein getroffen, und als ein Gewitter aufzog, beschlossen sie abzusteigen. Jetzt aber hatte der sich zusammenbrauende Sturm den Fels mit einer dünnen Eisschicht überzogen und schlüpfrig gemacht. Hinterstoisser, der so ausgezeichnet geführt hatte, konnte keinen Rückweg über den Quergang auf leichteres Gelände finden und stürzte zu Tode. Rainer erfror, und Angerer wurde im Fallen vom Seil erdrosselt. Nur Kurz blieb am Leben.

Im Eiger bohrt sich ein Eisenbahntunnel durchs Gestein bis zu einem Bergrestaurant auf dem nahegelegenen Jungfrau-Joch. Auf halber Höhe des Felsens führt ein kleiner Stollenausgang auf die Nordwand hinaus, und die Retter fuhren in einem Sonderzug dorthin empor, machten Toni Kurz rufend Mut und beschworen ihn, die Nacht durchzuhalten. Er hing an einem Felshaken in der eisigen Dunkelheit, an seinen Steigeisen bildeten sich Eiszapfen, und am Morgen hackte er das überzählige Seil von Angerers Leiche los, um eine Leine zu seinen Rettern herunterzulassen. Mit Hilfe des Seils begann er, am nackten Fels abzusteigen. Da seine Hände erfroren waren, brauchte er Stunden, um diese Aufgabe zu bewältigen, und als es aussah, als würde er es schaffen, blieb Kurz an einem Knoten stecken, der zwei Seilenden miteinander verband. Ein paar Minuten noch kämpfte er und murmelte vor sich hin, sein Gesicht vor Erschöpfung und Kälte blaurot angelaufen. »Ich kann nicht mehr!« sagte er dann recht deutlich, kippte, noch immer am Seil hängend, nach vorn und starb. Die Retter unter ihm konnten beinahe seine Füße berühren.

Ein solcher öffentlicher Tod wurde von fast allen Schweizer Zeitungen und von der ganzen Welt der Bergsteiger einschließlich des Londoner Alpinistenvereins scharf verurteilt. Ein Schweizer Journalist und einer der vielen kritischen Kommentatoren schrieb: »Was soll aus einer Generation werden, der die Gesellschaft keine Existenz zu bieten hat und die nur noch nach einer Sache Ausschau halten kann, nach Ruhm für einen Tag? Ein wenig Held zu sein, ein wenig Soldat, Sportler oder Brecher von Rekorden, ein Gladiator, siegreich den einen Tag, geschlagen den nächsten.« Zwei Jahre später, 1938, triumphierte schließlich eine weitere Gruppe von Deutschen und Österreichern dort, wo Kurz und seine Begleiter umgekommen waren, und wurde von Hitler und den gleichgeschalteten deutschen Medien emphatisch gefeiert. In den fünfziger Jahren schrieb Heinrich Harrer, einer der siegreichen Vier, *Die Weiße Spinne*, ein Buch über seinen eigenen Aufstieg und die Katastrophen sowohl davor wie danach; allerdings enthielt es kaum einen Hinweis auf das politische Umfeld oder gar auf seine Mitgliedschaft in der SS. Dieses Buch hatte Alison als Halbwüchsige mehrmals verschlungen.

Anfang Juli, knapp dreieinhalb Monate vor ihrer Niederkunft, brach sie mit Steve Aisthorpe in die Alpen auf.

Sie hatten sich auf einer Route in den Bergen rund um Chamonix »aufzuwärmen« versucht, zogen sich aber vor Erreichen des Gipfels zurück; die Wetterbedingungen im Gebirge waren schlecht. Aisthorpe rief einen Freund in Interlaken nahe dem Eiger an und erfuhr, daß die Vorhersage für die Schweiz besser war. Es blieb keine Zeit mehr für einen Aufstieg zum Eingewöhnen, und sie fuhren nach Grindelwald, dem Ausgangspunkt für den Eiger. Alison hatte wochenlang kein ernsthaftes Training gehabt. Am Vorabend ihres Aufstiegs gestand sie in ihrem Tagebuch, daß sie sich sowohl über die Wetterverhältnisse wie über ihre körperliche Form Sorgen machte. Sie beschloß, nicht zu Hause anzurufen: »Sorry, daß ich noch nicht angeklingelt hab, JB – wollte telefonieren, wenn ich Dir was Interessanteres zu erzählen hab'! Hoffe, unserem Sprößling geht's gut, ich versuche, mich um ihn zu kümmern.«

Am 9. Juli fuhren Steve und Alison mit einem Frühzug von Grindelwald zur Station Eigergletscher, von dort mußten sie noch ein kurzes Stück über steile Almwiesen empor zum Fuß der Wand stapfen. In den Deckel ihres Rucksacks hatte sie ihre Schwangerschaftsunterlagen geschoben, eingewickelt in eine Plastiktüte. Die Wand war von Nebel umhüllt, und sie mußten den Bahnhofsvorsteher nach dem Weg fragen. Etwas verwirrt zeigte er ihnen angesichts der schweren Rucksäcke und Seilrollen dann den richtigen Pfad. Für die meisten Bergsteiger ist der Herbst die beliebteste Jahreszeit, um sich an der Eigerwand zu versuchen, wenn der Fels mit ein wenig Glück trocken ist, die Temperaturen aber tief genug liegen, um die Salve aus Steinen an Ort und Stelle festgefroren zu halten. Während sie sich ihren Weg über das lose, aber leicht zu erklimmende Gestein im unteren Bereich der Wand bahnten, herrschte feuchtschwüles Wetter. Es lag viel Schnee auf den Vorsprüngen, der rasch schmolz und den Fels darunter näßte, und Aisthorpe fragte sich, ob sie tatsächlich eine Chance hätten, den Aufstieg zu schaffen.

Alison kletterte langsam, aber gleichmäßig, und sie verloren ein wenig Zeit dabei, die richtige Route zu finden. Am Schweren Riß, dem Auftakt wirklichen Kletterns an der Wand, schaufelten sie einen Vorsprung von Schneewehen frei, um darauf die Nacht zu verbringen. Alison hatte eine schwere Nacht; sie war viel erschöpfter als gewöhnlich, hatte Anfälle von Übelkeit und mußte sich mehrere Male übergeben. Trotz ihres Unwohlseins waren sie beim ersten Morgenlicht wieder unterwegs über den Hinterstoisser-Quergang, den steilen Eisschlauch hoch und über das Zweite Eisfeld hinweg, einem Terrain aus gefrorenem Schnee von der sechzehnfachen

Größe eines Fußballfeldes, der im Winkel von fünfundfünfzig Grad über der Wand hängt. Den ganzen Tag über war es Alison, als zapfte ihr jemand die Kraft ab, empfand sie eine Lethargie, die sie bei einem großen Aufstieg noch nie an sich erlebt hatte. Sie erklärte deshalb Aisthorpe, sich für eine Führung nicht stark genug zu fühlen. Das Eis war hart und spröde, und ihre Eispickel und Steigeisen drangen kaum durch seine Oberfläche, als sie versuchten, schnell darüber hinwegzukommen. Nervös lauschten sie auf Steinschlag, der das Eisfeld bei warmem Wetter wie mit Gewehrsalven beharkt. Sie wollten das Eisfeld hinter sich bringen, bevor die Sonne den oberen Teil der Wand erreichte und einen Geschoßhagel entfesselte. Aber sie kamen nur schleppend voran; Alison hielt sich trotz ihres Umstandes gut. Als die Schatten zum Abend hin länger wurden, erreichten sie den Todesbiwak, den Felsvorsprung, auf dem Mehringer und Sedlmayer umgekommen waren. In ihrem Tagebuch gab Alison keinen Kommentar zu dieser Vorgeschichte und stellte nur fest, daß genug Platz vorhanden war, um sich hinzulegen und den Bauch vom Druck des Klettergürtels zu entlasten.

Früh am nächsten Morgen hockte sie auf dem Vorsprung mit dem Kocher zwischen den Knien, um Schnee für den Tee zu schmelzen. Der Aufstieg war erbarmungslos, und an einer Stelle kletterte Aisthorpe zurück zum Beleg, weil er sich auf dem feuersteinharten Eis nicht sicher genug fühlte. Dieses eine Mal übernahm Alison die Führung, arbeitete sich beharrlich das Gefälle empor und ermöglichte ihnen so, den Aufstieg fortzusetzten. An der als Rampe geläufigen steilen Felskante fühlte sie sich schwer und plump, vom Bauch aus dem Gleichgewicht gebracht, und Steve führte den längsten Teil des Tages wieder. Nicht ein einziges Mal beklagte sie sich oder schlug den Rückzug vor. An der Spitze der Rampe kletterten sie über einen Abschnitt aus sprödem Fels hinweg und arbeiteten sich

dann entlang der Reihe breiter Vorsprünge, der als Götter-
quergang bekannt ist, zum Mittelpunkt der Wand vor. Dahinter lag ein weiteres Eisfeld, die Weiße Spinne, die im Herzen
der oberen Wand sitzt. Inzwischen war es neblig geworden,
und Sprühnebellawinen, die Steine mit sich führten, ergossen
sich über das Eisfeld. Ein Fortkommen wurde unmöglich,
also schaufelten sie einen Vorsprung und warteten darauf,
daß die nächtliche Kälte die Wand in Schweigen und Sicherheit erstarren ließ. In jener Nacht schneite es, und während sie
auf ihrem Vorsprung kauerten, beobachteten Steve und Alison voll Unruhe einen Gewittersturm, der über die Gebirgs-
ausläufer in der Ferne hinwegzog. Sie waren nahe dem Gipfel,
von der Außenwelt abgeschnitten, und ein Rückzug nicht einmal vorstellbar.

Am nächsten Morgen war es noch immer diesig, doch hinter den Wolken spürten sie die Wärme der Sonne und waren
sich sicher, daß es aufklaren würde. Als sie ihren Weg über die
Weiße Spinne fortsetzten, stießen sie auf frischen und festen
Schnee und kamen gut voran. Und schließlich glaubte Alison,
daß sie und Aisthorpe den Aufstieg schaffen könnten. In den
Ausstiegsrissen am Ende fand sich genügend Eis, um schnell
vorwärtszukommen, aber der Fels war kompakt, mit wenigen
Felshaken und sonst keinerlei Sicherung. Sie mußten sich vorsichtig bewegen und konzentriert bleiben, solange sie nicht in
Sicherheit waren.

Am frühen Nachmittag waren sie auf dem Grat, der zum
Gipfel führte, aber die Messerkante aus Schnee taute auf und
hatte die Konsistenz von Kristallzucker angenommen. Irgendwo am unteren Teil der Wand hatte Aisthorpe seine Uhr
verloren. Beide meinten, daß es schon spät sei, und beschlossen, obwohl sie am liebsten auf der Stelle dem Berg entronnen
wären, doch ein Biwak zu machen, um im Licht des nächsten
Tages abzusteigen. Während sie also im Schnee saßen und der

Himmel sich zu verdunkeln weigerte, erkannten sie schließlich, daß sie es noch über die Westflanke des Berges hätten schaffen können, aber nun stand ihnen eine weitere Nacht im Freien bevor. Ohne Schlafsack war Aisthorpe schon halb erfroren, und Alison wälzte sich ständig beim Versuch, den Druck des Kindes gegen die Bauchdecke zu lindern.

Am folgenden Morgen stiegen sie ab, sondierten jeden Flekken Schnee, setzten vorsichtig den Fuß auf schlüpfrige Felsbrocken, und erreichten gegen Mittag den Fuß des Berges. Alison saß auf der Toilette des Bahnhofs Eigergletscher, zog die Kleidung herunter und massierte ihre Beine, die vom Knie abwärts angeschwollen waren wie Ballons. Sie hatte sich restlos verausgabt.

Nicht einmal in ihrem kurze Zeit später abgefaßten Bericht über den Aufstieg räumte sie Zweifel an der Weisheit ihres Tuns ein; erzählte sie aber in späteren Jahren vom Eiger, wirkte ihr Stolz schon ein wenig gedämpft. Zu deutlich waren ihr jene Nächte im Gedächtnis geblieben, als ihr Kind im Bauch nach ihr trat und sie um Schlaf kämpfte. Tief im Inneren wußte sie, daß der Aufstieg unvernünftig gewesen war. Aisthorpe erinnert sich: »Vermutlich war ich ignorant. Damals hatte ich keine eigenen Kinder. Zu Beginn des Aufstiegs sah Alison gar nicht so schwanger aus, aber am Ende tat sie's.«

Alison hatte alle ihre Bedenken beiseite geschoben, um auf die Eigerwand zu steigen, und wurde so die erste Britin, die die berüchtigste aller Alpenrouten bewältigte. Die Zeitungen und das Fernsehen berichteten landesweit über ihren Erfolg. Aber noch als ihr Triumph gefeiert wurde, überschattete ihn der Umstand, daß sie die Wand schwanger erstiegen hatte. Unter Laien wurde Alisons Aufstieg als physiologisches Kuriosum angesehen und nicht als echte sportliche Leistung, die er tatsächlich darstellte. Privat fragten sich andere Bergsteigerinnen, vor allem solche mit Kindern, ob sie es mit ihrem Ehrgeiz und Wunsch nach Anerkennung nicht zu weit getrieben hätte. Was Alison betraf, wußte sie, daß sie nun für geraume Zeit nichts derart Anspruchsvolles mehr angehen würde. Doch ihr Bedürfnis, sich zu beweisen, fand letztlich keine Ruhe.

Eine Mutter auf dem Matterhorn

Als Alison die ersten Wehen verspürte, trug sie Kletterschuhe und Klettergürtel und ließ am Fuß der Sandsteintürme der Cromford Black Rocks das Seil ablaufen. Obwohl sie wußte, daß die Geburt unmittelbar bevorstand, war sie mit Jim noch einmal losgezogen. Dieses eine Mal war sie zufrieden, daß er führte. Klaglos ertrug sie die ersten Wehen und ließ das Seil locker, bis er die Spitze erreichte. Dann schlug sie vor, heimzukehren und das Krankenhaus anzurufen. Thomas John Ballard wurde am 16. Oktober 1988 um 5.35 Uhr morgens im Babbington Hospital in Belper mit knapp dreieinhalb Kilo Gewicht risikolos entbunden.

Alison hatte bei allen Zweifeln, die aus ihrer oft komplizierten Beziehung zu Jim resultierten, sich im Grunde immer danach gesehnt, einmal eigene Kinder großzuziehen. Ein paar Wochen vor der Geburt verbrachte sie mit Julianne Dickens, deren Ehemann Phil, der kürzlich eine Arbeit bei Ballard aufgenommen hatte, und ihrem drei Köpfe zählenden Nachwuchs eine Woche an der Küste. »Sie ging absolut großartig mit den Kindern um. Sie wußte ganz genau, wie man mit ihnen reden mußte. Sie stürzte sich mit Leib und Seele auf diese Ferien. Da war sie nun in der sechsunddreißigsten Woche schwanger und baute am Strand Sandburgen und Boote.« Als Phil und Julianne einige Monate zuvor umgezogen waren, hatte sich Alison einen ganzen Tag lang um deren Jüngstes gekümmert. Als der Abend hereinbrach, stellte Julianne voller Überraschung fest, daß Alison es fertiggebracht hatte, die neue Küche zu putzen, das gesamte Inventar auszupacken und einzuräumen, die Töpfe, Teller und das Besteck zu spülen und abzutrocknen und die ganze Zeit lang auch noch den Jungen auf dem Rücken herumzutragen.

Trotzdem war das totale Angebundensein und die Abhängigkeit nach der Geburt des Kindes wie eine Art Schock. Lange vor Toms Geburt hatten Alison und Jim beschlossen, daß sie ihre Vollzeitarbeit aufgeben, aber Geschäftspartnerin bleiben sollte. Ihre Aufgaben sollten nach Maßgabe traditioneller Geschlechterrollen aufgeteilt werden. Er erwartete von ihr, allein zurechtzukommen, und beschwerte sich bei Alison über nächtliche Störungen, obwohl er in seinem eigenen Zimmer schlief. Für den 28. Oktober steht in Alisons Tagebuch zu lesen: »Wir waren bis 1.30 Uhr heute morgen auf mit Blähungen, Schluckauf, Stillen, Windelwechseln usw. Jim wurde vom Geschrei geweckt, kam an und schimpfte mit mir – also hab' ich mich auch aufgeregt. Um fünf war TJ schon wieder hungrig.« Am Tag darauf wollte sie in den Garten gehen und Tom bei Jim lassen, doch in ihrem Tagebuch schrieb sie, daß er darauf bestand, daß sie damit wartete, bis das Baby eingeschlafen war. Alison fragte sich: »Warum lass' ich mich von ihm so einschüchtern?« Sie fühlte sich in ihrem Haus auf dem Hügel festgehalten und einsam. Alison und Jim hatten schon immer ein »inselhaftes« Leben geführt, aber nun bedrückte sie die soziale Absonderung besonders. Sie war keiner Gruppe für werdende Mütter beigetreten und kannte keine Frauen mit Kindern im selben Alter wie ihres: Für sie gab es keinen Rückhalt in Form von Ratschlägen bei einer Tasse Kaffee und keine Freunde in der Nähe, um das Einerlei von Füttern, Baden und Windelwechseln aufzulockern. »Ihr Leben mit Jim und Tom umgab sie wie ein Kokon«, sagt Julianne Dickens. »Sie lebte einfach nicht in der gewöhnlichen Welt von Müttern und ihren Babys.«

Eine Entschädigung war natürlich die tiefe Liebe zu ihrem Kind. »Wie kommt es nur, daß ich damit glücklich bin, nur dazusitzen und meinem Kind stundenlang zuzusehen?« fragte sie sich am 12. Dezember. »Es ist so wunderschön, ihn zu beobachten, wie er die Dinge um sich herum entdeckt.« Einen anderen Ausgleich fand sie in der erneuten Nähe, die sie zu ihren Eltern verspürte. Suchte sie den Umgang mit Erwachsenen, wandte sie sich zumeist an sie. Seit der Pensionierung ihres Vaters 1989 fand sie in den Spaziergängen und Reisen, die sie mit ihren Eltern unternahm, einen Ausgleich zu ihrem sonstigen Leben und den Schwierigkeiten. 1990 zum Beispiel steckte sie Tom einfach in den Rucksack und schloß sich den beiden zu einem winterlichen Aufstieg auf den Glyder Fach in Snowdonia an. John und Joyce Hargreaves waren von ihrem ersten Enkelkind entzückt, und bald kümmerten sie sich regelmäßig um Tom.

Jim war mitunter schlechter Laune, und das hatte Gründe. Jahrelang hatte sich das Geschäft erweitert. Es gab die »Faces«-Fabrikation, und zu den beiden »Bivouac«-Läden trat in Sheffield der kleine Outdoorladen »Don Morrison's«, den Jim und seine Partner Alison, Ian Parsons und Ian Brown dazugekauft hatten. Dafür hatten sie sich mit Hypotheken bis über beide Ohren verschuldet. Ungewöhnlich an der Firma war, daß sie keine Gesellschaft mit beschränkter Haftung war. Sollte sie also Verluste machen, müßten die Partner für diese persönlich haften. Jahrelang war Jim erfolgsverwöhnt gewesen und hatte sich mit seinem Geschäftssinn in ähnlicher Weise gebrüstet, wie er auch mit Alisons Klettern geprahlt hatte. Jetzt aber drohte die Seifenblase zu platzen.

Ein Teil der Probleme lag im generellen Abwärtstrend der britischen Wirtschaft. Die späten achtziger Jahre waren eine Zeit der Inflation und hoher Zinsen, auf die zu Beginn des neuen Jahrzehnts eine tiefe Rezession folgte. Unter diesen Umständen sahen sich Tausende kleiner Unternehmen an den Rand des Zusammenbruchs gedrängt. Mit steigender Arbeitslosigkeit geriet die Nachfrage nach Bergsteigerausrüstung und anderen Luxusgütern für den Outdoorsport ins Stocken. Anfang 1989 deckten die Einnahmen aus »Don Morrison's« nicht mehr die Kosten ab, der Laden begann, Geldmittel von den übrigen Teilen aus Jims Firmen abzuziehen. Alison und Jim hatten für einen schneereichen Winter gebetet, denn sie brauchten den Verkauf von teurer und gewinnträchtiger Skiausrüstung. Statt dessen fiel das Wetter in den Alpen trocken und mild aus, und sie blieben auf einem Warenberg sitzen.

Zudem war Jims Geschäftsstil jahrelang von einer Art gewesen, die seine Zulieferer teilweise brüskierte, so daß diese sich nun in den schweren Zeiten auf verspätete Bezahlung nicht einließen. Im September 1984 war Andrew Spencer, allen und jedem als »Spanner« bekannt, zur Belegschaft gestoßen und arbeitete fortan vorwiegend in den Läden. Rasch fand er heraus, daß Jim keine korrekte Buchführung hatte: »In den ersten vier Monaten hieß es: bar auf die Hand, keine Steuern, keine Sozialversicherung, und stell keine Fragen«, sagt er. »Ich war gerade von der Schule runter und wußte es nicht besser. Alison mühte sich ab, Ordnung zu halten. Aber im Rückblick betrachtet, rutschte das Ganze ins Chaos ab.« Größerer Schaden entstand durch Jims Ruf als säumiger Zahler, den er bei Herstellern von Fertigprodukten für die Läden und Rohmaterialien für die Werkstatt allmählich bekam. Ohne Vorauszahlung wollte man ihn nicht mehr beliefern. »Das Angebot in den Läden schrumpfte allmählich«, sagt Spencer. Das wiederum machte es noch schwerer, die Rezession zu überleben. Ende der siebziger Jahre hatte das »Bivouac« ein örtliches Monopol innege-

1. *Alison (links) und Sue am Strand von Marske bei Saltburn, North Yorkshire, im Juli 1964.*
Foto: John Hargreaves

2. *Alison auf dem Gipfel von Bunster Hill oberhalb von Dovedale in Derbyshire, Dezember 1965.*
Foto: John Hargreaves

3. *Joyce Hargreaves mit (von links nach rechts) Sue, Alison und Dick, Eisenbahnbrücke über der Mündung des Mawddach, Barmouth, Mid-Wales, August 1970.* Foto: John Hargreaves

4. *Alison, die auf Bird Rock über das Afon-Cadair-Tal nach Mynydd Pennant blickt, Mid-Wales, Juli 1970.* Foto: John Hargreaves

5. Alison ersteigt mit zwanzig Jahren 1982 die Debauchery-Route auf dem High Tor oberhalb von Matlock, Derbyshire. Foto: Ian Parsons

6. Alison auf dem Eisfeld der Matterhorn-Nord-wand in den Schweizer Alpen. Foto: Ian Parsons

7. *Besteigung der Süd-wand der Aiguille du Midi oberhalb von Chamonix in den französischen Alpen.*
Foto: Ian Parsons

8. *John und Alison Hargreaves brechen 1983 zum Aufstieg auf die walisischen Ein-tausender auf.*
Foto: John Hargreaves

9. *Alison und Jim Ballard an ihrem Hochzeitstag 1988.*
Foto: John Hargreaves

10. *Alison, Tom und Kate am Strand von Keppoch, Arisaig, West-Highlands.*
Foto: John Hargreaves

11. *Alison, Tom und Kate 1994 im Ausgangslager an der nepalesischen Südseite des Mont Everest.* Foto: Dave Collier

12. *Alison beim Interview mit Alison Osius nach der Rückkehr von ihrem ersten Aufstiegsversuch auf den Mount Everest.* Foto: Gill Round

13. *Die Nordwand des Mount Everest vom Ausgangslager im tibetanischen Rongbuk-Tal aus gesehen.* Foto: Ed Douglas

14. *Alison kurz nach ihrem selbständigen Aufstieg auf den Nordgrat des Mount Everest, zusammen mit George Mallory II., der den Berg 1995 ebenfalls bestieg.* Foto: Mallory Collection

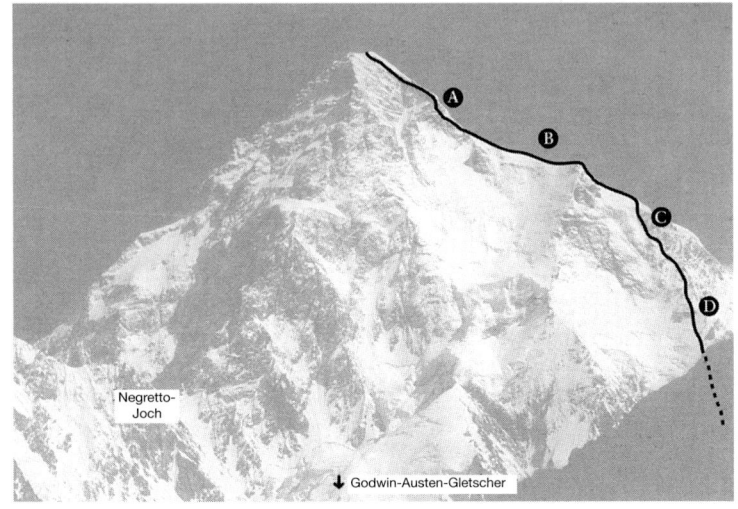

15. *Die Südseite des K2 im Karakorum, Pakistan; markiert sind der Flaschenhals (A), die Schulter (B), die Schwarze Pyramide (C), Houses Kamin (D) und als fette Linie der Abruzzi-Grat.* Foto: Roger Payne

16. *Alison klettert am unteren Abschnitt des Abruzzi-Grats an Fixseilen.* Foto: Alan Hinkes

habt. Zehn Jahre später gab es mehrere und recht aggressive Rivalen.

Lange vor Toms Geburt schon hatte Alison weitgehend das Interesse verloren, bei der Führung der Geschäfte mitzuwirken, und sie hatte wenig Ahnung, wie ernst die Lage tatsächlich bereits war. An einem Apriltag 1989 nahm Alison Tom mit in die »Faces«-Werkstatt, um Jim abzuholen. Zu ihrem Entsetzen tauchten Vertreter des Finanzamts mit Gerichtsvollziehern auf, verlangten eine sofortige Zahlung und drohten mit Beschlagnahme der Ware, sollte keine erfolgen. Angesichts ihres Schreckens erklärte Jim, einer neuen staatlichen Politik zufolge würden Zahlungen nunmehr pünktlich eingefordert, und stellte einen Scheck aus. Aber sie erkannte zum erstenmal, daß es mit dem Wohlstand, den sie beinahe zehn Jahre lang als selbstverständlich angenommen hatte, eines Tages vorbei sein könnte.

Jim seinerseits hoffte auf ein Sortiment neuartiger Vorrichtungen für Sicherung beim Klettern, die er zusammen mit Phil Dickens, einem Maschinenbaudozenten an der Universität von Nottingham, entwickelt hatte. Mit ihm zusammen hatten die Partner von »Faces« einschließlich Alisons im Sommer 1988 die GmbH »New Dawn Engineering« gegründet und eine Fabrik in Rotherham am Rand von Sheffield gemietet. Im Rahmen eines Plans zur Wiederbelebung dieser durch die Schließung von Zechen und Stahlwerken schwer getroffenen Region bekamen sie günstige Kredite von »British Coal« und »British Steel«. Phil Dickens gab seine Stelle an der Universität auf und widmete sich der neuen Firma. Doch als die »New-Dawn«-Fabrik eben mit der Herstellung begonnen hatte, veröffentlichte die tonangebende Zeitschrift *Mountain* einen niederschmetternden Testbericht, in dem behauptet wurde, daß die »Cads«, wie der Name des Produkts lautete, sich nur schwer in Spalten festmachen ließen und zum Herausrutschen neigten. Bis zum heutigen Tag hält Phil Dickens den Artikel für unfair und »Cads« für ein ausgezeichnetes Erzeugnis, das große Gewinne hätte einfahren können. Aber der angerichtete Schaden war nicht wiedergutzumachen.

Die finanziell angespannte Lage beeinträchtigte auch die häusliche Atmosphäre. Jim, der nun härter arbeiten mußte, um die Firma auszulösen, neigte weniger denn je dazu, Alison im Haushalt zu helfen. Beide waren erschöpft, und sie beschwerte sich in ihrem Tagebuch, daß sie ständig »wie Hund und Katze« miteinander stritten. Er wurde zum ersten Mal seit Toms Geburt wieder handgreiflich gegen sie. Als der Druck auf das Geschäft im Lauf des Jahres 1989 immer stärker wurde, kam es in Alisons Ehe so häufig wie zu keiner Zeit sonst zu Handgreiflichkeiten. Nach solch einem erneuten Vorfall im August war er von Reue erfüllt, und viele Monate lang blieben die körperlichen Attacken aus.

Alisons Lage war unerträglich geworden. Ginge es nicht um Tom, erklärte sie, wären sie kaum ein Jahr nach ihrer Hochzeit schon vors Scheidungsgericht gezogen. Aber die vertrauten Muster ließen sich nicht so einfach durchbrechen, und wie schon so oft litt sie unter einem lähmenden Zwiespalt. So schwierig das Leben mit Jim auch sein mochte, dachte Alison bereits sehnlichst an ein zweites Kind mit ihm.

Wieder fand sie im Klettern das schon in der Vergangenheit erprobte Ventil und eine Zuflucht. Am Tag, nachdem Tom zum ersten Mal in seinem eigenen Zimmer in einer richtigen Wiege geschlafen hatte, fuhr sie zu den Harborough Rocks hoch. Noch herrschte Winter, und die Felsen lagen verlassen da. Aber es war windstill und mild. Das Kind war bei ihrer Mutter, doch da es noch immer die Brust bekam, hatte sie wenig Zeit. Aufgeregt zog sie ihre Kletterschuhe an und band sich den Beutel mit Magnesiumkalk um die Taille, bevor ihre Hände nach dem Fels griffen. Zunächst kam sie sich unbeholfen und steif vor, als sie sich mit ein paar leichten Kletterübungen aufwärmte und dabei das pockennarbige Gefüge des Kalksteins genoß. Bald aber stellten sich die vertrauten Bewegungen wie von selbst wieder ein, und sie schlängelte sich mit neuerlichem Selbstvertrauen den Fels hinauf. Ein Alleinaufstieg ist die befreiendste von allen Erfahrungen beim Klettern. Es gibt kein hinderliches Zubehör; keine Seile, Karabiner oder Klettergürtel, keinen Partner mit Plänen und Ambitionen, die von den eigenen abweichen können. Natürlich ist er auch die gefährlichere Art des Kletterns. Selbst in Harborough, höchstens knappe acht Meter über dem Erdboden, kann ein Ausrutschen ein gebrochenes Bein oder Schlimmeres bedeuten. Doch als Alison an jenem Tag allein kletterte, machte sie das überschwenglich und zuversichtlich und nahm sie ganz in Anspruch. Nach einer Stunde war sie verschwitzt und bereit, es mit den Unwägbarkeiten des Lebens wieder aufzunehmen.

Als das Frühjahr zu Ende ging, war Tom entwöhnt und krabbelte bereits, und sie konnte ihn über mehrere Stunden oder einen ganzen Tag bei ihren Eltern lassen. Eine längere Reise zum Bergsteigen stand natürlich nicht zur Debatte, aber Alison unternahm entschlossen alle Anstrengungen, um ein Niveau angeseilten Felskletterns wiederzuerlangen, das sie mehrere Jahre lang nicht erreicht hatte. Häufig war Julianne Dickens ihre Partnerin: »Wir fingen mit leichteren Routen an, aber Alison übernahm recht bald die Führung auf ›äußerst harten‹ Strecken. Sie hatte ein wildes, furchtloses Selbstvertrauen und Hände wie Stahlklauen, obwohl sie klein war. Ziemlich schnell erkannte ich, daß ich nicht mithalten konnte.« Den Sommer über kletterten die beiden Frauen regelmäßig zusammen. Julianne machte kein Geheimnis aus dem Umstand, daß ihre Ehe unter dem Druck des langen Arbeitstages für geringen Lohn, den Phil bei »New Dawn Engineering«

ertrug, zu leiden hatte. Aber sie hatte nicht die leiseste Ahnung, daß auch Alison unglücklich war. Julianne bekam nur die öffentliche Alison zu sehen, die sachliche Geschäftsfrau, Mutter und Bergsteigerin.

Alison liebte Tom abgöttisch, und die Seiten ihres Tagebuchs sind angefüllt mit ihrem Entzücken über die Fortschritte des »geliebten kleinen Kerlchens«. Alles erfüllte sie mit Stolz, als er zum erstenmal saß, krabbelte, die ersten Schritte machte und die ersten Worte sagte. Doch nach einem Jahr wollte sie wieder sich selbst sehen. Andere Frauen wollen wieder als Lehrerin, Ärztin oder Anwältin arbeiten und sich mit ihrer Karriere beschäftigen. Alison sah ihre Karriere im Bergsteigen und sehnte sich danach, sich auf die einzig ihr bekannte Art zu verwirklichen. »Sie meinte immer, sie müßte glücklich sein, um eine gute Mutter abzugeben«, sagt Susan. »Und glücklich konnte sie nur sein, wenn sie kletterte. Und sie hatte noch immer einen brennenden Ehrgeiz.«

Hinzu kam, daß der Tod Catherine Freers zwar Alisons Zuversicht erschüttert hatte und sie zwang, sich einzugestehen, daß auch sie am Ende durch das Bergsteigen umkommen könnte, doch auf einer tieferen Ebene des Gefühls glaubte sie nicht daran. Die Philosophie, wonach sich Bergunfälle vermeiden ließen, die sie sich auf ihrer ersten Alpenbesteigung 1983 mit Ian Parsons zurechtgelegt hatte, war bei ihr inzwischen tief verwurzelt. Alison glaubte, daß in der Regel nur zu Schaden kam, wer keine genügenden Fertigkeiten besaß oder nicht die Urteilskraft, um die Verhältnisse und das Wetter richtig einzuschätzen. Mit diesem Glauben hatte sie kein Problem, als Mutter das Bergsteigen fortzusetzen, und verfügte über eine Strategie, den Gedanken beiseite zu schieben, sie könnte eines Tages nicht zurückkehren. Viele bergsteigende Väter teilen diesen Glauben. Er entbehrt insofern nicht einer gewissen Grundlage, als Alpinisten, die wissen, wann von

164

oben mit Gestein und Eis zu rechnen ist, weniger rasch davon getroffen werden. Nicht daß sich Alison für unfehlbar hielt. Aber sie hielt sich für umsichtig und fand es daher wenig wahrscheinlich, in wirklich ernstliche Schwierigkeiten zu geraten. Sie vergaß dabei, daß sie zuweilen allzu unvorsichtig und vorwärtsdrängend geworden war.

Den ganzen September über flehte sie Jim an, sie in die Alpen fahren zu lassen. Steve Aisthorpe, ihr Partner an der Eigerwand, war für den Oktober frei. Jim war schließlich einverstanden, wollte sich um Tom kümmern, solange sie fort war. Am 6. Oktober fuhren Alison und Steve mit dem Auto Richtung Chamonix.

Zunächst herrschte Schlechtwetter. Das Mont-Blanc-Massiv wurde von Stürmen heimgesucht, die Gipfel lagen unter tiefem Neuschnee. Nach beinahe einer Woche hatten sie nur die Chèré Couloir bewältigt, eine kurze Route ohne große Bedeutung auf dem Mont Blanc de Tacul, die sie zuvor schon gemacht hatten. Schließlich ließ auch der letzte Sturm nach. An einem frostigen Abend unter blauem Himmel trafen sie bei der verlassenen Berghütte auf dem Argentière-Gletscher ein, die sich allein unter die umliegenden Nordwände duckte. Nicht ein Laut, kein Windhauch durchbrach die Stille. Alison und Steve hatten es auf die Nordwand des Les Droites abgesehen, auf gut einen Kilometer unerbittlichen Eises.

Der Berg bot alles andere als gute Bedingungen. Das Eis in den ersten Rinnen und auf dem Eisfeld war hart wie Feuerstein, und die Spitzen der Eispickel und Steigeisen ritzten kaum seine Oberfläche. Und Les Droites hat keine Schlupfwinkel, keine gemütlichen Kamine bieten Zuflucht, keine Felsvorsprünge Erholung: nur die riesige Weite des Eisfelds, eine gewaltige schräge Eisbahn, die sich an der Stirnwand unter dem Gipfel zur Senkrechten aufrichtet. Als Steve an der Wand emporblickte, wollte er umkehren. Alison, die ihre eigenen Zweifel hinunterschluckte, trieb ihn mit dem Versprechen vorwärts, sie würden die Nacht bequem auf einem Biwak-Sims zubringen. Bei Einbruch der Dunkelheit hatten sie lediglich einen etwas ausstreichenden Fels gefunden, der aus dem Eis hervorlugte, und nach einer Stunde Hacken mit den Eispickeln gerade genug Platz freigelegt, um darauf hocken zu können. Sie hatten kaum die Hälfte der Strecke erklommen, und die wirklichen Schwierigkeiten standen ihnen noch bevor. Alison verbrachte den Abend damit, Eissplitter zu schmelzen und damit Tee zuzubereiten. Es war keine bequeme Nacht, und im Morgengrauen rafften sie sich wieder auf. Unterkühlt und verspannt, brauchten sie zwei Stunden, um in Bewegung zu kommen. In ihrem Tagebuch ist von einem Angstgefühl die Rede. Nun empfand sie mehr Furcht als Genuß über ihre Festlegung auf eine exponierte Route. Vielleicht, so schreibt sie, sollte sie alles in allem doch ihren Ehrgeiz mäßigen, jetzt, da sie ein Kind hatte.

Über ihnen lag ein Irrgarten aus senkrechtem Gestein mit Eisrampen und Rinnen als Fugen, die mehrere Möglichkeiten boten. Sie wählten den kürzesten Weg zum Gipfel, aber auch den steilsten, einen Korridor aus Eis, der pfeilgerade von der Felskluft zwischen den beiden Spitzen des Bergs her abfällt. Sie kamen quälend langsam voran. Den ganzen Tag über verdeckte der Berg die Herbstsonne, und während sie abwechselnd aufeinander warteten, zitterten sie in ihren Anoraks. Alisons Arme schmerzten von der Anstrengung, die Eispickel umklammert zu halten, wie auch ihre Waden unter der Last stundenlanger Balance auf den Frontalzacken der Steigeisen schmerzten. Die Dunkelheit holte sie ein, als ihnen auf steilem Grund und ohne einen möglichen Lagerplatz in Sicht noch immer zweihundert Meter bis zum Gipfel fehlten. Sie trieben Eisschrauben in den Berg und baumelten in ihren Klettergürteln hilflos über dem Nichts. Sie hatten keine Chance, in ihre

Schlafsäcke zu kriechen, und die Kälte legte sich wie Blei auf sie. Der Kocher ließ sich nicht im Gleichgewicht halten, und sie konnten nichts tun, als am Berg kauernd zu zittern. Fast schon besessen, schaute Alison die ganze Nacht über immer wieder ungläubig auf ihre Armbanduhr und war jedesmal enttäuscht, wie wenig Zeit erst verstrichen war.

Weiteres steiles Klettern stand ihnen bevor. Das letzte Gefälle, ein senkrechter Eisstrang, kostete anderthalb Stunden und wurde von Steve als Seilerstem überwunden. Dahinter lagen die flacheren Hänge des letzten Korridors, wo die Sonne in der Kluft zwischen den Bergspitzen lockte und zu einer letzten Anstrengung verleitete. Kurz vor Mittag hatten sie es geschafft. Aber es gab kein rasches Absteigen, keinen Spaziergang zu einer wartenden Seilbahn. An der Südseite des Bergs folgten sie einer Rinne und seilten sich an Felshaken ab, die in ihren Flanken steckten. Am Fuß zogen sich Wolken zusammen und verhüllten die Strecke. Der Gletscher war ein völliges Durcheinander, schrieb Alison in ihrem Tagebuch, ein brüchiges Gewirr aus Eiszinnen und Gletscherspalten. Schließlich erreichten sie einen leichten Pfad, wo Alison es sich gestattete, »ein bißchen zu weinen – Schluchzer zurückzuhalten, die dringend herauswollten«.

Sie hätten bereits auf dem Rückweg nach England sein sollen, und Alison war nicht um ihrer beider Sicherheit in Angst, sondern vor der vermutlichen Reaktion derer, die zu Hause warteten. Doch ihre Hoffnung, in derselben Nacht das Tal zu erreichen, wurde zunichte gemacht. Als sie an der Couvercle-Hütte vorbeikamen, einem primitiven Schuppen im Lee eines überhängenden Geröllblocks, brach das Unwetter, das sich den ganzen Tag über zusammengebraut hatte, mit Sturmböen und Blitzen los. Sie mußten in der Hütte Zuflucht suchen, hatten aber nichts zu essen. Als sie am anderen Morgen erwachten, herrschte noch immer Nebel, aber so erschöpft, wie sie auch waren, blieb ihnen keine Wahl, als umgehend aufzubrechen. Am Tag darauf war Toms erster Geburtstag. Nach vier Stunden strammem Fußmarsch zum Bahnhof Montenvers, einer Zugfahrt nach Chamonix, einer schnellen Dusche und der langen Heimfahrt war sie in den frühen Morgenstunden zu Hause, gerade bevor ihr Sohn aufwachte.

Sie war den unvermittelten Wechsel zwischen den beiden Seiten ihres Lebens gewöhnt und vollzog ihn augenblicklich. Am 16. Oktober, Toms Geburtstag, besuchte sie ihre Familie in Belper; ein paar Tage später gab sie für ihn eine Party und buk eine riesige Zuckergußtorte in Pilzform. Der Aufstieg auf Les Droites – eine weitere Erstbesteigung durch eine Britin – hatte ihren Ehrgeiz vorläufig gestillt.

Alison und ihre Familie begrüßten das neue Jahrzehnt im schweizerischen Grindelwald, wo sie von Schneearmut beeinträchtigte Skiferien verbrachten. Als sie mit Jim und ihren Eltern auf ein erfolgreiches Jahr 1990 anstieß, sollte das behagliche Leben, das sie seit zehn Jahren genossen hatte, bald unter andauernde Spannung geraten. Die Läden machten immer höhere Verluste, was alle Gewinne aus der »Faces«-Herstellung auffraß. Unterdessen wurde es zusehends schwieriger, die Kredite abzuzahlen, die Jim und seine Partner zum Ankauf von »Don Morrison's« und der »New-Dawn«-Fabrik aufgenommen hatten. »Wir warteten auf das Licht am Ende des Tunnels, doch es schien nie zu kommen«, sagt Ian Parsons. »Es kam schließlich so weit, daß wir nur noch für die Bank arbeiteten.« Rückblickend hätte Jim vielleicht seine Verlustgeschäfte verkaufen oder schließen sollen, um so den zunehmend heftigeren wirtschaftlichen Turbulenzen zu widerstehen. Statt dessen fing er an, fragwürdige Taktiken zu entwickeln, die nicht nur seinen Ruf schädigten, sondern seine Geschäftsfähigkeit insgesamt.

Die Hauptlast lag zunächst auf Phil Dickens Schultern, der noch immer versuchte, »New Dawn Engineering« zum Erfolg zu führen. »Jim hatte sich angewöhnt, Leuten Geld zu schulden«, sagt er. »Ihm war das nicht peinlich. Tatsächlich eher im Gegenteil. So wie er die Geschäfte abwickelte, zahlte er keine Rechnungen, solange er das vermeiden konnte.« Auf die Hersteller von Rucksäcken, Seilen und Anoraks bezogen, war das schon unangenehm genug, doch diese Erzeuger kannten den Markt und wußten, daß Jim Ballard unter Druck stand. Er war nicht der einzige Einzelhändler, dem man auf den Fersen bleiben mußte. Die Zulieferer für »New Dawn« gehörten einer deutlich anderen Klasse an. Die Materialgrundlage der Ausrüstung, die die Firma herstellte, waren besonders belastbare Aluminiumformstücke, die nur von wenigen spezialisierten Betrieben verkauft wurden und die an die riesigen Bestellungen aus der Flugzeugindustrie gewöhnt waren. Dickens hatte schon darum betteln müssen, daß sie die winzigen Aufträge von »New Dawn« überhaupt annahmen. Diese Firmen erwarteten selbstverständlich pünktliche Bezahlung ohne Ausnahme. Als Jim anfing, Zahlungen hinauszuschieben, weigerten sie sich schlicht, überhaupt noch etwas zu liefern.

Dickens sieht das so: »Verliert man seinen Zulieferer, kann man nichts mehr machen. Ich konnte verstehen, weshalb Jim so vorging, wie er es tat; es war wie ein zusätzlicher Dispokredit. Zweimal verloren wir unsere Zulieferer. Jedesmal mußte ich das ganze Land abgrasen und versuchen, einen neuen zu finden. Leicht war's nicht. So was spricht sich rum.« Schließlich teilte Phil Dickens im Juni 1990 Jim mit, daß er »New Dawn« verlasse, um ins akademische Leben zurückzukehren. Mit dem Geld, das er verdiente, konnte er kaum seine Kinder ernähren, aber Jim nahm ihm die Kündigung übel. Phil Dickens sagt: »Wir waren ziemlich gute Freunde gewesen. Wir gingen jeder im Haus des anderen ein und aus. Unsere Kinder wuchsen fast gemeinsam auf. Aber er fuhr mich dann richtig an.« Alison stellte sich hinter ihren Ehemann. Phil mochte wohl gern mehr Geld und mehr Zeit für seine Familie haben, notierte sie säuerlich, aber das würden alle anderen auch gern.

Ungeachtet der finanziellen Unsicherheit wollte Alison ein zweites Kind. Jim zögerte, aber sie blieb hartnäckig: Tom brauchte einen Spielgefährten, bevor er zu alt sein würde; es gäbe nur wenige zusätzliche Kosten, weil das zweite Kind die meisten Sachen von Tom tragen könnte; es würde sogar ihr Einkommen um das wöchentliche staatliche Kindergeld von sieben Pfund fünfundzwanzig aufstocken. Sie ging sogar so weit, ihm schriftlich ihre Argumente darzulegen: »Lieber Jim, ich hätte liebend gern ein zweites Baby«, begann sie. »Es gibt viele Gründe dafür, von denen ich einige aufgeschrieben habe, da Du nicht bereit bist, mir zuzuhören ... Ich weiß, daß größerer Druck denn je auf Dir lastet. Aber sieh bitte nicht über mich hinweg und schieb es nicht beiseite, nicht auf später – denn das wird nicht gehen.« Mitte Juni war sie schwanger.

Ende des Monats nahm Alison Tom mit auf einen Urlaub nach Braemar, den sie zusammen mit ihren Eltern und Sue machte, die sich kürzlich von ihrem Mann getrennt hatte. Nachdem sie jahrelang ihre Sorgen und Zweifel verheimlicht hatte, fing sie nun zum erstenmal an, sie ihrer engsten Familie anzuvertrauen. Susan erzählt: »Diese eine Unterhaltung will mir nicht aus dem Kopf, als Ali zu mir sagte, daß sie nicht wüßte, ob sie noch ein Dach über dem Kopf haben würde, wenn sie heimkehrt. Seit sie bei Jim eingezogen war, hatte sie stets diese undurchdringliche Schutzschicht an sich. Nun bekam sie langsam Risse. Ich fing an zu begreifen, wie wackelig das Ganze war.«

Das neue Jahr 1991 brachte kaum Anzeichen für eine Besserung. Alison war in den letzten Wochen ihrer Schwangerschaft und plante, ihr Kind zu Hause zu bekommen. Gleichzeitig war sie unsicher, wie lange es noch ihr Zuhause sein würde. Mit den Hypothekenzahlungen lagen sie drei Monate im Rückstand. Jims Launen waren unvorhersehbar; ein guter Tag in den Läden konnte ihn unverhofft fröhlich stimmen, und er war umgänglich und charmant. Häufiger aber war er grantig und verschlossen.

Katherine Marjorie Ballard, Alisons zweites Kind, wurde am 28. März zu Hause geboren, mehr als zehn Tage über der Zeit. Schon ganz früh sah sie ihrer Mutter ungewöhnlich ähnlich. Alisons Freude über das gesunde Baby wurde schon bald von Jims anhaltender Schwermut und seinen Ängsten gedämpft. Die Gesellschaft versuchte, ihre Verluste durch den Verkauf von »Don Morrison's« an die dortige Belegschaft zu kompensieren, aber der Handel ging nicht gut aus. Nach ein paar Wochen war er geplatzt. Unter der drohenden bevorstehenden Pleite fingen Ballard und Jim Brown an, gegeneinander ausfällig zu werden. Brown begann, seinen Ausstieg vorzubereiten.

Tag für Tag beklagte sich Alison in ihrem Tagebuch über Erschöpfung und Einsamkeit. Als sie eines Tages einen Spaziergang mit ihren Kindern machte, sie trug Kate in einer Trageschlinge und schob Tom in seinem Buggy, traf sie zufällig Dawn Hopkinson, ihre alte Freundin und Kletterpartnerin aus dem Derwent Mountaineering Club. Dawn sah Alison die Sorgen an und konnte es zunächst schwerlich glauben, daß dies das unbeschwerte Mädchen sein sollte, mit dem sie vor einem Jahrzehnt bekannt gewesen war. In den darauffolgenden Monaten trafen sich die beiden häufig. »Sie widmete sich ganz ihren Kindern. Das war offensichtlich«, berichtet Dawn. »Aber sie meinte, daß es ihr schwerfiele, alles selbst tun zu müssen.« Stück um Stück wuchs in Alison die Bereitschaft, ihr seelisches Schneckenhaus zu verlassen. Sie fühlte sich wieder näher zu Bev England hingezogen, die inzwischen eine Filialleiterin und mit einem Polizisten verheiratet war. Aus den Seiten von Alisons Tagebuch war längst der kindliche, naive Tonfall früherer Jahre gewichen. Am 5. Juni zum Beispiel fragte sie sich darin:

»Wieso gerate ich in so einen Zustand – es kann nur eine Verbindung von Müdigkeit mit Mangel an Selbstvertrauen/Depression sein. Was ist bloß mit dem jungen, selbstbewußten »Ich-kann's-schaffen«-Teenager geschehen? Heute schein' ich in der Lage, mich von allem abzuwenden und den einfachsten Weg zu gehen – gescheiterte Bergsteigerin/Geschäftsfrau/Gattin und jetzt noch Mutter.

Ich glaube, mein Bestes zu tun – offensichtlich ist es nicht gut genug.«

In solchen deprimierten Stimmungen verglich sich Alison häufig mit anderen Bergsteigerinnen. Eine davon war Catherine Destivelle, die Französin, mit der sie Jahre zuvor auf dem internationalen Treffen in der Verdon-Schlucht geklettert war. Wie Alison hatte sich Catherine vom Hochgebirge faszinieren lassen. Auch sie hatte einen älteren Partner und Mentor, Alisons alten Kameraden vom Himalaja, Jeff Lowe. Das Paar hatte sich zwei Jahre nach der Expedition zum Kangtega auf einer internationalen Kletter-Tagung 1988 in Utah kennengelernt. Sie hatten sich verliebt, und unter Lowes erfahrener Anleitung hatte die Destivelle neue Fertigkeiten und Techniken erlernt. Lowe wohnte mit Destivelle nicht weit von Chamonix, und im Sommer 1990 machte sie mit ihm eine Expedition auf den Nameless Tower, eine gewaltige Granitnadel in Pakistan nahe dem K2. David Breasheras, ein Bergfilmemacher, drehte eine Dokumentation über den Aufstieg. In den Alpen hatte Catherine ihre von Jeff Lowe erworbenen Fähigkeiten unter Beweis gestellt und an der Westwand des

172

Dru zehn Tage eine neue Route erarbeitet, einem »künstlichen« Aufstieg, bei dem sie auf beinahe gleichförmigem Granit kletterte, indem sie massenhaft Flachklingen-Felshaken in fast unsichtbare Risse hämmerte. Den ganzen Weg nach oben war sie von Kameraleuten in Hubschraubern verfolgt worden, und hinterher wurde ihr ein zehnseitiger Illustriertenartikel in *Paris Match* gewidmet.

Alison konnte deren anscheinend müheloses Vorwärtskommen schwer verkraften. Catherines Leben schien keine Kämpfe zu kennen; sie brauchte nur zu lächeln, so kam es Alison vor, und die Sponsoren kamen in Scharen. Doch es war Alison, die Lowe zuerst begegnet war, sie, die durch ihre Entschlossenheit und ihre Fähigkeiten seine Freundschaft und Achtung gewonnen hatte. Nun war er zusammen mit Catherine in Buxton aufgetaucht, ein paar Meilen von Alisons Haus entfernt, um auf einem Bergsteigerfestival eine Ansprache zu halten, wo beide von der Alpinistenpresse als Stars gefeiert wurden. Alisons Freunde bemerkten ihre eifersüchtigen Gefühle, die versteckte Mißgunst, die aus ihrem Glauben erwuchs, Catherine beanspruche ein Monopol auf öffentliche Anerkennung, von der einiges ihr, Alison, rechtmäßig zustünde. »Man konnte es spüren, dieses tiefgreifende Konkurrenzempfinden, das sie der Destivelle gegenüber hatte«, sagt Ian Brown. »Sie bemühte sich zwar, es zu verbergen, aber manchmal kam es doch durch.«

Jetzt begann sie ernsthaft zu überlegen, ob sie es dem Erfolg ihrer Gegenspielerin nicht gleichtun könnte. So sehr Jim sich auch abmühen mochte, hatte sie wenig Vertrauen in seine Fähigkeiten, das Geschäft wieder in Gang zu bekommen und ihren bisherigen Lebensstil wahren zu können. Und sie sehnte sich nach der Freiheit des Bergsteigens. Zum erstenmal zog sie in Betracht, ob nicht ihre Leidenschaft die finanzielle Sicherheit ihrer Familie wiederherstellen könnte.

Sie kehrte an die Felsen zurück und suchte, wie nach der Geburt von Tom, Trost in Alleingängen. Gewöhnlich setzte sie die Kinder bei ihren Eltern ab, bevor sie sich zu einem der örtlichen Felsen aufmachte. Im Verlauf von sieben Tagen erkletterte sie im August siebenundzwanzig Routen auf Burbage North, vierzig auf Birchen Edge, siebzehn auf Stanage und zwanzig auf den Ramshaw Rocks. Langsam wurden die Routen schwieriger, denen sie sich zu stellen bereit war. Zwei Jahre zuvor hätte sie es kaum riskiert, eine »sehr harte« Strecke allein anzugehen. Nun wagte sie sich sogar an »äußerst harte« Strecken und selbst an »extreme«. Hatte sie sich zunächst auf nicht sonderlich exponierte Aufstiege in Derbyshire beschränkt, suchte sie nun bei Gelegenheit allein die Gebirgsfelsen von Wales auf: Mehrere hundert Fuß hoch, hätte ein Abrutschen dort den beinahe sicheren Tod bedeutet. Der nächste Schritt hatte sich in ihrem Kopf bereits festgesetzt: ein Alleinaufstieg auf einer langen und schwierigen Strecke in den Alpen. Dann, glaubte sie, könnte sie Catherine Destivelle Konkurrenz bieten, auch in den Medien.

Sie kannte die Gefahren. Selbst auf einem Felsen aus festem Sandstein, üblicherweise eine der solidesten und verläßlichsten Gesteinsarten, kann ein Griff unerwartet wegbrechen, und wirklich erfahrene Leute wie der verstorbene Paul Williams, der bei einem Aufstieg abstürzte, den er viele Male zuvor schon allein bewältigt hatte, sind so ums Leben gekommen. Aber Alison fühlte sich zur Zeit sicher. In einem unveröffentlichten Interview mit der Zeitung *The Observer* sagte sie: »Ich falle nicht. Wenn ich felsklettere, falle ich nicht herunter. Allein klettert man besser, weil man einfach muß. Man muß die Angst in den Griff bekommen.« Und während sie sich näher an die Grenzen heranschob, die sie sonst nur in einer Seilschaft ins Auge gefaßt hätte, traten ihre persönlichen Schwierigkeiten immer weiter zurück, und ihre Konzentration nahm zu.

Auf diese Weise ging das Jahr 1991 einem trostlosen Ende entgegen. Jim sah sich nahezu außerstande, noch Worte über die drohende Katastrophe zu verlieren. Für »Faces«-Ausrüstungen lagen Bestellungen vor, deren Erledigung am fehlenden Geld für die Materialien scheiterte. Das Haus stand zum Verkauf, doch bei der sich vertiefenden landesweiten Rezession fand sich kein Käufer. Die Kinder, denen sich die Ängste ihrer Eltern mitteilten, wurden schwierig und aufsässig. Am 16. Oktober wurde Tom drei Jahre alt, und in ihrem Tagebuch notierte Alison, daß sie in seinem ganzen Leben noch nichts von Wert geleistet hätte. Jim sei zu einer »Insel« geworden, fügte sie hinzu, verloren in einem Meer aus Verzweiflung.

Seit über zwölf Monaten hatte Jim Guthaben zwischen den Konten und den verschiedenen Geschäftszweigen hin und her geschoben und versucht, flüssig zu bleiben, aber Alison wußte, daß sich diese Manöver auf Dauer unmöglich durchhalten ließen. Sollte Jim die Familie nicht länger versorgen können, würde sie irgendwie die Rolle der Ernährerin übernehmen müssen. Ohne Berufserfahrung oder Ausbildung gab es für Alison nur eine Möglichkeit, um an Geld zu kommen. Sollte sie sich aber ernsthaft als professionelle Bergsteigerin etablieren wollen, die in der Lage war, potente Geldgeber, Buchverträge und Vortragstourneen an Land zu ziehen, mußte sie etwas Aufsehenerregendes tun. Am 14. Januar 1992 teilte Alison Jim mit, daß sie noch im selben Winter in die Alpen fahren und allein eine der großen Wände angehen wollte. Er würde schon einen Dreh finden, um das Vorhaben aus der schwindsüchtigen Firmenschatulle zu bezahlen. Er müßte sich während ihrer Abwesenheit um die Kinder kümmern, aber falls sie sie mitnähme, sollte er jemand aus der Belegschaft abstellen, der auf sie aufpaßte, solange sie am Berg war.

Alison sehnte sich nach Erfolg und der Zuflucht in den Bergen, fürchtete aber zugleich das Scheitern und – aller Voraussicht nach – die Vorhaltungen Jims, sollte sie die Mittel ohne eine triumphale Heimkehr aufbrauchen. Gleich wie unangenehm die Folgen eines Scheiterns wären, obwohl sie so sehr den Erfolg ersehnte, fühlte sie sich vor allem vom Erlebnis des Aufstiegsversuchs angezogen. Sobald die Tage nur ein wenig länger würden, würde sie Tom und Kate bei Jim lassen und nach Zermatt reisen. Dort wollte sie den ersten Alleinaufstieg an der Nordwand des Matterhorns wagen. Sollte er gelingen, wäre sie die erste Frau, die eine der großen Nordwände allein bezwungen hätte, und das noch unter winterlichen Bedingungen. Ihre Karriere wäre wieder in Gang gesetzt und Anerkennung ihr gewiß.

Am 26. Februar brach Alison um fünf Uhr früh zur langen, vertrauten Fahrt nach Chamonix auf. Zum erstenmal jedoch war sie allein. In derselben Nacht stieg sie in einem billigen Hotel in Les Praz anderthalb Kilometer außerhalb der Stadt ab. Ihr gewaltiges Vorhaben ließ sie jedoch keinen Schlaf finden.

Einzelaufstiege in den Alpen sind im Winter ein einsames Erlebnis. Es bilden sich keine Schlangen am Fuß beliebter Routen wie im Sommer, und die Horden am Rand der Skipisten läßt man weit unter sich zurück. Alisons wenige Mittel vertieften noch das Gefühl der Vereinsamung. Im Tal aß sie allein für sich Abendbrot aus Käseschnitten oder Pizza vom Blech zum Mitnehmen. Eines Abends traf sie in einer Bar in Chamonix auf einige britische Bergsteiger, darunter Nigel Shepherd, ihren Freund von vor Jahren, und wurde aufgefordert, mit ihnen zu Abend zu essen. Da sie sich das Menü nicht leisten konnte, hielt sich Alison an Wasser und billigen Wein und behauptete, »nicht so hungrig« zu sein.

Alison beschloß, sich mit einigen Trainingsaufstiegen rund

um das Mont-Blanc-Massiv zu akklimatisieren, machte sich auf Skiern über den unberührten Schnee davon. Nach einer Woche hatte sie vier Routen von zunehmender Schwierigkeit erklommen. Anfangs war sie von der Einsamkeit und den gewaltigen Bergen ringsum eingeschüchtert, doch als ihr Selbstvertrauen stieg, begann sie, die Eigenständigkeit des Alleinkletterns und der absoluten Selbstverantwortung für die eigene Sicherheit zu schätzen. »Wenn ich allein bin, finde ich es sehr einfach, klare Beschlüsse zu treffen, ohne Einfluß von außen«, schrieb sie. »Hab' nur mir zu ›gefallen‹, nur für mich abzuwägen und zu entscheiden.« Der Gegensatz zum Kontrollverlust über ihr Leben in Derbyshire hätte vollkommener nicht sein können. Und im Winter, wenn die Schneedecke bis in die Täler reicht und sich die Sicht in der kalten klaren Luft über hundertfünfzig Kilometer erstreckt, gewinnen die Alpen die unverdorbene Reinheit der größten Bergketten der Welt zurück.

Trotzdem fehlten ihr die Kinder. »Ich hab' etwas von meinem alten Selbstvertrauen wiedererlangt und meine Tage in den Bergen wirklich genossen, aber jedesmal, wenn ich Kinder sehe, denke ich an meine eigenen«, schrieb sie eines Abends. »Beim Frühstück fiel es mir richtig schwer, die Tränen zurückzuhalten, als zwei entzückende Knirpse auftauchten.«

Gern hätte sie sich mit Jeff Lowe getroffen und wählte eines Tages die Nummer von Catherine Destivelle. Beim ersten Mal wurde sie mit Lothar verbunden, Catherines früherem Partner und jetzigem Manager, aber weder Catherine noch Jeff waren zu Hause. Am 4. März dann nahm Catherine selbst ab: Jeff sei auf dem Rückweg von einer Handelsmesse in München und hätte vor, gleich danach ins Gebirge zu gehen. Alison war enttäuscht. Sie erzählte sowohl Catherine wie

Lothar, was sie plante, und beide wünschten ihr Glück. Am selben Tag noch fuhr sie nach Zermatt und stieg in ihrer alten Herberge aus den Tagen ihrer Partnerschaft mit Ian Parsons ab, in Frau Biners Bahnhofshotel.

Am folgenden Tag stapfte Alison von Zermatt zur Hörnli-Hütte unterhalb des Matterhorns. Die Wetteraussichten waren ausgezeichnet, doch vor Ort schlug das Wetter um. Zwei Tage lang blieb der Berg unsichtbar und wurde von Wind und Schneegestöber umtost. Es lagen mehrere Seil-schaften in der Hütte; einige planten, sich an der Nordwand zu versuchen, andere hatten es auf den leichteren Hörnli-Kamm abgesehen. Zu solchen Zeiten und an solchen Orten stellt sich zwischen Bergsteigern eine natürliche, ungezwungene Kameraderie ein, eine Großzügigkeit und Vertrautheit, die aus den Gefahren erwächst, denen alle gemeinsam entge-gensehen, indes man sich vor einer großen Route innerlich sammelt. Sie verbrachten die Zeit, indem sie den Berg erörter-ten und Tee tranken. Ein Deutscher machte für alle überbak-kenen Käsetoast.

Am zweiten Abend klarte der Himmel langsam auf. Die Strecke sah hart aus, aber begehbar. Als sie sich acht Jahre zuvor mit Ian Parsons zusammen auf der Route befunden hatte, war ihr aufgefallen, daß es an guter Sicherung oder Belegstellen mangelte, an Sicherheit selbst mit einem Seil. Allein aufzusteigen, sagte sie sich, würde kaum einen Unter-schied machen. Sie schlief fest und stand um 1.30 Uhr auf. Es war kalt, aber ruhig, und nachdem sie sich etwas Instant-Haferbrei mit Erdbeergeschmack eingeflößt hatte, zog sie raus in die Nacht. Die Wand erhob sich schwach leuchtend im Sternenlicht. Sie hatte gehofft, später aufbrechen zu können, doch vier Schweizer hatten Absichten auf dieselbe Route. Die Folgen von Stein- oder Eisschlag, der über einem von anderen Bergsteigern ausgelöst wird, sind für unangeseilte Alleinkletterer leicht tödlich. Sie mußte zuerst in die Wand.

Alison hatte gehofft, das Eisfeld, welches das erste Drittel der Wand ausmacht, als leichten Hang aus gefrorenem Schnee anzutreffen. Statt dessen war es vom Wind blankgeschrubbt und befand sich im schlimmsten Zustand. Anstelle weißen, gefrorenen Schnees, der sich so leicht erklimmen läßt wie Styropor, gab es nur graues sprödes Eis. Ihr stand ein Kampf um jeden Schritt bevor, mit nicht mehr als millimetertiefem Tritt und dem im Englischen als »dinnerplating« bekannten Phänomen, wenn der Hieb eines Eispickels das Eis in tellerartigen Schollen von der Oberfläche sprengt und der Pickel wieder und wieder geschwungen werden muß, bis der Bergsteiger sich endlich sicher fühlen kann. Sie stieg ein kurzes Stück auf und hielt inne, wobei sie sorgenvoll auf die noch vor ihr liegenden knapp vierhundert Meter Eisfeld blickte. Bald holten die vier Schweizer Alpinisten sie ein, entschieden sich dann aber abzusteigen. Auf den Frontalzacken der Steigeisen hin und her schwankend, versuchte Alison auszuruhen und wartete das Tageslicht ab, um den bevorstehenden Weg genauer zu studieren. Die Entscheidung fiel ihr leicht. Die Wand war in keinem vertrauenswürdigen Zustand, und sie kehrte um. Sie hatte keine Zweifel. Dorthin zurück, wo die Verhältnisse gefahrloser waren, war die bei weitem bessere Wahl. Der Berg würde nicht weglaufen.

Wieder auf dem sicheren Gletscher, erinnerte sich Alison an Jims Reaktion auf ihre Nepal-Expedition 1987. Warum hatte sie sich »keinen anderen Gipfel geschnappt«, war damals seine Frage gewesen, nachdem sie am Ama Dablam gescheitert war? Der Tag war bereits fortgeschritten, die Sonne schien, und es herrschte Windstille. »Ich hatte das Gefühl, mich noch mal aufraffen zu müssen, um an diesem wunderschönen Gipfeltag wenigstens irgend etwas vorweisen zu können«, schrieb

179

Alison. Selbst hier war sie weniger auf sich gestellt, als sie dachte. Über der Hütte zog sich der Hörnli-Kamm, die Route der Erstbesteigung des Bergs, als Auf und Ab von Gestein und Eis verlockend in die Höhe. Im Vergleich mit der Nordwand sah er verhältnismäßig einfach aus, und Alison machte sich auf den Weg zum Gipfel. Nachdem sie sechs Stunden lang geklettert war, erreichte sie kurz nach zwei Uhr nachmittags die Spitze und hatte reichlich Zeit für den Abstieg. Jenseits einer hölzernen Marienstatue erstreckte sich das leuchtende Gebirge in alle Richtungen. Von ihrer Aussicht hingerissen, spähte Alison nach Italien hinunter und nach der gedrungenen Masse des Mont Blanc in weiter Ferne. Das Bergsteigen bot ihr noch immer Augenblicke vollkommenen Glücks.

In Gipfelnähe traf sie auf zwei Deutsche und einen Kanadier; einer der Deutschen war der Mann, der am Abend zuvor die Toasts zubereitet hatte. Sie waren zu langsam vorangekommen, um es bis zur Bergspitze zu schaffen, und zu dürftig ausgerüstet, wie sich nun bei ihrem Umkehrversuch herausstellte. Sie führten nur ein kurzes Stück Seil mit, ungeeignet zum Abseilen, was unter den Verhältnissen im Winter die einzige Möglichkeit war abzusteigen. Solange es bergauf ging, war der Hörnli-Kamm eine angenehme, sonnenbeschienene Kletterei gewesen. Nun, da die Schatten länger wurden und die Temperatur fiel, wirkten seine Stufen erschreckend steil und die beim Aufstieg so leicht auszumachende Route schlecht erkennbar. Zur Linken klaffte der über 1 200 Meter steile Abgrund an der Ostwand des Matterhorns. Es ist eine der gefährlichsten Stellen in den Alpen. Seit vier Männer ihn der Länge nach in die Tiefe gestürzt waren, nachdem sie an der Erstbesteigung des Bergs im Jahr 1865 teilgenommen hatten, ist die Zahl der Opfer auf über vierhundert angestiegen. Zumeist hatten sie sich auf dem Hörnli-Kamm verirrt. Das wußte Alison.

Sie hatte keine Wahl. Die anderen Kletterer hatten sich zwar selbst in Gefahr begeben, doch es war ihre Pflicht, ihnen beim Abstieg zu helfen. Sie holte ihr langes Fünfzigmeterseil aus dem Rucksack und versprach ihnen, sie wenigstens bis zur Solvay-Hütte zu begleiten – einem winzigen Unterschlupf für Notfälle, der sich in knapp 4 000 Meter Höhe auf einem Felsvorsprung befindet.

Bei einer Seilschaft mit vieren schien der Abstieg ewig zu dauern. Als Schülerin hatte Alison Stunden zugebracht, um auf der Grooved Arete am Tryfan abzusteigen. Jetzt setzte sie dieselben Techniken in einer schneidend kalten Winternacht bei Temperaturen weit unter dem Gefrierpunkt ein. Sie fand eine Felsschuppe oder vielleicht eine eiserne Runge, die einer der Führer aus Zermatt verankert hatte, wickelte das Seil darum, sondierte mit ihrer Stirnlampe die Dunkelheit und stieg ab. Dann hieß es lange, lange auf die anderen warten. Aber es war ein neues Seil, und als sie an einem Ende zog, um es zu lösen, zwirbelte es sich immer wieder zu dichten, spaghettiartigen Knoten zusammen. Manchmal mußte sie wieder hochklettern, um es aufzudrehen: Jedes Knäuel bedeutete eine Verzögerung und setzte sie noch länger der beißenden Kälte aus. Unter der dicken Kleidung fing Alison zu zittern an, und sie kämpfte darum, einen klaren Kopf zu bewahren. Bald hatte sie jegliches Gefühl in den Füßen verloren.

Um zehn Uhr, acht Stunden nachdem Alison den Gipfel verlassen hatte, war die Gruppe in der Hütte. So langsam sie auch vorangekommen waren, hatte Alison zu keiner Zeit daran gedacht, allein weiterzugehen. Die Hütte, ein nackter Verschlag mit einer Schlafkoje und Decken, hatte wenig Wärme oder Behaglichkeit zu bieten. Und als sie sich die Stiefel auszog, bestätigten sich ihre schlimmsten Befürchtungen, die Zehen waren eisverkrustet. Die Wärme des sonnigen Morgens hatte ihre Füße in Kondenswasser und Schweiß eingeweicht, doch während des langsamen Abstiegs war die Feuchtigkeit zu hartem Eis gefroren. Verzweifelt bemühte sie sich, den Blutkreislauf wieder in Gang zu bringen, versuchte, das Eis unter dicken Schichten aus Wolldecken zu schmelzen, aber ihr rechter großer Zeh blieb weiß und taub. Sie hatte sich eine Erfrierung zugezogen.

Sie wußte, daß sie sich ohne rasche medizinische Behandlung auf eine Amputation gefaßt machen mußte: Sie hatte alle Empfindung verloren. Nun versuchte sie, die Durchblutung mit Massage wieder anzuregen, aber ohne Erfolg. Entsetzt stand sie beim ersten Licht des Morgens auf und drängte zum Aufbruch. Doch auch jetzt dachte sie nicht daran, sich davonzumachen, ihre neuen Begleiter im Stich zu lassen. Es war noch ein langer Weg zum Fuß des Kamms; er erforderte weiteres Abseilen und geschicktes Bergabklettern, was ihren Zeh noch mehr in Mitleidenschaft ziehen konnte. Mit den Tränen ringend, lotste sie dennoch die anderen sicher nach unten. Sie bewegten sich ruckartig, waren von der Austrocknung benommen, und Alison, in der Zufallsgemeinschaft die fähigste, fühlte sich für alle verantwortlich. Nach einem letzten Abseilen eilte sie zur Hörnli-Hütte voraus, stürzte hastig ein Getränk hinunter und weiter den verschneiten Pfad talwärts zur Seilbahn am Schwarzsee.

In Zermatt wechselte sie, völlig unterkühlt, durchnäßt und erschöpft die Kleider und stieg in ihren Wagen. Gegen neun Uhr abends war sie in Chamonix. Sie wußte, daß Jim geschäftlich unterwegs war und versuchte, Jeff Lowe anzurufen, aber es nahm niemand ab. Sie war noch immer allein auf sich gestellt. Im örtlichen Krankenhaus, das in der ganzen Welt für die Behandlung von Erfrierungen berühmt ist, setzte sie sich ins Eingangsfoyer, wo eine Schwester ihre nasse Socke in der Sandale gewahr wurde. »Sie bringt mich dazu, sitzen zu bleiben. Ich weine. Niemand spricht auch nur ein Wort Englisch.«

Ein Arzt kam und verfügte ihre Aufnahme, legte sie an einen Tropf und steckte ihre Füße in ein Sauerstoffbad. Endlich konnte sie sich entspannen und bekam etwas zu essen: heiße Suppe, Brot und Käse. Zum ersten Mal, seit sie bei Morgengrauen die Solvay-Hütte verlassen hatte, nahm sie etwas zu sich, und es war, ihrem Tagebuch zufolge, überhaupt die erste anständige Mahlzeit seit dem Aufbruch von Derbyshire. Die Krankenhauskost, notierte sie grimmig, war kostenfrei.

In einer Hinsicht hatte Alison Glück; ihre Erfrierungen hätten wesentlich schlimmer ausfallen können. Sechs Tage verbrachte sie im Krankenhaus. Aber die Ärzte meinten, daß es viele Monate dauern würde, bevor sie wieder ernsthaft ans Bergsteigen denken könnte, und noch Wochen, bevor sie von Schmerzen frei wäre. Am 10. März, ihrem vierten Tag im Krankenhaus, schnitt der Chirurg das abgestorbene Gewebe von Alisons Zehen und teilte ihr zu ihrer Erleichterung mit, daß ihr eine Amputation erspart bliebe. Am Nachmittag blätterte sie in französischen Kletterzeitschriften und nahm eine Bildreportage über Catherine Destivelle mit einiger Verbitterung zur Kenntnis. Alison hatte ihr Tagebuch für jenen Tag eigentlich abgeschlossen und aß gut zu Abend. Müde und gelangweilt, bereitete sie sich aufs Schlafen vor. Doch dann begann sie in einem Zustand fürchterlichen Zorns erneut zu schreiben:

»Ich bin am Boden zerstört. Mir ist gerade eine der schlimmsten Nachrichten zugegangen, die ich mir nur denken kann. Catherine Destivelle hat allein den Eiger bestiegen... Ich möchte am liebsten rausgehen und aus vollem Halse schreien... Ich möchte mich für immer verbergen... Ich fühle mich schrecklich, minderwertig, nutzlos. Mein Bergsteigen hat keinen Sinn, so wenig, wie alles andere bei mir. Ich versage einfach in allem.«

In ihrer bitteren Enttäuschung glaubte Alison, daß sie selbst Catherine zu ihrem Aufstieg veranlaßt hätte. Tatsächlich hatte diese den Alleingang an der Eiger-Nordwand viele Wochen lang schon geplant, und Alisons Mitteilungen für Jeff Lowe waren ohne Bedeutung. Doch Alison befand sich momentan sozusagen im freien Fall und war nicht in der Lage, die Tatsachen vernünftig einzuschätzen. Ihre Reise ans Matterhorn sollte für sie zu einem Triumph werden. Nun kehrte sie mit Blessuren und erfolglos zurück, während Catherine ihren Sieg feiern durfte.

Am selben Tag waren nicht allein Alison, sondern weitere vier erfahrene Schweizer Alpinisten umgekehrt. Unter den vorherrschenden Bedingungen das Eisfeld des Matterhorns allein zu erklettern war ein allzu großes Risiko gewesen. Doch in ihrer Niedergeschlagenheit sah Alison eigene Vorsicht und gutes Urteilsvermögen als Schwächen an. Mit ihrem katastrophal schwindenden Selbstwertgefühl ging eine tiefe und maßlose Rivalität Catherine gegenüber einher. »Sie fing an, sie richtig runterzumachen«, sagt Bev England. »Sie meinte, daß die ihre Erfolge nur dem Umstand zu verdanken hatte, daß sie sich an diverse Männer gehängt hätte, während sie alles allein hätte machen müssen.« Alison hatte einen neuen, gefährlichen Ehrgeiz entwickelt: die Destivelle zu schlagen und zu zeigen, daß sie die überlegene Athletin war.

Während Alisons Abwesenheit hatte sich die finanzielle Situation noch verschärft. Jim redete zwar davon, ganz aufzugeben, schien aber zu keinem endgültigen Entschluß fähig. Die klassischen Anzeichen einer Depression waren unverkennbar: Reizbar und verschlossen, schaffte er es häufig nicht, sich aufzuraffen und gegen seine vielfältigen Schwierigkeiten etwas zu tun, sondern zog es vor, im Haus herumzulungern oder tagsüber fernzusehen. Alison humpelte umher, ihr Zeh bereitete ihr noch immer Schmerzen.

Ein paar Tage nach ihrer Rückkehr suchte Alison nach einem weiteren derben Streit die »Faces«-Werkstatt auf und fand sie in chaotischem Zustand vor. »Ich frage mich wirklich, ob dies das Ende für Jim und mich ist... Ich bin mit nichts gekommen – vielleicht werde ich nach zwölf Jahren mit nichts gehen – außer mit zwei gesunden Kindern und etwas Erfahrung im Bergsteigen.«

Jims finanzielles Vabanquespiel ging seinem Ende entgegen. Seine Gläubiger fingen an, Rechtsmittel einzulegen, um an das Geld zu kommen, das Jim und seine Partner ihnen schuldeten. Im Frühjahr 1992 fällten die örtlichen Bezirksgerichte das erste einer Reihe von Urteilen gegen ihn. Einer nach dem anderen reichten die Mitarbeiter von »Faces«, deren Gehaltsschecks geplatzt waren, die Kündigung ein.

Nick Moreley, der letzte Geschäftsführer des »Bivouac«, erinnert sich an die »Sterbemonate« von Jims Geschäft mit ratloser Verwunderung. 1989 hatte er dort die Arbeit aufgenommen und selbst damals schon gefunden, daß es sich um einen Job mit ungewöhnlichen Herausforderungen handelte: »Als ich anfing, waren die Bücher in absoluter Unordnung, und es gab fast keine Ware. Ich versuchte, wieder alles in Gang zu kriegen. Aber die Zulieferer wollten nicht einmal Preislisten schicken, sobald sie erfuhren, wo ich herkam, so schlecht war unser Ruf.« Nach jahrelangem allmählichem Niedergang und dem Aufstieg örtlicher Konkurrenz war der Kundenstrom zu einem Rinnsal verebbt: »Es gab viele Tage, an denen nur ein einziger Kunde in den Laden kam, und an manchen kam gar keiner. Zuletzt hatten wir nicht einmal die allernötigsten Artikel auf Lager.« Gegen Ende 1990 bekam Moreley schon häufig kein Gehalt mehr, und da er keinen anderen Job bekommen konnte, steckte er sich das Geld für die wenige Ware, die es ihm noch zu verkaufen gelang, einfach in die eigene Tasche und ließ eine hingekritzelte Notiz in der

Kasse zurück. Im Frühsommer 1992 lohnte es für ihn kaum, überhaupt noch hinzugehen. Um die leeren Regale zu verhüllen, hatte er das hintere Ende des Ladens mit einem Vorhang abgeteilt, den er dann Schritt für Schritt nach vorn verlegte. Das Telefon wurde gesperrt, die Rechnung war unbezahlt geblieben. Jim ließ sich selten blicken.

Alisons Erfrierung heilte schlecht, und Mitte Juni fügte sie sich eine häßliche Platzwunde zu, als sie sich die Zehe stieß. Es verrät eine Menge über ihre seelische Verfassung, daß sie ein paar Tage später bei einem Ausflug zum walisischen Ferienhäuschen ihrer Eltern ihren schmerzenden Fuß in enge Felskletterschuhe zwängte und wie im Rausch zwei Tage mit Alleinklettern zubrachte.

Oberflächlich betrachtet, schien sie allem gewachsen zu sein. Sie trainierte, sie erfüllte ihre Mutterpflichten, sie beteiligte sich an verschiedenen Bergsteigergremien. Doch der andauernde Streß beeinträchtigte ihre Gesundheit. Gegen Ende Juni litt sie unter mysteriösen Anfällen. Mitunter traten sie beim Laufen auf, aber auch im Ruhezustand. Ihre Haut wurde rot und pustelig, sie litt unter Atemnot, fühlte sich unendlich müde und dem Zusammenbruch nahe. Ihr Hausarzt stand vor einem Rätsel und überwies sie an einen Facharzt in Derby. Der kam zum Schluß, daß ihr Nervensystem einfach stark angegriffen war und auf diese Weise reagierte. Die Anfälle mochten zwar psychosomatischen Ursprungs sein, waren aber ernst genug, um eine physiologische Behandlung zu rechtfertigen. Anfang Juli nahm sie eine dreimonatige Steroidtherapie auf.

Alisons Leben war aus den Fugen geraten. Die Gerichtsvollzieher gingen um, und ihr Mann schien hilflos. Ob mit ihm oder ohne ihn, sie mußte einen Ausweg finden.

Bergvagabunden

An einem kalten Abend gegen Ende Februar 1993 saßen Alison und Jim mit ihren Nachbarn, Ted und Jackie Jackson, in der Küche. Das letzte Abendessen, das sie in Meerbrook Lea essen sollten, stand auf dem Tisch; hinter ihnen füllte ein Haufen blauer Plastiktonnen den halben Raum. Jim wies darauf. Dort, sagte er grimmig, seien alle weltlichen Güter der Familie beisammen. Am darauffolgenden Morgen luden sie die Behälter und die Kinder in einen schon altersschwachen Landrover und verließen für immer das Haus, in dem Alison dreizehn Jahre ihres Lebens zugebracht hatte.

Für ihre trostlose Lage hatte es keine einfache Lösung gegeben. Wie Alison ihrer Schwester in einem Brief vom August des vergangenen Jahres schon mitgeteilt hatte, lief der Plan, den sie und Jim im Sommer 1992 entworfen hatten, auf »vier Monate in einem schrecklichen Zustand bloßen Dahintreibens« hinaus und mochte sie durchaus »in eine Sackgasse« führen. Und zu Beginn des Jahres 1993 hatte sie geschrieben: »Wir gehen weg – wir alle, aufs Festland, ich werde klettern, und JB wird sich um die Gören kümmern.« Das Haus verpachtet und das Geschäft aufgegeben, sollte die Familie in Zelten leben, in den Bergen umherziehen und ihr weniger Besitz im Landrover verstaut bleiben. Ein Einkommen hing von möglichen Sponsoren ab und von einem Buch, das Alison über ihre Aufstiege zu schreiben vorhatte.

Nicht ein Geldgeber war bislang aufgetrieben worden, und es gab auch keinen Buchvertrag. Das Buch sollte im Grunde das Leben einer professionellen Bergsteigerin erzählen. »Ich hoffe, das Beste draus zu machen«, schrieb Alison.

Und an dieser Stelle:

»Wenn wir jetzt nicht gehen, werden wir's nie tun – JB wird was anderes finden, was ihn geschäftlich interessiert, und ich werde nie herausfinden, ob ich's als Bergsteigerin schaffen kann. Bald werden die Kinder eingeschult sein; da wären wir also. Ich fühl' mich so schon viel besser.«

Es bedeutete Mühsal und weitere Ungewißheit. Aber für Alison bot der Versuch, sich als professionelle Bergsteigerin zu etablieren, ein neues Ziel und ein Ventil für die aufgestaute Enttäuschung über ihre private Beziehung und ihre finanzielle Situation. Sie würden dem Chaos der Vergangenheit einfach davonfahren.

Ihr erstes Ziel, das sie im Frühling und Sommer 1993 zu verwirklichen hoffte, war die Besteigung der sechs berühmtesten Nordwände der Alpen. Diese Routen waren erstmals in den vierziger Jahren durch den französischen Bergsteiger Gaston Rébuffat in seinem Buch *Étoiles et Tempêtes* benannt worden. Rébuffat zufolge handelte es sich dabei um die härtesten und schwierigsten Aufstiege in den Alpen, und die wenigen Bergsteiger, die sie erklommen hatten, durften sich zu den größten überhaupt zählen. Die Liste trug schwer an der Romantik und Geschichte des Bergsteigens, und auch wenn die Wände im modernen Alpinismus nicht länger das Äußerste darstellten, verlangten sie Hingabe, waren häufig gefährlich, und nur wenige davon waren von einer Frau allein bezwungen worden.

Doch die Alpen sollten nur der Anfang sein. Alison hatte eine britische medizinische Expedition angeschrieben, die den Mount Everest im Herbst 1994 zu besteigen plante, um Forschung auf dem Gebiet der Höhenphysiologie zu betreiben, aber die Expedition war bereits voll besetzt. Doch im August

1992 hatte sie schon eine wichtige Anfrage erhalten. Einer der Leiter der Mount-Everest-Expedition schrieb, daß ein Mitglied der Gruppe abgesprungen war und ob Alison sich ihnen nicht anschließen würde? »Ich hätte vor Glück bis unter die Decke springen können«, schrieb sie in ihr Tagebuch. Und sie fügte hinzu: »Ich weiß, daß es keinen Erfolg garantiert, doch es garantiert einen Versuch.« Inmitten der Ruinen ihres Lebens mit Jim war ein Kindheitstraum wahr geworden. Sie würde zum Mount Everest gehen.

Alison wußte, daß der erste Teil ihres Plans, ihre Alleinkletterei in den Alpen, viele Fallstricke bereithielt. Sie und Jim wären gezwungen, in beklemmender Nähe zueinander zu leben, über lange Zeitspannen hinweg zusammen mit den Kindern auf Campingplätzen dauernd beieinander, solange sie nicht kletterte oder trainierte. Die Vorstellung beunruhigte sie. »Können wir das wirklich überstehen, monatelang zusammengepfercht zu sein?« fragte sich Alison in ihrem Tagebuch. »Jim ist nicht fähig, mit meinen Fehlschlägen umzugehen . . . Er ist gern derjenige, der die Fäden zieht, aber das wird er nicht immer können.« Ihr war auch klar, daß das Vorhaben auch ihm eine schwere Last aufbürdete. Er müßte den geschäftlichen Ehrgeiz aufgeben, der ihn in den letzten zwanzig Jahren angetrieben hatte, und wäre gezwungen, sich in stärkerem Maße um die Kinder zu kümmern. Er würde generell seine ganze traditionelle Einstellung zu Elternschaft und Geschlechterrolle aufgeben müssen. Solche Überlegungen verstärkten Alisons Verantwortungsgefühl natürlich, aber es drückte sie auch die Sorge, daß sie als alleinige Ernährerin der Familie einem gefährlichen Erfolgsdruck ausgesetzt wäre.

Alison bemühte sich, für ihren neuen Lebensstil in Form zu kommen, und absolvierte ein aufreibendes Pensum aus Dauerläufen und häufigen Alleinklettereien. Sie hatte ihr Training nie sonderlich wissenschaftlich betrieben, aber sie begriff, daß sie Ausdauer über lange Zeitspannen hinweg würde aufbringen müssen. Sie verfügte über das erforderliche Niveau beim Bergsteigen, müßte das aber jetzt über viele Stunden hinweg aufrechterhalten können. Mit einem Vorhaben vor Augen, konzentrierte sie sich nun auf das selbstgesteckte Ziel. Dennoch würde es noch Monate dauern, bis sie aufbrechen könnten, und die Belastungen ihres vorherigen Lebens waren auch nicht einfach beiseite zu schieben. Der letzte Mitarbeiter der »Faces«-Werkstatt hatte gekündigt, und Alison hatte in dem Versuch, sich wenigstens eine Einkommensquelle zu bewahren, eine der Industrienähmaschinen nach Hause geschafft, um dort die Arbeit aufzunehmen. Wieder fertigte sie Magnesiumkalkbeutel und Gamaschen an und kehrte damit zu einer Art des Lebensunterhalts zurück, die sie zehn Jahre zuvor aufgegeben hatte. Mit der Hypothekenzahlung gerieten sie immer weiter in Rückstand, und der Rahmen ihres Kredits war ausgeschöpft. Eines Morgens bat Jim sie um die letzten zehn Pfund auf ihrem Bankkonto, um tanken zu können. Sie hatte aber das Geld gespart, um damit Toms Spielgruppe zu bezahlen. Als sie ihren Einwand vorbrachte, schleuderte Jim einen Korb mit Holzscheiten über den Fußboden.

Alison vereinsamte immer mehr zu Hause. Das Telefon war abgestellt, und ihr wenige Monate zuvor in einem leichtsinnigen Anflug gekauftes Auto wurde vom Händler beschlagnahmt. Wie sie ihrem Tagebuch mitteilte, fühlte sie sich mit den Kindern im Haus wie gefangen, sie konnte sie weder mit zum Einkaufen nehmen noch zum Spielen in einen der Stadtparks. Die Tage wurden kälter, und es fehlte das Geld für Kohlen oder Heizöl. Alison sah sich gezwungen, das großzügige Angebot ihrer Nachbarn anzunehmen und Feuerholz in deren Wäldchen zu sammeln. Was für sie noch schlimmer war, war die Nachricht, daß die britische Finanzkorrespondentin Rebecca Stephens sich mit bloß minimaler Bergsteigererfahrung im kommenden Frühjahr einer Expedition an den Mount Everest zum vierzigsten Jahrestag seiner Erstbesteigung durch Edmund Hillary und Tenzing Norgay anschließen sollte. Die Stephens hatte erst eine Handvoll Berge bestiegen, allerdings auch den Denali, den höchsten Berg in Nordamerika, sie hatte die leichtesten Routen genommen und war von ihrem Partner John Barry unterstützt und ermutigt worden, dem ehemaligen Leiter des staatlichen Bergtrainingszentrums im walisischen Plas y Brenin. Wenngleich die Stephens beim Bergsteigen wenig zu melden haben mochte, schienen ihre Aussichten auf Erfolg am Mount Everest mit der Hilfe von Sherpas und Sauerstoffflaschen einigermaßen günstig. Stephens und Barry planten den Aufstieg über den Südsattel, den Hillary und Tenzing 1953 erklommen hatten. Als Nepal nach dem Zweiten Weltkrieg seine Grenzen öffnete, erkannten die Bergsteiger rasch, daß ihnen von Süden her am ehesten Erfolgschancen am Berg winkten. Das Western Cwm erstreckt sich von einem zerfurchten Gletscherbruch auf 6 100 Meter Höhe über fünf leicht ansteigende Kilometer zum Anfang eines fünfundvierzig Grad geneigten Hangs auf 6 860 Meter. Am oberen Ende des Hangs liegt in knapp 8 000 Meter Höhe der Südsattel, von dem aus Alpinisten an einem einzigen Tag über den Südostgrad zum Gipfel des Mount Everest steigen können. Die längste Strecke über ist die Ersteigung des Mount Everest ein geradliniges Geschehen, ein bequem geneigter Aufstieg über Schnee und Eis, den bei gutem Wetter selbst Anfänger bewältigen können, da er wenig mehr als das Gehen in Steigeisen erfordert. Wegen seiner Höhe und großen Wahrscheinlichkeit schlechter Witterung wird die Besteigung des Mount Everest aber niemals zu einer geringfügigen Leistung werden, doch die Stephens konnte davon ausgehen, daß seine wenigen schwierigen Passagen mit Fixseilen versehen sein würden, die den Aufstieg mehr zu einer Prüfung eigener Entschlossenheit und Zähigkeit machen als von Klettervermögen.

Unter den Kennern des Bergsteigens, glaubte Alison, würde ein Bezwingen vom Nordsattel aus als die bedeutendere Leistung angesehen werden. Doch sollte die Stephens vor ihr auf den Mount Everest gelangen, würde sie den Nutzen aus dem Beifall der Medien ziehen. »Sie redete davon, alle ihre Pläne umzustoßen, um mit einer früheren Expedition an den Everest zu kommen«, erinnert sich Sue. »Sie war bereit, zu zahlen, was immer es auch kosten mochte, sie nur dorthin zu bringen. Aber Geld war keins da, und Jim würde ohnehin ablehnen. Er sagte, daß sie ihre Pläne gemacht hätten und sich daran halten würden. Eher als 1994 würden sie nicht zum Mount Everest fahren.«

Jim betrachtete sich jetzt als Alisons Manager und verbrachte einen Großteil des Herbstes am Telefon in der alten »Faces«-Werkstatt, wo er den einzigen noch funktionierenden Anschluß benutzen konnte, und versuchte, Geldgeber aufzutreiben. Er hatte wenig Erfolg. Viele der Firmen, die er um Unterstützung anging, waren dieselben Unternehmen, die er jahrelang mit seiner Art des Geschäftemachens frustriert hatte. Das Vorgehen von Jim und Alison war ziemlich naiv, wenig zielgerichtet und ohne klare Aussage, wie oder was potentielle Sponsoren daran zu gewinnen hätten. Alison sei eine berühmte Bergsteigerin, die etwas Außergewöhnliches versuchen wollte, argumentierten sie, und deshalb hätten die Unternehmen die Pflicht, sie zu unterstützen. In Wirklichkeit gab es wenig, was sie von den Hunderten anderer angehender »Entdecker« unterschied, die tagtäglich Bettelbriefe verschickten. Die meisten davon wanderten einfach in den Papierkorb.

Eine der Firmen, die sie ansprachen, war »Sprayway«, ein in Manchester angesiedelter Hersteller wasserdichter Bekleidung. Ähnlich wie einst Jim Ballard, hatte die Firma als kleiner

Betrieb angefangen, der Kleidung für Seeleute herstellte. Über die Jahre hatte sie sich entwickelt, ihre Palette erweitert und expandierte Anfang der neunziger Jahre rasch, um den allgemeinen Outdoor-Markt zu erobern. Als Alisons Brief auf dem Schreibtisch des Geschäftsführers John Hunt landete, ließ er ihn zunächst unbeachtet. Dieses eine Mal war es Alison und nicht ihr Ehemann, die dem Brief einen Anruf folgen ließ. Hunt zeigte sich nun interessiert und bat sie um ein Treffen. Im Dezember kamen sie zusammen, und Hunt erwärmte sich für ihre Zuversicht und Entschlossenheit. Das Unternehmen hatte noch nie zuvor irgend jemanden gesponsert, suchte aber nach Wegen, um auf dem schnell wachsenden Outdoor-Markt ein eigenes Profil zu gewinnen. Hunt sagte ihr zu, ihr über drei Jahre ein monatliches Honorar von sechshundert Pfund zu zahlen und sie mit der benötigten Ausrüstung auszustatten. Im Gegenzug sollte sie dazu beitragen, die Bekanntheit der Firma zu fördern, und bei der Entwicklung ihrer Erzeugnisse helfen. Verglichen mit den Summen, die andere Berufssportlerinnen verdienen, war das nicht viel, aber bei bescheidenem Lebensstil konnte Alison damit ihre Familie ernähren. Die Übereinkunft war ein Wendepunkt, und in gewisser bescheidener Hinsicht wurde damit ihr Ehrgeiz erfüllt, die Versorgerin der Familie zu werden. Als Alison ihren Erfolg den Eltern mitteilte, »freute sie sich wie eine Schneekönigin«, erinnert sich ihre Mutter.

Gegen Ende des Jahres verkaufte sie die Buchidee über ihre sechs alpinen Aufstiege an Maggie Body, eine Lektorin bei »Hodder & Stoughton«, die schon mit vielen der bekanntesten Bergsteiger-Autoren zusammengearbeitet hatte. Sie trafen sich zum Mittag in der Nähe der Büros von »Hodder« am Bedford Square in London, und so wie John Hunt war die Body von Alisons selbstbewußtem Auftreten beeindruckt. Sie sah jedoch keinen großen Absatz voraus und konnte nur einen Vorschuß von dreitausend Pfund anbieten. Für Alison, deren Haus kurz vor der Rückübertragung an die Bank stand, muß es nach sehr viel mehr ausgesehen haben. Das nomadische Bergsteigerleben, das sie im Sinn hatte, würde finanziell keinen großen Spielraum bieten, schien aber endlich ansatzweise möglich zu werden.

Alison informierte sich nun genauestens über die sechs Nordwände. Drei davon hatte sie schon bestiegen: jene des Eigers, des Matterhorns und des Grandes Jorasses. Für Auskünfte über die anderen wandte sie sich an Bill O'Connor, den Führer der abgebrochenen Expedition auf den Ama Dablam 1987. Er rechnete nicht damit, daß sie große Schwierigkeiten am Piz Badile haben würde, einem spatenförmigen Granitkeil an der Grenze zwischen der Schweiz und Italien; nur an einigen Stellen besonders steil, lag die Kletterei durchaus im Rahmen ihrer Fähigkeiten. Aber der Aufstieg auf heiklen Granitplatten ohne Seil tausend Meter hoch setzte starke Nerven voraus. Der Badile hatte zumal den Ruf plötzlicher Wetterstürze. Bei der Erstbesteigung 1937 wurden die Bergsteiger von einem Sturm überrascht und mußten sich den Abstieg erkämpfen, wobei zwei von ihnen an Erschöpfung und Kälte starben. O'Connor hatte auch bereits die Nordflanke der Cima Grande erklommen, eines steilwandigen Zahns aus Kalkstein in den italienischen Dolomiten. Technisch würde Alison auch das schaffen; fraglich blieb allein, ob nicht die Exponiertheit und angsteinflößende Steilheit sie abschrecken würden. Die Cima Grande ragt gut 6 000 Meter zumeist senkrecht empor. Jedesmal, wenn Alison auf ihre Füße blicken würde, um sie auf einen Tritt zu setzen, sähe sie die Tiefe unter sich. Würde sie es nervlich aushalten? Die letzte Nordwand, die des Petit Dru oberhalb von Chamonix, lag im Herzen der französischen Alpen. Mit ihrem Anteil Eis und losen Gesteins und einem langen, umständlichen Abstieg stellte sie Bergsteiger vor vielfältige Schwierigkeiten.

Alison, Jim und die Kinder fuhren in die französischen Alpen und verbrachten eine Woche am Ortsrand von Chamonix, wo sie anfangs in einem gemieteten Wohnwagen hausten. Alison ging mit den Kindern Schlittenfahren und kletterte ein wenig, um in Form zu bleiben, aber da die Berge tief verschneit waren, würde es noch einige Zeit dauern, bevor sie die geplanten Aufstiege in Angriff nehmen konnte. Am 28. März feierten sie Kates zweiten Geburtstag, ein paar Tage später lief ihre Zeit im Wohnwagen ab. Sie waren zum Camping auf durchweichtem, morastigem Grund gezwungen. Das Kinderzelt legten sie mit Isomatten aus, und Tom verteilte seine Spielsachen über die Bodenplane. Kate wachte gewöhnlich nachts auf und schrie, bis ihre Eltern sie ins eigene Zeit zum Schlafen holten.

Daheim in Derbyshire ging rasch in die Brüche, was von ihrem früheren Leben noch übrig war. Sie hatten das Haus ihrer Eltern in Belper als Nachsendeanschrift hinterlassen, und wenige Tage nach ihrer Abreise tauchten Gerichtsvollzieher bei John und Joyce auf und forderten die Gemeindesteuer ein, die Jim schuldig geblieben war. Es sollte noch schlimmer kommen. Am Morgen, als Jim und Alison in die Alpen aufgebrochen waren, hatte Jim seinen Schwiegereltern mitgeteilt, daß die Banken das Haus ungeachtet des glücklosen Pächters wahrscheinlich beschlagnahmen und verkaufen würden, sollte ihnen nicht umgehend zehntausend Pfund ausbezahlt werden. John und Joyce hatten schon seit längerem gelegentliche Beiträge zur Schuldtilgung geleistet, aber eine solche Summe waren sie nicht zu leihen bereit. »Wir konnten zusehen, wie unser Geld in einem schwarzen Loch verschwand«, sagt Joyce. Die einzige Verbindung zu ihrer Tochter und deren Mann bestand in sporadischen Telefonaten. Alison war sich der peinlichen Lage bewußt, in die sie die Eltern gebracht hatten.

Das Unvermeidliche trat schließlich am 13. April ein, als die Bausparkasse ein Gerichtsverfahren zur Pfändung von

Meerbrook Lea anstrengte. Vom bevorstehenden Verlust seines Hauses unterrichtet, unternahm Jim nichts. Es blieb John und Joyce überlassen, einen Möbelwagen zu organisieren und von Jims und Alisons Habe zu retten, was sie konnten – Möbel und alle persönlichen Tagebücher Alisons bis zurück ins Jahr 1973.

In Europa umherziehend, waren Alison und ihre Kinder nun obdachlos. »Wir waren so stolz auf sie und auf das, was sie tat«, sagt Joyce. »Aber sie mußte es unter solch schwierigen Umständen erreichen.« Ein paar Monate lang versuchte Ian Parsons noch, wieder etwas in Gang zu bringen, doch als sich die Schulden und Gerichtsurteile zugunsten der Kreditgeber auftürmten, gab auch er auf. Er war ein wahrer Freund geblieben, kam für den Möbelwagen zum Abtransport der Habseligkeiten von Meerbrook Lea auf und zahlte das Soll ihrer Kreditkarte ab, bis auch sein Haus gepfändet wurde. Jenen, die ihn kannten, schien er in wenigen Monaten um Jahre gealtert. Das gesamte Geschäft ging in Liquidation.

Als es Mai wurde, hatte sich Alison nach sechs Wochen Regen, Wind und Schnee noch nicht an einer der sechs Nordwände auf ihrer Liste versucht. Das Zelt war eines Tages, als sie beim Felsklettern war, geplündert und ein Teil ihrer ohnehin geringen Geldmittel gestohlen worden. Der Landrover hatte teure neue Reifen gebraucht und dann einen Getriebeschaden, der ihn völlig lahmzulegen drohte. Leute vom Dorf erklärten ihr, daß jener Frühling einer der schlimmsten seit langem sei, doch das war kein Trost für Alison, die verzweifelt an einen Aufstieg dachte, um ihre Geldgeber und ihren Verleger bei Laune zu halten. Das ganze Vorhaben taumelte am Rand der Katastrophe entlang, und sollte es scheitern, wäre es mit ihrem Plan vorbei, berufsmäßig Bergsteigerin zu werden, bevor er überhaupt richtig in die Tat umgesetzt worden war. Um dem Trübsinn zu entgehen, fuhr die Familie an die Küste, in die Nähe von Marseille, wo Alison ein paar Tage an den Kalksteinklippen klettern konnte, um in Form zu bleiben, während Tom und Kate am Strand Sandburgen bauten. Aber sie war zum Bergsteigen in Frankreich und nicht, um sich am Meer zu entspannen, und man kehrte so bald als möglich in die Alpen zurück.

Im Massif des Ecrins, einer abgelegenen Gegend, gut hundertzehn Kilometer südlich des Mont Blanc, war das Wetter etwas besser, und es gelang ihr tatsächlich, einige leichte Gipfel zu ersteigen. Doch dann fielen sie einem zweiten Diebstahl zum Opfer, bei dem die beiden wertvollsten Behälter mitgenommen wurden, in denen die Bergsteigerausrüstung verstaut war. Hätte Alison nicht ihre Eispickel und Steigeisen zum Trocknen in den Landrover gelegt, hätte sie überhaupt nicht weitermachen können. Ein paar Tage nach dem Diebstahl schaffte es Alison auf die Spitze des höchsten Bergs in der Gegend, des Barre des Ecrins. Angesichts des Wetters und der Verhältnisse am Berg war das eine achtbare Leistung, doch im Hinblick auf die Nordwände handelte es sich um kaum mehr als Klettertrainung in einiger Höhe auf einem steilen Schneehang. Alison, Jim und die Kinder kehrten nach Chamonix zurück, um auf ruhiges Wetter zu warten und die gestohlene Ausrüstung zu ersetzen. Sie konnten nur auf bessere Zeiten hoffen.

Statt dessen wurde alles noch schlimmer. In Chamonix erfuhr Alison, daß Rebecca Stephens die erste Britin geworden war, die den Mount Everest bezwungen hatte. In allen britischen Zeitungen an den Kiosken in Chamonix war sie auf der Titelseite, und sie war in sämtlichen Fernsehnachrichten zu sehen gewesen. Soweit es die britische Öffentlichkeit betraf, war die Stephens nun die berühmteste Bergsteigerin der Welt, und der Umstand, daß sie vor dem Mount Everest nur eine Handvoll Gipfel erklommen hatte, blieb vollkommen bedeutungslos. Sie hatte sich jener Herausforderung angenommen, die mit Sicherheit die größte Wirkung erzielte, und einer Mannschaft angeschlossen, die ihr ausgezeichnete Erfolgsaussichten eröffnete. Rebecca Stephens hatte dabei beträchtliche Schwierigkeiten überwunden; ihr erster Gipfelanlauf war gescheitert, und sie hatte echten Mut und Entschlossenheit gezeigt, als sie einen zweiten Versuch startete. Eine große Anzahl Sherpas hatte ihren erfolgreichen Aufstieg unterstützt, wobei sie in erheblichem Maß Sauerstoffflaschen benutzte, um ihren Anstrengungen den entsprechenden Nachdruck zu verleihen, doch für die breite Öffentlichkeit war das nebensächlich. Für Alison spielte es eine entscheidende Rolle.

Sie fühlte sich erneut betrogen, nicht viel anders als beim Erfolg von Catherine Destivelle. Ihre unmittelbare Reaktion, während sie sich mit ihren Kindern auf verschlammten Campingplätzen plagte, kann man sich gut vorstellen, doch später erzählte sie Susan wie Bev England, daß sie sich eines Gefühls von Bitterkeit und Neid nicht hatte erwehren können. Hätte Jim sich seinerzeit nicht gegen ihre Idee gestellt, hätte sie selbst in jenem Frühjahr auf dem Mount Everest sein können und in Anbetracht ihrer guten Form und Erfahrung große Chancen gehabt, die Stephens beim Gipfelsturm zu schlagen. Es lag in ihrer Natur, über Enttäuschungen wie diese ins Grübeln zu verfallen, dabei sah sie den Erfolg anderer häufig als persönliche Herabsetzung. Nichtsdestotrotz blieb ihr Wunsch ungeschmälert, sich zu beweisen.

Anfang Juni ließen die Wetterunbilden lange genug nach, daß Alison ihre erste Nordwand allein angehen konnte, das Matterhorn. Zunächst verlief alles gut, doch am oberen Rand des ersten Eisfeldes in 3000 Meter Höhe wurde sie zur Umkehr gezwungen. Über ihr waren die Felsen mit nassem Schnee bedeckt, und weiterzugehen wäre zu gefährlich gewesen. Es war die richtige Entscheidung, doch es entmutigte sie. Nach Monaten des Wartens hatte sie noch immer keine der sechs Nordwände bezwungen. Während Alison am Matterhorn kletterte, traf Richard Allen, ein Engländer mittleren Alters, auf dem Campingplatz in Täsch ein, um seine Wanderferien zu verbringen. Als langjähriges Mitglied des Alpinistenvereins hatte Allen für das Bauunternehmen Kier gearbeitet und war erst vor kurzem nach Europa zurückgekehrt, nachdem er einen der leitenden Posten beim Bau des neuen Flughafens von Hongkong bekleidet hatte. Alison konnte es noch nicht ahnen, aber Richard Allens Führungstalent sollte ihrer Laufbahn schließlich von großer Hilfe sein, als sich zwischen ihnen eine Freundschaft entwickelte.

Allen sah einen älteren Mann, der sich um zwei kleine Kinder kümmerte, und hielt das für ungewöhnlich. Und seine Aufmerksamkeit reizte, daß eine junge Frau, offenbar eben von den Bergen herabgestiegen, das Abendessen zubereitete, die Kinder ins Bett brachte, ihnen Geschichten vorlas und sie für die Nacht versorgte. Erst später erfuhr er, daß sie an jenem Tag unter fürchterlichen Bedingungen ein Drittel der Matterhorn-Nordwand erklettert hatte. Sie aßen zusammen zu Abend, und Allen, dessen Pfade sich über die nächsten paar Wochen mehrere Male mit denen Alisons und ihrer Familie kreuzen sollten, war verblüfft von der hartnäckigen Begeisterung der Kinder für das Camping, die selbst bei schlechtem Wetter draußen spielten, und von Alisons Entschlossenheit.

Nach Alisons Rückkehr ins Tal verließ die Familie die Schweiz und fuhr ein weiteres Mal nach Chamonix, wo der günstigere französische Wechselkurs das Essen und den Campingplatz billiger machte. Noch immer hingen die Wolken tief, blieben die Berge unzugänglich. Gewöhnlich lief Alison morgens von Chamonix über einen holprigen Forstweg zum Bahnhof Montenvers und überwand so beinahe einen Kilometer Höhe. Für den Rest des Tages versuchte sie, die Kinder zu unterhalten, und zankte sich mit ihrem Mann. Später beichtete Alison ihren Freunden und Verwandten, daß die Reise voller Spannungen gewesen sei. Die Zukunft der ganzen Familie schien auf dem Erfolg Alisons beim Bergsteigen zu beruhen, und wann immer sie von den Bergen zurückkam, ohne eine wichtige Nordwand erklettert zu haben, fühlte sie die Erwartungen ihrer Familie enttäuscht zu haben. Früher hätte Jim ihre Mißerfolge zuweilen nur verletzend getadelt. Jetzt aber, erzählte Alison später, hätte es furchtbare Kräche wegen ihrer mangelnden Fortschritte gegeben. Alison war in einer elenden Lage, aber entschlossen, sie durchzustehen. Etwas anderes konnte sie sich nicht vorstellen.

Irgendwann im Verlauf dieser wochenlangen Enttäuschung beschloß sie, ihre Pläne zu ändern. In *Étoiles et Tempêtes* hatte Rébuffat geschrieben, daß zwei Routen auf der breiten Nordwand des Grandes Jorasses seiner Liste würdig seien: der Croz- und der Walker-Ausläufer. Als Alison den Croz mit Ian Parsons durchstieg, hatten sie dafür vier Tage gebraucht und ihn als ihren härtesten alpinen Aufstieg von allen angesehen. Neun Jahre zuvor waren sie auf dem Walker unter genau denselben Bedingungen gescheitert, mit denen Alison nun 1993 fertig zu werden versuchte; es lag zuviel nasser Neuschnee auf den Felsen. Links der beiden Ausläufer, am äußersten linken Rand der Wand, verläuft allerdings eine leichter zugängliche Aufstiegsmöglichkeit, die Kette aus Rinnen und Eisfeldern namens Schleier, die Route, die sie einst mit Jim zu ersteigen erwogen hatte. Anders als Croz oder Walker enthält der Schleier keine langen Passagen aus schwierigem Fels, und nach ein paar steilen Gefällen nahe am Fuß neigt sich der Winkel auf bequemere fünfundfünfzig Grad. Mit modernen Eispickeln und Steigeisen und bei guten Bedingungen ist das Ganze geradliniges Klettern und abwärts sogar schon mit dem Snowboard befahren worden. Alison wußte, daß der Aufstieg nicht zu den sechs großen Nordwänden zählte, aber er war noch nie von einer Frau allein bewältigt worden. Sie unterdrückte ihre Ängste und verließ an 16. Juni den Zeltplatz in Richtung Schleier.

Die meisten Bergsteiger, die einen großen Alleinaufstieg in Betracht ziehen, hätten ein paar Francs für die Bergbahn nach Montenvers am Fuß des Mer du Glace ausgegeben, um ihre Kräfte zu schonen, aber Alison konnte sich keine Geldverschwendung leisten und arbeitete sich zu Fuß langsam durch die Kiefernwälder oberhalb von Chamonix empor. In ihrem Bericht über diese Aufstiege *A Hard Day's Summer* schrieb sie: »In Montenvers bekam ich es ein wenig mit der Angst! War der Plan weise? Ja!« Das öffentliche Eingeständnis von Zweifeln kam bei Alison sehr selten vor, und man kann sie sich leicht neben den Touristen vorstellen, die Eis essen und die Aussicht genießen, während sie ihre Lage abwägt, an ihre Kinder im Tal denkt und an deren Zukunft. Ihr schien es, als hätte sie kaum eine andere Wahl als weiterzugehen.

Nach der langen Wanderung hoch zur Hütte am Fuß des Grandes Jorasses brach sie früh am nächsten Morgen auf. Sie kam gut voran, und auch die Bedingungen waren im wesentlichen gut. Als sie erst einmal die anfänglichen Schwierigkeiten hinter sich hatte, arbeitete sie sich rasch das darüberliegende Eisfeld empor und wurde erst langsamer, als sie sich dem Gipfel näherte und die Höhe sich auf sie auszuwirken begann. Heftiger Wind kam auf, und Wolken zogen sich anscheinend wie aus dem Nichts zusammen. Die Wettervorhersage war falsch gewesen. Beim Abstieg holte sie zwei französische Bergführer ein, die vor ihr aufgebrochen waren, und wartete am Rand, einen Grat über sich, während der von den Franzosen losgetretene Schnee auf sie niederklatschte. Als sie Abstand gewonnen hatten, kletterte Alison ihnen hinterher, um sich mit den beiden gemeinsam zum Gletscher abzuseilen, von dem sie am Morgen aufgebrochen war.

Der Abstieg war lang und aufreibend, und sie fand nichts zu trinken, als sie den Bahnhof Montenvers erreichte, doch als sie schließlich auf den Zeltplatz zustolperte, trat eine Gestalt aus dem Schatten und kam auf sie zu. Es war Jim, und sie war glücklich, ihn zu sehen. Es war ein ergreifender Augenblick und einer, bei dem sie später öfter in Gedanken verweilen würde. »Er umarmte mich, froh mich zu sehen, ob ich die Wand bestiegen hatte oder nicht«, schrieb sie. »Wichtig war nur, daß ich sicher zurück war. Ich platzte vor Stolz, als ich's ihm sagte.« Auf einmal waren die Gegensätze und Fehlschläge nichtig. »Die Duschen waren abgestellt«, schrieb Jim, »und sie war fürchterlich verschwitzt und zitterte vor Kälte, also holte ich von den Handwaschbecken Eimer mit heißem Wasser und goß sie über ihr aus, wie sie nackt mitten auf dem Campingplatz stand, wonach ich ihr alle vliesgefütterte Kleidung überzog, die wir hatten, und sie in einem Schlafsack steckte. Sie war wieder das junge Mädchen, das müde war und um das man sich kümmern mußte.« Wenigstens für diese Nacht war es so wie früher; Alison, die nach Fürsorge und Bestätigung suchte, und Jim, der sein »junges Mädchen« umsorgte.

Als nächstes folgte ein zweiter Aufstiegsversuch auf das Matterhorn, der noch weiter unten als der erste endete. Der Wind trieb ihr Schnee und Steine entgegen, als sie den Anfang des Eisfeldes zögerlich hinauf- und wieder hinunterkletterte, weitergehen wollte, aber dem Wetter mißtraute. Sie begutachtete die Wolken, die über den Gipfel hinwegflogen, und zog sich in die Hörnli-Hütte zurück, obwohl sie vorankommen mußte. Dort wartete Alison bis zum folgenden Morgen, aber das Wetter hatte sich weiter verschlechtert, und sie entschied sich, ins Tal zurückzukehren. In Zermatt spielten Tom und Kate in einem Stadtpark auf Kinderschaukeln, und trotz ihrer Erschöpfung nahm Alison sie mit auf einen Spaziergang durch den Ort, wo sie sich in den Schaufenstern Spielwaren ansahen, die sie sich nicht leisten konnten. Im Hinterkopf nagte der Berg an ihr, und sie überlegte sich, noch am selben Nachmittag ans Matterhorn zurückzukehren, was ihr Jim aber ausredete. Statt dessen verbrachte Alison den folgenden Morgen mit den Kindern im Park, bevor sie ihren Rucksack schulterte. Zur Mitte des Nachmittags war sie wieder in der Hörnli-Hütte nahe dem Fuß der Wand.

Diesmal wurden ihre Anstrengungen belohnt. Als sie den unteren Rand der Nordwand um fünf Uhr früh erreichte, traf sie auf dem ersten Eisfeld noch schwierigere Bedingungen an als zuvor, und sie kletterte vorsichtig, während ihre Eispickel das spröde, unerbittliche Eis aufsplitterten und sie auf den Frontalzacken ihrer Steigeisen schwankte. Als die Sonne langsam hinter den Bergen in ihrem Rücken aufging, bewegte sie sich bereits am Ende des ersten Drittels der Wand eine umständliche Rampe hoch, die Eis- und Felsklettern miteinander vermischt. Mit ihren Steigeisen schrammte sie am Fels, faßte von Eis schlüpfrige Griffe, wäre zu zweit unsicher gewesen, aber Alison war allein und hing mangels Seil, um einen Absturz aufzuhalten, zum Weitersteigen ganz von ihrer nervlichen Verfassung ab. Sie redete sich ein, daß sie an der Spitze der Rampe zwei Drittel des Aufstiegs hinter sich gebracht haben und auf leichteres Terrain stoßen würde, doch als sie dort ankam, stellte sie fest, daß der Fels mit Pulverschnee bedeckt war, der von jedem Griff fortgewischt werden mußte, bevor sie zufassen konnte. Der Wind frischte auf, und Wolken wirbelten um sie herum. Noch nie zuvor hatte sie sich derart festgelegt; abzurutschen hieße sterben, doch ein Rückzug war ebensowenig denkbar. Langsam näherte sie sich der Bergkuppe und einer letzten verschneiten Rinne, bevor sie auf dem Gipfel stand. Es gab keine Zeit zu verlieren und von der Spitze her keinen Ausblick. Ein Sturm fegte am Berg entlang auf sie zu, und sie mußte so schnell wie möglich wieder nach unten.

Mit der Erfahrung ihrer beiden vorangegangenen Aufstiege kam sie auf dem leichteren Hörnli-Kamm schnell voran. »Während um mich herum Blitze zuckten und kurze Schauer sich in heftige Wolkenbrüche verwandelten, lächelte ich darüber, daß ich wieder einmal nichts für selbstverständlich halten sollte«, schrieb sie. Nach vierzehn Stunden schließlich erreichte sie den Fuß des Bergs und war in Sicherheit.

Alison hatte den ersten weiblichen Alleinaufstieg an der Nordwand des Matterhorns geschafft, unter den Bedingungen ein verblüffendes bergsteigerisches Kunststück. Zwar war die Route schon vor über sechzig Jahren bestiegen worden, aber ihre Gefahren hatten sich nicht im mindesten verringert. Als sie am Bahnhofshotel Station machte, war ihre alte Freundin, Frau Biner, erstaunt und auch ein wenig erschrokken darüber, daß sie bei dem Wetter, das in jenem Sommer in den Alpen herrschte, allein eine derart anspruchsvolle Strecke angegangen war.

Das Geld knapper denn je, schien es nun sinnvoll zu sein, ins nahegelegene Berner Oberland zu fahren, damit Alison den Eiger besteigen konnte, doch das Wetter blieb fast einen Monat lang ununterbrochen schlecht. Drei verregnete und verschlammte Wochen zelteten Alison, Jim und die Kinder in Grindelwald, während die Touristen kamen, um gleich wieder zu entfliehen. Die Berge waren weiß und unter einer Schneemenge begraben, die gewöhnlich im Juli längst verschwunden ist. »Häufig genug dachte ich nur noch: Laßt uns einfach aufgeben und heimfahren«, sagte Alison später in einem Interview. »Aber ich hatte mich festgelegt. Manchmal haben die Leute keine Lust, ins Büro zu gehen. Ich mußte das als meine Arbeit betrachten. Immer wieder trafen Familien auf unserem Campingplatz ein und gaben nach zwei Tagen im Schlamm entnervt auf. Das hat mich dann richtig deprimiert. Ich hatte erst zwei Routen geschafft, und es war bereits Ende Juli.«

204

Alison, die das Gebirge als magischen Ort empfunden hatte, als Landschaft ihrer Kindheit und ihrer glücklichsten Tage als Erwachsene, setzte es nun mit täglichem Pendeln und der Tristesse einer festen Anstellung gleich, die zu vermeiden sie gekämpft hatte. Ihre seelische Ausflucht war zu einer notwendigen Pflicht geworden. Die Erwartungen bedrückten sie; ; sie mußte ein Buch abliefern und Geldgeber beeindrucken. Alison sah sich in die Tretmühle professionellen Bergsteigens gepfercht und gezwungen, sich auf Ziele zu stürzen, die sie andernfalls wohl kaum in Angriff genommen hätte. Dazu kam das beängstigende Gefühl, was werden würde, sollte ihr Vorhaben scheitern.

Die schneebedeckte Eiger-Nordwand bei durchwachsenem Wetter zu ersteigen war eine erschreckende Idee. Alison hatte die Route als schwere Prüfung empfunden, als sie mit Tom schwanger war. Sie muß zurückgewichen sein vor der Vorstellung langer kalter Nächte, in denen Stürme drohen, und Tagen, an denen man sich vor dem Steinschlag duckt. Glücklicherweise gab es eine Alternative zur echten Eigerwand. Zu ihrer Linken, jenseits eines breiten, aufgebrochenen Ausläufers, liegt eine von der Schweizer Vierer-Seilschaft des Zürcher Zahnarztes und klassischen Gelehrten Dr. Hans Lauper 1932 erkletterte Route. Noch in den dreißiger Jahren brandmarkte eine Reihe eher traditioneller Bergsteiger einschließlich des Gremiums, das den Londoner Alpinistenverein leitete, die eigentliche Nordwand als bloße Variante, überflüssigen Zusatz zu Laupers Aufstieg und der schauerlichen Gefahren und wachsenden Zahl der Toten nicht wert. Selbst damals war das eine zweifelhafte Auffassung, die heutzutage kein ernsthafter Alpinist teilt.

Indem sie anstelle der echten Nordwand die Lauper-Route wählte, nahm Alison Abstand von ihrem ursprünglichen Plan, so wie sie es auf dem Grandes Jorasses durch den Auf-

stieg über den Schleier getan hatte. In Anbetracht des scheußlichen Wetters, des langen Wartens in Grindelwald, ihrer fehlenden Geldmittel und des Drucks, die anderen drei Aufstiege
zu absolvieren, war ihr Entschluß verständlich. Aber die Lauper-Route ist wesentlich leichter und sicherer und besteht, wie
der Schleier, hauptsächlich aus einem Schnee- und Eishang.
Sie hat nichts vom geschichtlichen Widerhall der Nordwand;
für Hans Lauper und seine Freunde gab es keine Todesbiwaks
und keine alptraumhaften Kämpfe in den Fängen eines Unwetters.

Wie die Wetterverhältnisse waren, herrschten auf der Lauper-Route schlechte Bedingungen, und der entscheidende
Abschnitt, eine gewöhnlich vereiste, als Hoheneis geläufige
Rampe, war von Schmelzwasser überströmt. Der in ihrem
Führer beschriebenen Fährte zu folgen erwies sich als schwierig, und sie suchte eine Variante, die leichter erschien, aber
trotzdem anspruchsvoll war. Bei steigender Temperatur, die
den Schnee aufweichte und das Risiko des Abrutschens vergrößerte, mußte sie sich schnell bewegen. Sie kürzte geradenwegs zum Grat an der Spitze der Wand ab, im Glauben, sich
oben ausruhen zu können, doch infolge dichten Schneefalls
und heftiger Winde hatte sich dort eine Wächte gebildet, ein
1 800 Meter tiefes Nichts unter sich. Sie hatte keine Ahnung,
wie stabil die Wächte sein mochte; sollte sie zusammenbrechen, würde sie mit in die Tiefe gerissen. Vorsichtig schob sie
sich auf den Gipfel zu und blieb in höchstem Maße angespannt, selbst als sie die Bergspitze bereits erreicht hatte.

Schon seit Stunden brannte die Sonne vom Himmel und
verwandelte den Schnee auf der leichten Westflanke in
Matsch, und als sie abstieg, mußte sie sich angestrengt konzentrieren, da ihre Steigeisen durch den Schnee auf das lose
Gestein darunter stießen und sie zu stolpern drohte. Sie entdeckte einige Fußabdrücke und fühlte sich ermutigt, daß noch

jemand anderes an jenem Tag auf dem Berg gewesen war. Kurz darauf stieß sie auf einen blauen, im Schnee zurückgelassenen Anorak, dann auf weitere Ausrüstung: eine Stirnlampe, eine mit spanischen Peseten gefüllte Brieftasche, einen neuen Klettergürtel, ein einzelnes Steigeisen und einen Eispickel mit einem Handschuh, der noch in die Schlaufe gezwängt war. Sie sah darin merkwürdige Fundstücke, befand sich aber fast in Sicherheit und fing innerlich an, ihren Aufstieg zu feiern. Als sie eine Ecke umrundete und sich darauf vorbereitete, eine steilere Felspassage hinabzuklettern, sah sie plötzlich einen roten Rucksack. Alison querte darauf zu und erkannte, daß ein Körper noch immer daran hing. Als der Mann abstürzte, war der Rucksack auf dem Felsen aufgeplatzt und hatte seinen Inhalt verstreut. »Es war nicht nötig nachzusehen, ob er noch lebte«, schrieb sie. »Ich wußte auf der Stelle, daß er tot war; so wie er dalag, die Farbe seines Körpers, seine halbentblößte Brust, dünn bekleidet, seine zerrissenen und zerfetzten Sachen. Es gab keine Bewegung, kein Geräusch.« Sie stellte sich vor, wie der Körper den Abhang hinuntergestürzt war, und wagte es nicht, sich ihm zu nähern. Statt dessen setzte sie sich hin und heulte.

Hatte sie sich Anfang Zwanzig eine Haltung zu eigen gemacht, die ihr die Gefahren zu verleugnen erlaubte, denen sie als Bergsteigerin ausgesetzt war, so läßt diese Schilderung des Vorfalls anderes erkennen. Mit dem Schrecken eines brutalen Todes konfrontiert, reagiert sie mit einem tiefen Gefühl, das ein Eingeständnis ihrer eigenen Ängste bedeutet. Ein Rettungshubschrauber war bereits angefordert; und als er bei ihr eintraf, schüttelte ihr der Mann an der Winde die Hand und gratulierte ihr zu ihrem Alleingang auf der Lauper-Route. Aber sie schrieb: »Mir ging es nur noch um die verdrehten Überreste des Mannes, über dem ich in der letzten halben Stunde Wache gehalten hatte. Ich wollte nur noch, daß wir beide hier herauskamen.« An jenem Abend ging sie zu Fuß zum Campingplatz in Grindelwald, ließ am Zelt ihren Rucksack einfach fallen und zog weiter, um auf dem nahegelegenen Spielplatz nach ihren Kindern zu suchen. Sie fuhren Karussell und sahen sie nicht sofort. Sie ließ sich nieder, sah ihnen zu und dachte an das Leben, das an jenem Tag auf dem Berg geendet hatte.

Trotz Alisons traumatischer Entdeckung war es der Eiger, wo sich der Sommer für sie zum Glücklichen kehrte. Endlich wurde das Wetter besser und blieb den ganzen August über vergleichsweise ruhig. Als sie ein paar Tage später nach Chamonix zurückkehrten, trafen sie auf Ian Skykes, einen Freund aus Schottland, der den Kindern Eiscreme und Pommes Frites spendierte; beides genossen sie seit Monaten das erste Mal. Der seelische Auftrieb durch die Begegnung mit Jan gab Alison und Jim neue Zuversicht. In den Wäldern oberhalb des Zeltplatzes pflückten sie Heidelbeeren und Himbeeren und nahmen die Kinder mit zum Camping in den Aiguilles Rouges, den Bergen gegenüber dem Mont Blanc auf der anderen Seite des Tals. Im Biwak am Ufer des Lac Blanc sahen sie am Morgen die Sonne die oberen Hänge des Bergs bestreichen, dabei hatten ihre Schlafsäcke einen Eisrand.

Den folgenden Tag fuhren sie durch Italien zur Bregaglia-Kette in der Schweiz, wo Alison die Nordwand des Piz Badile erkletterte, des vierten Bergs auf ihrer Liste. Diesmal gab es kein Warten und keine Enttäuschungen, sie schwelgte im warmen, besonnten Fels und überholte mehrere Seilschaften, während sie rasch emporkletterte und kaum innehielt, als sie hoch oben am Berg auf Passagen mit fließendem Wasser stieß. Sie schöpfte neues Selbstvertrauen. Eine Woche später war sie zurück in Chamonix für ihren fünften großen Aufstieg, die Nordwand des Dru. An der Talstation der Seilbahn begegnete sie Mark Twight, ihrem alten Freund vom Kangtega, und sie machten sich gemeinsam auf den umständlichen Abstieg zum Gletscher unterhalb ihrer Route. Dann war sie auf sich allein gestellt und kämpfte sich vom Fuß der Wand feuchte, mit Geröll übersäte Hänge hinauf. Als sie später in Schwung kam, fühlte sie sich heiter und war guter Dinge, schwebte über dem Abgrund, kletterte flink und anmutig auf festem Granit. Rings herum öffnete sich der Ausblick auf Gipfel und Gletscher unter klarem blauem Himmel, indes ihre Exponiertheit zunahm. Während sie einen eigenartigen waagerechten Riß überwand, blieb sie an einer Stelle stecken und mußte gegen das Lachen ankämpfen, als ihr Fuß plötzlich in der Luft hing. Ohne Seil, einige hundert Meter Tiefe unter sich, verspürte sie nicht die leiseste Furcht. Der Dru ist ein atemberaubender Berg, eine beinahe vollkommene Spitze. Sehr wenige Männer haben seine Nordwand allein bestiegen und gewiß keine Frauen. Nach den Zweifeln und der Niedergeschlagenheit des Frühlings, als nichts mehr möglich zu sein schien, setzte Alison auf einmal alle ihre Vorhaben in die Tat um.

Eine Woche später folgte sie dem Rat von Alan Sykes, wanderte zur steil aufragenden Nordwand des Cima Grande und fing an zu klettern, bevor sich die Angst ihrer bemächtigen konnte. Anfangs kletterte sie auf dem senkrechten Kalkstein etwas nervös und zog sich von einem schwierigen Gefälle zurück, während sie darum kämpfte, schneller zu werden. Wieder half ihr ihre Beharrlichkeit durchzuhalten, und obwohl sich ein Unwetter zusammenbraute, schwang sie sich die gewaltige Kante empor. Den oberen Abschnitt erklomm Alison in einem heftigen Regenguß, und als sie auf der anderen Seite abstieg, fielen ihr Geschichten über Blitzgewitter in den Dolomiten ein und Bergsteiger, die ihnen in den Wänden schutzlos ausgeliefert waren. Doch die Wolken schwiegen sich aus, und als Jim ihre durchnäßte Gestalt aus dem Regen auftauchen sah, hielt sie alle Finger einer Hand und den Daumen der anderen hoch; die sechs Wände waren in gewisser Weise abgeschlossen. Ungewiß war wohl dennoch, wie ihre Leistung beurteilt werden würde.

Die Familie blieb in Frankreich, ging zuerst Campen und mietete dann ein preiswertes Chalet in Chamonix, wo Alison die Arbeit an ihrem Buch aufnahm. Ende September flog sie nach Hause zur jährlichen Outdoor-Handelsmesse in Harrogate, wo sie helfen wollte, die Erzeugnisse ihres neuen Sponsoren »Sprayway« bekanntzumachen. Es hätte eine erfreuliche Woche werden sollen. Alisons Eltern hatten in der Nähe ein Ferienhaus gemietet, und während der Messe blieb sie bei ihnen. Sie hatte etwas getan, was keine Bergsteigerin, ob aus Großbritannien oder von anderswo, zuvor geleistet hatte, und es ist verständlich, daß sie erwartet hatte, das so dringend benötigte Lob endlich einzuheimsen. Statt dessen ging Alison langsam auf, daß die Bergsteigerwelt ihren Alleinaufstiegen voller Mißtrauen begegnete. Wenige zweifelten daran, daß sie die Routen wirklich erstiegen hatte, doch es gab ziemliche Einwände gegen die Art, in der sie und Jim den Erfolg darlegten.

Die beim Erklettern der sechs Strecken verstrichene Gesamtzeit gab sie mit weniger als vierundzwanzig Stunden an. Der Schleier, behauptete sie, hätte zweieinviertel Stunden beansprucht, möglicherweise der schnellste Aufstieg überhaupt, die Cima Grande weniger als dreieinhalb Stunden, der Piz Badile bloß zwei. Das Kunststück verlieh sogar ihrem Buch *A Hard Day's Summer* seinen Namen. Es gibt keinen Beweis dafür, daß Alison die sechs Routen nicht in mörderischem Tempo erklommen hat. Aber eine Gesamtzeit von weniger als vierundzwanzig Stunden klang unwahrscheinlich. Vielleicht waren Alison und Jim vom Spektakel um die Mount-Everest-Besteigung durch Rebecca Stephens angespornt und hatten schlicht versucht, die Größe ihrer Leistungen hervorzuheben.

Es gab auch Einwände dagegen, daß sie ihren Aufstieg auf den Eiger als »Nordwand« verbucht hatte. Jims Beurteilung, die von ihr gestiegene Strecke den Eiger hinauf stellte eine wesentlich neue Variante dar, verschlimmerte den Tatbestand noch. Möglicherweise gab es bei Alisons Aufstieg kurze Abschnitte, die zuvor noch nicht geklettert worden waren, aber seine Anmerkung in ihrem Buch war schädlich: »Wir sahen zu, wie Geschichte entstand. Alison schrieb ihre Begabung in die größte der alpinen Nordwände ein. Sie erkletterte einen neuen Aufstieg, indem sie links vom Lauper nach oben hin abkürzte.«

Für einen Nicht-Bergsteiger ist das Bezwingen des Eiger, egal auf welcher Route, eindrucksvoll genug, aber die Kenner fanden diese Art von Ausschmückung peinlich. Zusammen mit der anmaßenden Vorstellung, daß der Schleier-Aufstieg auf irgendeine Weise würdig sei, in Rébuffats Liste der sechs Nordwände aufgenommen zu werden, bekam das Ganze einen fragwürdigen Charakter. Bill O'Connor, der für die Bergsteigerin Alison die größte Bewunderung hegte, war irritiert: »Ihr war doch sicher klar, daß die Leute da draußen wußten, daß [ihr Anspruch] nicht aufrichtig oder nicht ehrlich war, und alles andere, was sie getan hatte, in Frage stellen würden?« Alisons Aufstiege bedurften keinerlei Ausschmückung; sie waren eindrucksvoll, mutig und besser als fast alles, was je zuvor von einer Britin geleistet wurde. Aber Jims Übertreibungen und Alisons Fügung darin beschädigten ihren Ruf. Die »Szene«, jener kleine Kern von Bergsteigern, die den Sport zu ihrem Leben gemacht hatten, kehrte ihr den Rücken. »Ich glaube, sie spürte, daß sie von der Gemeinschaft der Kletterer abgelehnt wurde«, meint O'Connor. Die Welt, als deren Teil sie sich hatte fühlen wollen, hatte ihre Ehrbarkeit angezweifelt, und das muß sie sehr geschmerzt haben.

Zurück in Frankreich, setzte sie die Arbeit an ihrem Buch

fort, lebte anspruchslos und hielt sich in Form, aber die in Harrogate gegen ihre Leistung erhobenen Einwände nagten an ihr. Im Sommer allein zu klettern bedeutete, daß es an guten Fotos fehlte, um damit etwaige Vorträge oder Zeitschriftenartikel zu begleiten, was ihre neue Karriere als professionelle Bergsteigerin behinderte. Jim hatte sich zum Fotografen erklärt, aber seine Aufnahmen von ihrer Kletterei auf dem Bossons-Gletscher nahe der Hauptstraße nach Chamonix waren einfach schlecht. Die französischen Klettermagazine, die sich Alison bei den Zeitungshändlern in Chamonix besorgte, waren voller hervorragender, außergewöhnlicher Fotos in satten Farben, aufgenommen aus schwindelerregenden Perspektiven. Solche Bilder von ihr wären schwerlich zu übersehen gewesen. Die dunkle Wolke über ihr schwoll an, als sie in ihrem Chalet saß und zu schreiben versuchte. Hatte sie mit dem Schleier einen Kompromiß geschlossen, obwohl sie doch wußte, daß sie sich am Croz- oder am Walker-Ausläufer hätte versuchen müssen? Sie war eine Verpflichtung eingegangen und zweifelte daran, sie erfüllt zu haben. Es war unerträglich!

Der erste winterliche Schnee lag auf den Bergen, und Chamonix rüstete sich für die Skisaison. Alison hatte gehofft, daß ihre alpinen Alleingänge ihre Karriere als professionelle Bergsteigerin anschieben würden, aber die Reaktion war gedämpft ausgefallen. Wenn die Alleingänge sie selbst auch begeistert hatten, brauchte sie jetzt nicht minder Anerkennung des Geldes wie ihres eigenen Selbstbewußtseins wegen. Alison entschied sich für einen so ausgefallenen Aufstieg, daß ihn selbst ihre hartnäckigsten Kritiker schwerlich ignorieren könnten. 1985 hatte sie den Croz-Ausläufer mit Ian Parsons erklommen. Jetzt würde sie das unter winterlichen Bedingungen allein tun.

Nicht weit von ihrem Chalet lag »Le Vagabond«, eine Bar mit angeschlossenem Bergsteigerwohnheim. Dessen britischer

Inhaber David Sharrock war ein begabter Bergfotograf: Er stimmte zu, Alisons Aufstieg von einem Hubschrauber aus aufzunehmen. Am 10. November traf Alison sich kurz vor Morgengrauen mit Sharrock auf dem Heliport von Chamonix. Sie stiegen auf und flogen aus dem Tal heraus geradenwegs zum Grandes Jorasses. Schwebend über dem tiefschwarzen Bergschrund, der im Winkel zwischen Wand und darunterliegendem Gletscher geformten Spalte, setzte er sie sicher auf der dem Berg gegenüberliegenden Seite ab. Sie fing an zu klettern, das Gesicht vor der Gischt, die vom Berg herabschüttete, unter der Kapuze ihrer Jacke verborgen. Bald fand sie drei neue Eisschrauben im Eis versenkt. Sie holte sie heraus und hängte sie sich an den Klettergürtel. Erst später erfuhr sie, daß sie von drei Koreanern zurückgelassen worden waren, die einige Tage zuvor abgestürzt waren, als sie zurückgingen.

Die Route, der sie im Herbst 1985 mit Ian gefolgt war, lag tief verschneit vor ihr. Den darunterliegenden Fels freizulegen hätte zu lange gedauert, worauf sie eine Eisrinne emporkletterte. Während sie sich Zentimeter für Zentimeter aufwärts bewegte, wurde die Rinne derart schmal, daß sie ihre Eispickel einen über dem anderen plazieren mußte. Schwankend versuchte sie, den rechten Fuß zu heben: »Ich wollte Tritt fassen, das Eis brach auseinander«, schrieb sie später. »Alles rutschte ab und mein linker Fuß mit. Hilflos hing ich an meinen beiden heikel plazierten Eispickeln, und als ich gerade meinte, daß es schlimmer nicht kommen könnte, setzte die Gischt wieder ein.« Der Pulverschnee ergoß sich über sie und kroch noch durch die kleinste Ritze ihrer wasserdichten Kleidung, als sie sich, über dem Abgrund schwebend, an die Pickelschäfte klammerte. Schließlich ließ die Gischtlawine nach. Sich bewußt, daß ihre Eispickel jederzeit ausreißen konnten, hob sie langsam einen Fuß in die Höhe und stieß ihn vorsichtig in das verbliebene Eis. Es hielt. Sie schloß die

Augen, belastete behutsam ihren neuen Tritt und zog einen ihrer Pickel heraus, um ihn rasch und präzise weiter oben in gutem Eis zu versenken. Sie arbeitete sich aus der schwierigen Stelle heraus, und der Winkel wurde flacher. Sie war dicht genug an den Rand des Abgrunds geraten.

Ihr Tempo beschleunigte sich etwas, aber die Route war in schlechtem Zustand. An manchen Stellen blieb Felsklettern unvermeidlich, und sie mußte von jedem Griff erst den Schnee wegwischen. Alison brauchte keine Gedächtnisstütze, um an den Ernst ihrer Lage erinnert zu werden, fand aber eine vor, als sie auf einen festsitzenden Eispickel stieß, in den weitere Ausrüstung eingehängt war. Sein Besitzer lag jetzt vermutlich Hunderte Meter unter ihr im Bergschrund. Zum zweiten Mal in vier Monaten hatte sie eine makabre Entdeckung gemacht, nur war sie diesmal, anders als auf dem Eiger, selbst in Gefahr.

Sie hatte den größten Teil der riesigen Wand hinter sich, bis zum Gipfel waren es noch hundertfünfzig Meter, und sie stand gerade verhältnismäßig sicher, aber vor ihr lag nun ein weiterer extremer Abschnitt, ein waagerechter felsiger Quergang an winzigen, eisigen Fingergriffen, wo ihre Steigeisen auf streichholzbreiten Granitkanten gerade eben das Gleichgewicht hielten. Die ganze Zeit über verschlechterte sich das Wetter, der Wind frischte auf, und vom Mont Blanc zog Bewölkung auf. Der Wind schüttelte Alison durch und brachte sie aus der Balance. Für Furcht war keine Zeit, während sie sich die letzte beschwerliche Rille hoch und auf den Gipfel kämpfte. Auch für Jubel fehlte die Zeit; das Wetter konnte sie in Kürze die Nacht über an den Berg fesseln, und sie führte keine Biwakausrüstung mit. Der Hubschrauberpilot ließ ein Kabel herunter, damit sie es an ihrem Klettergürtel anbrachte, doch als sie danach langte, schlenkerte es von ihren Händen weg, und sie verlor fast das Gleichgewicht. Der Wind war beinahe schon zu stark für den Hubschrauber, um zu warten, doch beim zweiten Versuch plumpste das Kabel sicher in den Schnee, und sie klickte es in ihrem Klettergürtel ein. Umgehend stieg der Hubschrauber auf, kurvte vom Berg fort und zog Alison hoch empor. Jetzt hing sie Hunderte Meter über dem Erdboden, und als die Winde sie an Bord holte, war das Gesicht des Piloten ein einziges Bild aus Erleichterung und Glückwünschen.

Über diesen Aufstieg, unangeseilt durchgeführt unter schlechten Bedingungen auf einer schwierigen Route im Beisein eines Fotografen, konnte es keinen Zweifel geben, und er fand, zusammen mit Sharrocks Aufnahmen, in allen Bergsteigerorganen in Europa und Nordamerika große Beachtung. Weit mehr als ihre Bemühungen den Sommer über stellte ihr Alleingang auf dem Croz-Ausläufer Alison weltweit ins Rampenlicht des Bergsteigens. Auf dem europäischen Kontinent wurde ihre Leistung mit uneingeschränktem Lob bedacht, und selbst in Großbritannien trug ihre kühne Tat einiges dazu bei, ihren Ruf wiederherzustellen. Diese Leistung war eine schlagende Antwort auf ihre Kritiker. So kam zu guter Letzt ihre Karriere doch in Schwung. Sie hatte einen Weg zum Erfolg gefunden, unabhängig von Jim.

Die Kosten ihres Aufstiegs hatten ihre Mittel erschöpft, aber nach so vielen Monaten der Frustration und Enttäuschung durfte sich Alison ein Gefühl ungeschmälerten Stolzes zubilligen. Vier Tage nach der Ersteigung des Croz-Ausläufers ließen sie den alten Landrover in Chamonix stehen und flogen nach Großbritannien zurück. Am Flughafen mieteten sie ein Auto und fuhren zu Alisons Eltern in Derbyshire. Ein eigenes Heim hatten sie ja nicht mehr.

Nach diesen neun Monaten standen Alison und Jim kurz vor dem Bruch. Bald nach ihrem Eintreffen in Derbyshire erneuerte Alison ihre Freundschaft zu Bev England. Beim Kaffeetrinken und auf langen Spaziergängen sprach Alison zum erstenmal über ihre wirklichen Gefühle, und die Kluft zwischen den beiden Frauen, deren Grund die Ehe mit Jim war, schwand allmählich. Alison erzählte ihr, daß sie auf reine »Existenzerhaltung« zurückgeworfen gewesen seien, und sie meinte, daß ihre Zeit mit Jim in den Alpen häufig ein Alptraum gewesen sei. »Ich sah für sie keine Zukunft. Ich sagte zu ihr: ›Mach hin, Mädchen, schmeiß ihn raus aus deinem System‹«, erzählt Bev.

Jims Anwesenheit im Haus der Hargreaves in Belper wurde bald zur Belastung. Ohne Job, Haus oder Geschäft gab es für ihn nichts zu tun, außer fernzusehen und mögliche Sponsoren am Telefon zu beschimpfen, daß sie die bevorstehende Reise seiner »genialen« Frau an den Mount Everest nicht unterstützten. »Er erzählte ihnen, wie brillant Ali war«, erinnert sich Joyce, »und daß man sie einfach zu sponsern hätte.« Sue fügt hinzu: »Wir alle waren uns wohl bewußt, daß es zwischen den beiden nicht besonders gut gelaufen war. Schließlich nahm Mom Ali beiseite und fragte: ›Macht's dir was aus, wenn ich ihn auseinandernehme?‹ Ali sagte: ›Kein Problem, nur zu.‹«

Am 25. November kam es zu einer heftigen Auseinandersetzung zwischen Joyce und Jim. Joyce warf ihm seine gleichgültige Haltung in bezug auf die Pfändung von Meerbrook Lea und seine Unfähigkeit, sich dem hinterlassenen Durcheinander zu stellen, vor. Dann bat sie Jim, das Haus zu verlassen. Er erwiderte, daß Alison ihn nie wiedersehen würde, doch am folgenden Morgen brach Alison nach einem schweigsamen Frühstück mit ihm und den Kindern auf, um nach Penmaenmawr zu fahren und im Ferienhaus der Hargreaves zu bleiben. Alison kehrte noch am selben Tag ohne Jim und die Kinder zurück. Über ein trübsinniges Weihnachten hinaus pendelte sie den folgenden Monat umständlich hin und her. Manchmal blieben die Kinder bei ihr in Derbyshire; zu anderen Zeiten blieben sie bei Jim in Wales, während sie an ihrem Buch arbeitete und sich auf den Mount Everest vorzubereiten versuchte. Sie hatte keinen klaren Plan. Ohne ein eigenes Zuhause fühlte sie sich entwurzelt und unsicher. »Sie hatte dieses enorme Gefühl, etwas erreicht zu haben«, sagt Bev. »Aber ihr war elend zumute. Zwischen den Expeditionen liebte sie die Häuslichkeit.« Mehr als einmal erklärte Alison ihren Freunden und ihrer Familie, daß sie ihre Ehe für gescheitert hielt. Gleichzeitig fand sie die praktischen Folgen einer Trennung beinahe unerträglich. Nach ihrem Besuch in Wales über Weihnachten versuchte sie, ihre Kinder zurück nach Belper zu bringen. Sie rief ihre Mutter weinend an und berichtete ihr, daß Tom sich weigerte, ins Auto zu steigen, und bei seinem Vater bleiben wollte. Joyce riet ihr, Tom dazulassen und nur Kate mitzubringen.

Als das neue Jahr begann, beschloß Alison, die Kontrolle zurückzuerlangen. »Jim wirkte wie ein triefender Waschlappen«, sagt Susan. »Sie traf die Entscheidungen.« Der erste Schritt war, ein Haus zur Miete zu finden, und bald machte sie eines in Eyam ausfindig, ein paar Kilometer nördlich von Belper nahe den Sandsteingraten von Froggatt und Curbar. Wieder einmal versuchte sie, ihre Ehe zu retten. Susan hielt das für unwahrscheinlich. »Unsere Telefonate, die Unterhaltungen, sah man sie beisammen, wie sie aufeinander reagierten – es schien nur in eine Richtung laufen zu können.« Hinter ihrer anhaltenden Unentschlossenheit fragte sich Alison bereits besorgt, wie die Gerichte die Gefahren auslegen würden, die sie bei ihrem Beruf einging, und ihre Abwesenheit, wenn sie in den Bergen war. »Sie hatte Angst«, meint Susan, »die Kinder zu verlieren.«

Gleichzeitig brauchte sie ein geordnetes Familienleben, um das Bergsteigen fortzusetzen. Wie könnte sie den Mount Everest zu besteigen versuchen, sollte sie zur Alleinerziehenden werden. Alison fand für Tom einen Platz an der Schule in Eyam, konzentrierte sich auf die bevorstehende Expediton und bemühte sich, einen Abglanz häuslicher Harmonie wiederherzustellen. Wie schon vorher geplant, sollten Jim und die Kinder sie zum Basislager begleiten.

Die Artikel, die Alison über ihren Aufstieg am Croz-Ausläufer schrieb, halfen, die dürftigen Finanzen aufzubessern und hoben ihr Ansehen in den Medien, doch während sie mit potentiellen Geldgebern verhandelte, wußte sie, daß ein bloßes Erreichen des Mount-Everest-Gipfels nicht genügen würde. Unterdessen unterminierte Catherine Destivelle bereits Alisons Triumph in den Alpen. 1992 hatte sie die »richtige« Route auf den Eiger allein durchstiegen, während Alison im Krankenhaus von Chamonix lag. Nun hatte sie das gleiche auf dem Walker-Ausläufer des Grandes Jorasses geschafft. Beides waren Winter-Alleintouren auf Strecken, die Alison im Sommer wegen schlechten Wetters gemieden hatte.

Während Rebecca Stephens es sich mit ihrem Mount-Everest-Aufstieg im Rücken gutgehen ließ, mußte Alison weiterhin kämpfen. Ihr war klar, daß sie etwas noch Bemerkenswerteres tun mußte, um ein ähnliches Maß an Aufmerksamkeit zu erzielen. Da der Mount Everest bereits von einer Britin bestiegen war, müßte sie das ganz allein und ohne Sauerstoffflaschen riskieren. Die mutige Mama allein auf dem höchsten Berg der Welt – endlich hatte sie ein Ziel, das die Medien aufrütteln konnte. Ende Juli 1994 brachen Alison, Jim und die Kinder auf; ihre Abreise wurde von der landesweiten Presse verkündet. John und Joyce hatten die Kinder im Zug begleitet und sahen sie im Abflugbereich verschwinden. Jim zumindest schien keine Illusionen zu haben, was Alison vorhatte. »Seien wir ehrlich«, sagte er zu Reportern, »ich muß mich mit der Möglichkeit abfinden, daß sie nicht zurückkehrt.«

Einsam auf dem Mount Everest

Alisons Leben war sehr intensiv und voll und ganz auf die Besteigung des Mount Everest konzentriert. Zwischen der Abreise nach Nepal Ende Juli 1994 und der Expedition zum K 2 ein Jahr später zog sie viermal um, hielt in Großbritannien und im Ausland Vorträge, hatte ein Buch herausgegeben und den Vertrag für ein weiteres unterschrieben, wurde von den Medien weltweit gefeiert und unternahm drei Expeditionen in den Himalaja. Für sich und ihre Kinder plante sie ein unabhängiges Leben fern von Jim, was ziemlich schwierig war. Natürlich verursachten diese Ereignisse, der Gegensatz zwischen glücklichen Wochen in den Bergen und den unerbittlichen Zwängen einer plötzlichen Karriere, zuweilen Verwirrung und Desorientierung bei ihr; jene, die Alison kannten, haben geäußert, daß ihnen das irrwitzige Tempo ihres Lebens Sorgen bereitete und sie sich zu sehr dem Erfolgsdruck ausgesetzt hätte. Diese Ansicht hatte etwas Wahres, doch war es in Anbetracht des Zustands ihrer Ehe wenig überraschend, daß sie unter Druck stand. Aber die meiste Zeit in dieser Phase war sie glücklich. Während sie sich in ihrer Ehe isoliert fühlte, wurde die Beziehung zu ihren Eltern und ihrer Schwester immer enger. Darüber hinaus verwirklichte Alison endlich alles, wovon sie geträumt hatte, und wurde fast überall als eine der größten Bergsteigerinnen aller Zeiten anerkannt.

Ihre erste Expedition zum Mount Everest fand 1994 im Spätsommer statt. Sie nahm an einer medizinischen Expedition unter Leitung von Simon Currin, einem Arzt für Allgemeinmedizin aus Wales, teil. Die Gruppe aus über dreißig

Ärzten, Physiologen und Umweltforschern wollte den Berg besteigen, aber auch die Auswirkungen großer Höhen auf den Menschen und die Folgen des Bergsteigens und Trekkings für das Gebiet um den Mount Everest untersuchen. Alison war ein unabhängiges Mitglied, das seinen Beitrag zum wissenschaftlichen Vorhaben der Expediton als Testperson für Meßdaten leistete. Sie stieg nach eigenem Tempo auf und hatte auch ihre eigene Ausrüstung. Den Berg allein zu besteigen, war allerdings unmöglich. Die Route von der südlichen, nepalesischen Seite auf den Mount Everest führt anfangs durch eine steile Kaskade aus Eisklippen und Gletscherspalten. In jeder Saison werden ein Weg durch dieses Hindernis gefunden und Fixseile angebracht, um die Bergsteiger und Sherpas abzusichern. Es wäre dumm gewesen, diese Seile nicht zu benutzen, obgleich sie von anderen angebracht worden waren. Ebenfalls nutzte sie später im obersten Lager auf dem Südsattel in knapp 8 000 Meter Höhe die Zelte der Expedition.

Viel wichtiger war Alisons Entschluß, während des gesamten Aufstiegsversuchs keine Sauerstoffflaschen zu verwenden und nur auf die Restluft in diesen Höhen zu bauen. Alison betrachtete den Aufstieg auf den Mount Everest ohne Hilfe und ohne Sauerstoff als die unverfälschteste, befriedigendste und, weil es die härtere war, bevorzugte Vorgehensweise. Damit wäre auch das Gefühl, etwas errungen zu haben, stärker, und sie würde weitaus größeren Eindruck auf die Medien machen. Aber ohne zusätzlichen Sauerstoff wird der Aufstieg auf den Mount Everest wesentlich schwieriger, verbunden mit einem erheblich größeren Risiko von Erfrierungen und körperlicher Entkräftung. Auf sich allein gestellt, sind die meisten Bergsteiger nicht kräftig genug. Daher sind sie dankbar für Sherpas, die ihnen ihre Ausrüstung tragen und sie mit Sauerstoff versorgen. Auf diese Weise hatte Rebecca Stephens im Jahr zuvor den Gipfel erreicht. Alisons Vorhaben, sich die steilen Schneehänge auf 8 000 Meter Höhe und höher emporzukämpfen, strengt die Lungen bis zum Bersten an und läßt das Verlangen über die physiologische Tatsache triumphieren, daß der Körper abstirbt.

Der Vorgang der Akklimatisation, den Alison auf dem Kangtega verstehen gelernt hatte, tritt ab etwa 5 000 Metern außer Kraft. Das ist nämlich die größte Höhe, in der Menschen dauerhaft leben und arbeiten können. Dort beträgt der Sauerstoffgehalt etwa die Hälfte dessen auf Meeresspiegelhöhe. Oberhalb von 5 000 Metern kann sich das Blut biochemisch nicht weiter an den verringerten Sauerstoffgehalt anpassen und verstärktes Atmen – die hyperventilatorische Reaktion – kann diesen nicht hinreichend ausgleichen. Oberhalb von 8 000 Metern beschleunigt sich der körperliche Verfall, und Bergsteiger, die sich in solch extremer Höhe aufhalten, sterben zwangsläufig an Sauerstoffmangel.

Nahe dem Gipfel des Mount Everest, wo der Sauerstoffgehalt nur mehr ein Drittel dessen auf Meeresspiegelhöhe beträgt, sind alle Körperfunktionen abnorm eingeschränkt. Alles dauert länger, da das Gehirn mit dem Sauerstoffmangel kämpft. Eine Tasse Tee zu kochen oder sich Stiefel anzuziehen wird zur Willensprobe. Bergsteiger berichten oft von Halluzinationen beim Aufstieg, treffen auf nicht vorhandene Kameraden oder hören Gespräche. Nachdem Doug Scott bei der Expedition 1975, die Alison so sehr inspiriert hatte, über die Südwestwand den Gipfel erreicht hatte, war ihm der Sauerstoff ausgegangen, und er und sein Partner Dougal Haston waren gezwungen, eine Schneehöhle auszuheben und dort über Nacht Schutz zu suchen. Scott hat das Erlebnis einer Erscheinung beschrieben, die ihm Hilfe anbot, und Haston hat sich mit Leuten unterhalten, die nicht da waren. Beide Männer hatten gegen den Schlaf gekämpft, weil sie überzeugt waren zu sterben, wenn ihnen das Wachbleiben nicht gelingen sollte. Viele Bergsteiger, die auf Sauerstoffflaschen verzichten, erleiden nach ihrer Rückkehr einen dauerhaften Verlust des Kurzzeitgedächtnisses; Erfrierungen sind weitverbreitet, Herzversagen und Zusammenbruch durch Erschöpfung vielfach belegt. Es überrascht nicht, daß die kurze Liste derjenigen, die ohne Sauerstoffflaschen auf dem Dach der Welt gestanden haben, viele der besten Hochgebirgsalpinisten der Geschichte aufweist. Doch trotz ihrer Kenntnis der möglichen Folgen trieb es Alison, zu ihnen zu gehören.

Der Berg war seit Junko Tabeis Erstbegehung durch eine Frau 1975 von verschiedenen Frauen bestiegen worden, aber nur die Neuseeländerin Lydia Bradley hatte ihn ohne Sauerstoffflaschen bezwungen. Ihr Aufstieg war von den übrigen in ihrer Gruppe heftig angezweifelt worden, doch waren diese Zweifel keinesfalls gerechtfertigt, wie sich Alison nach anfänglicher Skepsis überzeugt hatte. Der Sherpa Ang Rita, der auf Lydia Bradley dicht unter dem Gipfel gestoßen war, hatte sie delirierend und auf allen vieren kriechend vorgefunden. Er hatte versucht, sie zur Umkehr zu überreden, aber sie hatte abgelehnt. Ang Rita hatte ihr in die Augen geschaut und gesagt: »Du wirst sterben!« Die Bradley hatte durchgehalten, und heute ist ihr Aufstieg allgemein anerkannt. Gleichwohl hatte sie auf die Unterstützung durch ihre Gruppe gebaut, die hoch am Berg Lager aufgeschlagen und Vorräte deponiert hatte, bevor sie Lydia zurückließ, die neben einer spanischen Seilschaft zum Gipfel vordrang. Nur zwei Briten, der Freund und Kletterpartner Alisons Stephen Venables und Harry Taylor, ein ehemaliger Offizier beim SAS, einer Truppe für geheime Sonderaufgaben, hatten den Gipfel ohne Sauerstoffflaschen erreicht. Beide hatten Schreckliches durchlitten; Venables mußte sich später mehrere erfrorene Zehen amputieren lassen. Alisons Aussichten, für sich allein Erfolg zu haben, schienen minimal.

Das Vorankommen der Expedition von 1994 wurde durch das Wetter behindert, erst von Wolken, die durch das Western Cwm unterhalb des Südsattels wirbelten, und dann durch heftigen Wind, der den nahenden Winter ankündigte. Die Kinder genossen das Abenteuer und blieben weitgehend gesund. Nur in Gorak Shep, kurz vor dem Basislager auf mehr als 5 000 Meter Höhe, kamen Zweifel auf, ob sie körperlich überhaupt in der Lage waren, bei Alison zu bleiben. Kate war den ganzen Tag über nervös gewesen und hatte plötzlich über Kopfschmerzen geklagt. Sie litt möglicherweise unter einem Anflug von Höhenkrankheit. Bei Höhenkrankheit ist der Abstieg das Sicherste. Alison zögerte nicht, nahm Kate huckepack und stieg mit einer kleinen Gruppe, der auch Tom angehörte, die Nacht hindurch in tiefere Regionen zur Krankenstation in Pheriche ab. Kate erholte sich rasch, und keines der Kinder wurde noch einmal krank.

Tom und Kate bei sich zu haben, war für Alison eine enorme Ermutigung, und die Mitglieder der Expedition erinnern sich, wie sehr die Kinder das Abenteuer genossen. Jims Anwesenheit war da schon problematischer. Die nepalesische Regierung hatte unlängst die Gebühren, die alle Expeditionen für die Erlaubnis zum Bergsteigen entrichten müssen, von ein paar tausend Dollar pro Expedition auf zehntausend Dollar pro Bergsteiger erhöht. Angesichts der geschäftlichen Pleite überrascht es nicht, daß diese zusätzliche finanzielle Belastung Alisons und Jims Mittel überstieg und der Betrag noch ausstand, als sie mit Geld von »Ferrino«, einem neuen italienischen Sponsor, in Nepal eintrafen. Die Expedition, die trotz ihrer wissenschaftlichen Ziele aus Amateuren bestand, konnte sich einen Verzicht auf die Summe nicht erlauben. Currin teilte Jim und Alison mit, daß sie aus dem Team ausscheiden müßten, sollte die Gebühr nicht bezahlt werden. Dem Berg so nahe, war Jims Enttäuschung verständlich, aber er nahm die

Forderung persönlich und machte keinen Hehl aus seiner Meinung über Currin. Obendrein übte er Kritik an der Entscheidung der Expedition, Sauerstoffflaschen zu verwenden, verunglimpfte das bergsteigerische Können ihrer Mitglieder und stellte nicht gerade schmeichelhafte Vergleiche mit seiner »genialen« Gattin an. Teilnehmer an der Expedition erinnern sich, daß Alison peinlich berührt war und Jim zur Zielscheibe internen Spotts wurde. Sie war bei den übrigen Bergsteigern allgemein beliebt, schloß eine Reihe enger Freundschaften, und Jims unverblümte Äußerungen auf einem für ihn ungewohnten Terrain regten sie sichtlich auf.

Trotz des schwierigen Wetters unternahm Alison entschlossene Anläufe auf den Gipfel und bewies damit sich selbst und anderen, daß sie mehr als 8 000 Meter beharrlich ersteigen konnte, obgleich sie sich zum ersten Mal in derartiger Höhe befand. Schritt für Schritt akklimatisierte sie sich an die dünne Luft, gewann an Ausdauer und stieg zusehends höher in den Berg, bevor sie wieder ins Basislager zurückkehrte, um sich auszuruhen. Bei ihrem ersten Versuch, bis zum Gipfel zu steigen, kletterte sie durch den Gletscherbruch, das Western Cwm hoch und erreichte den Südsattel. Bevor sie die letzten knapp 1 000 Meter zur Spitze aufsteigen konnte, trieb sie jedoch ein heftiger Wind zur Umkehr in ein tiefergelegenes Lager.

Mitte Oktober kehrte sie zurück, verließ um ein Uhr nachts ihr Zelt und kämpfte sich durch die eiskalte Nacht auf fast 8 500 Meter Höhe. Der Gipfel ragte keine dreihundert Meter hoch über ihr empor und forderte sie dazu auf, es zu wagen, löste einen inneren Kampf zwischen Ehrgeiz und Vorsicht aus. Manche Bergsteiger nennen es Gipfelfieber, wenn sich vernünftige Entscheidungsfindung im unwiderstehlichen Drang zum Weitermachen verliert. Der Wind kühlte Alisons Körper aus und vergrößerte die Gefahr von Erfrierungen an ihren Fingern und Zehen. Stets dachte sie an die Handelsmesse von 1983, auf der ihr Jean-Marc Boivin den Bergsteiger vorgestellt hatte, dessen Hände von Erfrierungen verstümmelt worden waren, und so hatte sie es sich zur Regel gemacht, beim ersten Anzeichen von Erfrierung abzusteigen. Oft sprach sie von ihrer Angst, ihre Kinder durch den Verlust der Finger nicht mehr festhalten zu können und ihr Augenlicht zu verlieren, wenn sie sich im Zwielicht des anbrechenden Morgens einbildete, zerebrale Ödeme zu haben, sich in ihrem Hirn Flüssigkeit angesammelt hätte, deren Druck ihren Blick trübte. Hoch am Berg kommen schnell Zweifel, und Simon Currin glaubt, daß ihre Probleme mit der Sehkraft vorübergehend waren und nicht die Vorboten von Ödemen. Aber ihr Entschluß, abzusteigen und auf wärmeres Wetter zu warten, zeugte von Verstand und Besonnenheit.

Die meisten Bergsteiger sind nach Wochen am Berg dünner, schwächer, weniger gesund und leiden in der dünnen, trockenen Luft häufig unter einem hartnäckigen Reizhusten. Auch Alison litt, war aber noch immer nicht bereit aufzugeben. Trotz ihrer Erschöpfung unternahm sie die gewaltige Anstrengung, zum Südsattel zurückzukehren, als auch zwei andere Expeditionsmitglieder ihren Aufstieg mit Hilfe von Sauerstoffflaschen vorbereiteten. Als sie am nächsten Morgen nach unten funkten, daß Alison zurückgeblieben sei, raste Jim vor Wut: »Ich konnte den Schwall von Kraftausdrücken kaum fassen, den er von sich gab«, erinnert sich ein Mitglied der Gruppe, der im Basislager war, als die Nachricht durchkam. »Er war wütend auf sie, weil sie im Bett geblieben war.« Jim, der Alisons Karriere entwarf und von ihren Leistungen abhängig war, nahm ihre Entscheidung sehr persönlich. Er war stets äußerst wütend, wenn ihr ein großer Aufstieg mißlang. Alison hatte sich in ihrem Tagebuch oft gefragt, wie er mit Fehlschlägen fertig werden würde. Jetzt wußte sie es. Sie brauchte nicht noch Jims »Ermutigungen«, um sich mies zu fühlen, daß sie den Gipfel verfehlt hatte. Später schrieb sie, sich beim Verlassen des Bergs so leer vorgekommen zu sein, »als hätte mir jemand den Magen herausgerissen«, eine ausgesprochen grausame Vorstellung. Der Druck, den Jim ausübte, machte alles nur noch schlimmer.

Andere in der Expedition erkannten, daß ihre Beziehung auseinanderbrach. Als sie nach Großbritannien zurückkehrte, erzählte Alison Sue und Bev England, sie hätte sich in ein Mitglied des Teams verliebt. Es war Bev zufolge ein heftiges, wenngleich zum Scheitern verurteiltes Verhältnis, das dennoch Alisons Leben verändert hatte. »Ich hatte das Gefühl, wieder die alte Ali vor mir zu haben«, sagt Bev, »das unbekümmerte Mädchen, das ich damals in den Siebzigern gekannt hatte. Jahrelang war sie nicht mehr dieselbe gewesen. Es hatte eine Zeit gegeben, in der es mir schien, als könnte man nicht an sie herankommen. Ich vermute, das hat daran gelegen, weil sie viel verheimlichen mußte.« Während sie über die Wiesen in Belper spazierten, wo sie gemeinsam aufgewachsen waren und von ihren künftigen Aufstiegen geträumt hatten, schilderte Alison ihre tiefen Gefühle, wie sie Bev zuvor noch nicht an ihr erlebt hatte. »Sie liebte ihn wirklich. Er machte ihr Komplimente und schenkte ihr Aufmerksamkeit. Alles Dinge, die sie von Jim nicht bekam. Die Beziehung war wichtig, weil sie ihr erlaubte, in ihrem Leben neu anzusetzen.« Bev glaubt, daß es Alisons größter Fehler war, nach der Rückkehr von den Alpen, Ende 1993, bei Jim geblieben zu sein. »Er trieb sie furchtbar an. Egal, was sie tat, es war nie genug. Alis genaue Worte dazu waren: ›Jim gab mir die Schuld für den Fehlschlag am Mount Everest.‹ Das hatte sie sehr verletzt, schmerzte sie schrecklich. Er konnte an nichts anderes denken, als das Geld für einen zweiten Anlauf aufzutreiben.«

Als Alison und Jim Ende Oktober vom Mount Everest

heimflogen, zogen sie umgehend in ein Ferienhaus nahe Fort Williams, das erste von zwei kurzfristigen Mietverhältnissen, bevor sie sich eine längerfristige Wohnung nahmen. Tom ging im Ort zur Schule. (Als sein Lehrer ihn fragte, wo er zuvor gewohnt hätte, hatte er Mount-Everest-Basislager geantwortet.) Es gab mehrere Gründe, weshalb die Familie nach Schottland zog. Sicherlich wollten Jim und Alison ihre Kinder in einer wilden und abenteuerlichen Umgebung großziehen, und die Hügel rings um Fort Williams hatten das zu bieten. Außerdem würde Alison ihre geliebten Berge haben. Aber Schottland war auch ein neuer Anfang fern den Gläubigern und den Problemen, die sich durch den geschäftlichen Zusammenbruch in Derbyshire angesammelt hatten.

Kaum daß sie sich in ihrer neuen Heimat eingerichtet hatte, flog sie auch schon wieder nach Kanada zu einem Festival für Bergfilme und -bücher im Skiort Banff in den Rocky Mountains, um von ihren Alleinaufstiegen in den Alpen zu berichten. Die Organisatoren waren ein Risiko eingegangen, als sie ihr am Eröffnungsabend einen hervorgehobenen Programmplatz eingeräumt hatten, kannten Alison doch nur wenige Bergsteiger in Nordamerika. Dennoch war der größte Saal des Theaters mit fast tausend Sitzplätzen ausverkauft, und ihr Vortrag mußte gleichzeitig in zwei kleinere Zuschauerräume übertragen werden. Ihr Auftritt war zaghaft und bescheiden, wurde aber gut aufgenommen; Alison stand gerade mal am Anfang der Erkenntnis, daß Vortragen und Schreiben anspruchsvolle Fertigkeiten waren, die es eher zu lernen galt, als daß sie einem guten Bergsteiger automatisch zufielen. Aber sie war glücklich in Kanada und freute sich über die Kontakte in einer Kletterszene, die sie bereitwillig aufnahm, anstatt ihre Leistungen instinktiv zu schmälern.

Im Verlaufe der Woche in Banff nahm sie mit mehreren bekannten Bergsteigerinnen an einer Podiumsdiskussion zum

Thema Frauen und Abenteuer teil, das den Punkt Risiko und Mutterschaft einschloß. Erstmals mußte sie sich dieser Frage in Gesellschaft von Frauen stellen, die das Wissen um die Berge und die Liebe zu ihnen mit ihr teilten. Sharon Wood, die erste Nordamerikanerin auf dem Mount Everest, zweifelte daran, daß die Gefahren gerechtfertigt seien, und erinnert sich, Alison abwechselnd defensiv und gereizt erlebt zu haben, wenn sie auf Fragen hinsichtlich ihrer Entscheidung, als Mutter an der Ersteigung des Mount Everest und K 2 fest-zuhalten, einging. Auf dem Festival hatten nur wenige eine Vorstellung davon, unter welchem Druck sie stand und wes-halb sie so entschlossen den Erfolg suchte; nur ihr Ehrgeiz war zu erkennen.

Abends saß sie mit anderen britischen Bergsteigern zusam-men, darunter Sir Chris Bonington und Joe Simpson. Nach Jahren der Isolation und Unterschätzung im eigenen Land fühlte sich Alison in Banff verstanden. Es schien so, als sei alles, was sie in jenem Jahr durchgemacht hatte, der Mühe wert gewesen. Nach dem Festival blieb sie zu einem Skiaus-flug in den Bergen und wohnte in einer Hütte am Lake O'Hara. Die Organisatorin des Festivals, Bernadette McDo-nald, entsinnt sich, daß Alison glücklich und vom Gebirge begeistert war, bergsteigerische Fragen stellte, aber auch Schwierigkeiten in ihrem Privatleben zugab, die einer Lösung bedurften. Andere Organisatoren ließ sie wissen, daß sie sich von Jim getrennt hatte.

Zurück in Großbritannien, wurde ihr Buch *A Hard Day's Summer* veröffentlicht. Es fand keine erfreuliche Aufnahme. Alison hatte im Buch versucht, sich bei ihren Sponsoren durch ständige Hinweise auf deren Produkte zu revanchieren. »Dann tankte ich einen Liter Isostar nach«, schrieb sie und fügte in Klammern hinzu: »Nie etwas Besseres zum Flüssig-keitsausgleich kennengelernt!« Dieses anscheinend schamlose Werbegetrommel und der geringe Umfang fügten dem Buch Schaden zu. Wenige Tage nach seiner Veröffentlichung meinte sie zu Alison Osius, einer amerikanischen Journalistin, die nach England gekommen war, um sie auf einem Festival für Bergliteratur zu interviewen, daß das Buch sie enttäuscht hätte. »Ich hasse es voll und ganz. Mir fehlt es sehr an Selbstvertrauen als Schriftstellerin. Würde ich es noch einmal schreiben, hätte ich einen anderen Stil. Ich wäre offener.«

Beim Interview war sie ungewöhnlich freimütig. Einen Mangel an Selbstvertrauen oder Unsicherheit hatte sie bislang nur in ihrem Tagebuch oder gegenüber ihrer Schwester und den engsten Freunden zugegeben. Alison Osius ist eine direkte, aber sympathische Person, und ihre Glaubwürdigkeit als Bergsteigerin – später wurde sie als erste Frau Präsidentin des amerikanischen Alpinistenvereins – bewog Alison wahrscheinlich dazu, ihr offen zu begegnen, gleichwohl sie noch immer durcheinander und voller Sorgen war. Aus freien Stücken erzählte sie Alison Osius, daß sie die Scheidung von Jim wollte, was sich die Osius Wochen nach dem Interview noch einmal telefonisch bestätigen ließ. Fremden von ihrem Vorhaben zu erzählen, bestärkte sie in ihrem Entschluß. »Wir haben uns einfach irgendwie auseinanderentwickelt«, erläuterte sie Alison Osius. »Wir haben völlig verschiedene Ansichten. Es gibt überhaupt keine Feindseligkeit. Ich will etwas ändern. Ich hab' noch verdammt viele Jahre vor mir.« Es war eine eigentümlich defensive Darstellung, aber sie wußte, daß Jim sich darüber aufregen würde.

Über den endgültigen Bruch mit Jim war sich Alison keinesfalls so sicher, wie sie das Alison Osius gegenüber behauptet hatte. Sue hatte Alison und Jim zu ihrer Hochzeit Anfang Dezember eingeladen, aber Alison wollte ohne ihn kommen. Ende November erwogen die beiden Schwestern, ob Alison die Kinder zur Hochzeit mitbringen und dann einfach nicht mehr nach Hause zurückkehren würde. Es gab »eine Menge heimlicher Telefonate«, in denen die beiden diesen »Fluchtplan« erörterten, doch nach der Hochzeit schien Alison es sich wieder anders überlegt zu haben und kehrte zu Jim zurück. Der Mut zum Handeln hatte sie wieder verlassen.

Allerdings war die Beziehung faktisch zu Ende. Alison und Jim führten in Rowan Cottage ein getrenntes Leben; Alison befragte Anwälte zu ihren rechtlichen Aussichten infolge einer Scheidung. Ihre allergrößte Befürchtung war, das Sorgerecht für ihre Kinder zu verlieren, und sie erzählte Bev, deshalb beschlossen zu haben, Jim nicht zu verlassen, als sie zu Sues Hochzeit fuhr: Sie hatte Angst, es könnte die künftige gerichtliche Entscheidung, in wessen Obhut die Kinder leben sollten, beeinflussen. Bev und Alison telefonierten über Weihnachten erneut miteinander. »Sie war verzweifelt und schluchzte am Telefon. Ich wünschte, ich wäre in ihrer Nähe gewesen und hätte vorbeischauen können. Aber sie war in Schottland. Es gab nichts, was ich tun konnte.«

Alisons Dilemma war so einfach wie unausweichlich. Sie mußte für ihre Familie sorgen und demzufolge mit dem Bergsteigen weitermachen und für Schlagzeilen sorgen. Doch das erforderte ihre Abwesenheit. Tatsächlich war sie bislang kaum von ihren Kindern getrennt gewesen; sie waren mit ihr in die Alpen gefahren, wo sie relativ wenige Nächte auswärts verbracht hatte, und sie waren mit ihr am Mount Everest gewesen. Die Zukunft bereitete ihr Sorgen. Tom und Kate würden sie nicht auf die von ihr geplanten Expeditionen begleiten können, und sie brauchte jemanden, der sich um sie kümmern könnte. Sie konnte schwerlich ihren Mann verlassen und dann sofort ihre Kinder jemand anderem übergeben, ehe sie für sechs Monate in den Himalaja aufbrach; auf einen Richter würde das nicht gerade Eindruck machen. So blieb eine qualvolle Unentschlossenheit zurück, und Anfang

Dezember schrieb sie an Sue einen langen Brief über ihre Verwirrung und unglückselige Situation. Sie beklagte sich darüber, ihres Erachtens zu viele häusliche Pflichten aufgebürdet zu bekommen, versuchte sie doch, auch den Lebensunterhalt zu verdienen. Sie erinnerte daran, wie sie die Kinder versorgt und Meerbrook Lea bewirtschaftet hatte; Feuerholz gehackt hatte, als kein Geld für Kohlen übrig war, während Jim die meiste Zeit damit zugebracht hatte, das Geschäft vor dem Konkurs zu bewahren. In Schottland nun arbeitete sie, schrieb Briefe und sortierte Bilder aus, organisierte ihre Expeditionen und jagte Sponsoren hinterher; sie buk und putzte. Sie war über sich selbst und Jim verbittert und erzählte Sue, daß die Schulden aus dem Konkurs von »Faces« und der Läden sie verfolgten. Sie wußte, daß sie glücklich sein konnte, und war es mit ihren Kindern oder in den Bergen auch oft, doch das Übrige sei ungewiß. Alison spürte, daß sie bergsteigerisch erfolgreich sein konnte, aber nur wenn sie ihre Kinder zurückließ, um wieder zum Mount Everest zu reisen. »Es gibt«, folgerte sie in ihrem Brief, »da draußen weitaus mehr als nur die Berge zu besteigen.«

Auch wenn sich ihre privaten Probleme nicht so schnell klären ließen, wollte sie wenigstens etwas unternehmen, um Jim aus ihrem Berufsleben herauszuhalten. Seine Reaktion auf ihren Fehlschlag am Mount Everest hatte sie zutiefst verletzt, und sie beschloß, ihre Karriere in andere Hände zu geben. Während ihrer Abwesenheit war ihr Hauptsponsor »Sprayway« von der Presse mit Anfragen zu ihrem Aufstieg überschüttet worden, aber mangels Nachrichten aus Nepal außerstande gewesen, Kapital daraus zu schlagen. Ein Rest an Spannungen war zwischen Alison und der Firma geblieben, und sie war gezwungen, mit einem außergewöhnlichen Vorhaben aufzuwarten, um das Interesse an ihrer Karriere lebendig und »Sprayway« bei der Stange zu halten. Dieses Problem würde sich durch eine Rückkehr zum Mount Everest mit Unterstützung einer guten Mannschaft lösen lassen.

Alison wurde eingeladen, auf der Hauptversammlung des Alpinistenvereins über ihre jüngsten Aufstiege zu berichten. Seit 1985 war sie Vollmitglied des ältesten Bergsteigervereins der Welt. Die Vorstellung, vor so vielen ihrer Helden zu sprechen, machte ihr angst. Der Saal war voll, und ihr Vortrag fand wohlwollende Aufnahme, was ihr als Zeichen der Zustimmung durch Gleichgesinnte viel bedeutete. Anschließend aß sie mit Richard Allen zu Abend, und sie frischten ihre Freundschaft aus der Begegnung in Täsch im Jahr zuvor auf. Sie erwähnte ihm gegenüber den Plan zu einer Reihe von Alleinaufstiegen im Himalaja.

Die Idee dazu war ihr zwei Wochen vorher von George Band nach einer Ausschußsitzung des Alpinistenvereins nahegelegt worden. Band hatte an der erfolgreichen Mount-Everest-Expedition von 1953 teilgenommen und 1955 die Erstbesteigung des dritthöchsten Gipfels der Welt, des Kangchenjunga, vollbracht. Er meinte zu Alison, wie beschämend er es fände, daß sich keine britischen Alpinisten im kommenden Jubiläumsjahr an dem Berg versuchen würden, wie das Rebecca Stephens und Harry Taylor 1993 am Mount Everest getan hatten. Band plante, im Frühling eine Gruppe zum Fuß des Bergs zu führen, und schlug ihr vor mitzukommen. Da sie bereits an eine Rückkehr zum Mount Everest dachte, hatte er die Idee, die beiden Expeditionen auf irgendeine Weise zu verknüpfen und dann mit dem K 2 fortzufahren. Der Gedanke war atemberaubend. Niemand hatte bisher im selben Jahr die drei höchsten Berge der Welt erklommen, und der Kangchenjunga war überhaupt noch nicht von einer Frau erstiegen worden.

Daß das Vorhaben von George Band ausging, einer im Alpinistenverein hochangesehenen Persönlichkeit, verlieh dem

Ganzen zusätzlichen Glanz. George Bands Idee sprach auch ihre Vorliebe für Listen an, die sie zu jedem Gesichtspunkt ihres Lebens aufgestellt hatte, seit sie als junges Mädchen ein Tagebuch zu führen begonnen hatte. Für ihr geordnetes Denken lag in einer Liste von Aufstiegen etwas von vornherein Befriedigendes. »Ich habe gern Ziele«, meinte sie zu Alison Osius. »Ich habe gern Listen mit Dingen, die zu erledigen sind. Nur aus Selbstzweck eine Wand zu bezwingen, sagt mir nicht wirklich zu. Ich brauche Vorsätze.« Häufig sprach sie von einer regelrechten Furcht, die sie davor verspürte, nach dem Aufstieg auf den Mount Everest zurückzubleiben, ohne etwas Neues vor sich zu haben. Eine Liste so hoher Gipfel würde die Lücke vollständig ausfüllen. Als sie wieder in Schottland war, fand sie einen Brief von Richard Celsi vor, einem amerikanischen Freund, den sie im Herbst in Nepal kennengelernt hatte. Er bot ihr einen Platz in einer Expedition zum K 2 im nächsten Sommer an. All das hatte den Anschein, als gäbe das Schicksal Alison ein Zeichen, das sie nicht ignorieren konnte. Sie sagte zu.

Die Zusage für eine Expedition war die eine Sache, ganz etwas anderes war es jedoch, dafür zu bezahlen – geschweige denn für drei auf einmal. Alison hing immer noch am Tropf von »Sprayway« und dessen, was sie mit Vorträgen und Artikeln verdiente. Sie brauchte jemanden, der von ihrem Nimbus profitieren konnte. Eine zweifache Mutter, die die drei höchsten Berge der Welt besteigen wollte, das war eine marktfähige Idee, aber sie hatte kein Vertrauen mehr zu Jim. »Die Leute, mit denen sie sich umgab«, meinte Jim später zur *Sunday Times*, »fanden, daß mein ruppiger offener Stil nicht das Richtige war, um eine glänzende Karriere weiterzubringen. Die glaubten nach wie vor, daß man jede Menge Verbindungen bräuchte und aalglatte Statements, was sich dann als kompletter Mist herausstellte. Aber sie glaubte das ebenfalls.«

In der Tat brauchte Alison niemandem erst gut zureden, um Hilfe zu finden. Vor ihrem Vortrag im Alpinistenverein hatte sie von ihrer Suche nach einem Agenten gesprochen und zog während ihres gemeinsamen Abendessens Richard Allen als Kandidaten dafür ernsthaft in Betracht. Allen seinerseits suchte nach Möglichkeiten, um den Himalaja zu besuchen. Wahrscheinlich hatte Alison wenig Ahnung vom Ausmaß seines Unternehmens in Hongkong, aber ihre Unwissenheit verlieh ihr später den Mut, ihn zu fragen, ob er als ihr Manager agieren könnte. Sie bot ihm Bezahlung an, obwohl sie kein Geld hatte und Allen reich war, doch er schlug ihr Angebot höflich aus, regte aber an, gemeinsam Berge zu besteigen. Kämen sie miteinander klar, würde er sich das andere überlegen. Sie trafen sich im Januar in den schottischen Highlands und kletterten zusammen auf dem Ben Alder herum. Allen erinnert sich, welch intensive Freude sie daran hatte, in den Bergen zu sein, und war wie John Hunt und viele andere von ihr bezaubert. Ebenso beeindruckte ihn ihre Selbstbeherrschung am Berg. »Stets war alles aus ihrer Ausrüstung zur rechten Zeit am rechten Fleck«, erzählt er. »Ihre Effizienz war unglaublich.« Allen hatte sich als Bergsteiger im wesentlichen auf die Alpen beschränkt, und als Pensionär glaubte er nun, Alison zu unterstützen böte eine ideale Gelegenheit, den Himalaja zu sehen.

Er half ihr bei der Herstellung einer kleinen Farbbroschüre, die ihr Vorhaben erläuterte, und suchte nach Sponsoren; angesichts der kurzen Zeitspanne eine erwartungsgemäß vergebliche Mühe. Mehr Erfolg hatte er darin, einen Verleger zu finden. Dank einer Verbindung George Bands zu »Random House« handelte er einen Buchvertrag mit dem angesehenen Londoner Verlagshaus »Jonathan Cape« aus. Tony Colwell, ihr Lektor bei »Cape«, fand das Vorhaben vage, war aber zugleich von ihrer Offenheit beeindruckt. »Sie hatte einen wunderbaren Sinn für feinen Humor. Sie wirkte wie ein robustes, kluges, geselliges und charmantes Mädchen aus Derbyshire.« »Cape« bot ihr einen Vorschuß von fünfzehntausend Pfund an, beträchtlich mehr als aus ihrem vorherigen Buchvertrag, und Alison war im Geschäft. Die »Verbindungen« und die »aalglatten Statements« zeigten langsam Wirkung, auch wenn Allen letztlich Alisons Expedition zum Mount Everest aus eigener Tasche förderte.

Ursprünglich hatte Alison den Mount Everest von der Südseite her angehen wollen. Allgemein wird das als die leichteste Route angesehen und ergab zudem logistischen Sinn, wenn sie anschließend per Hubschrauber zum Kangchenjunga weiterreisen wollte. Aber sie hatte Mühe, eine Expedition zu finden, die noch einen freien Listenplatz auf ihrer Genehmigung hatte. Wenige Wochen vor Beginn der Berg-Frühlingssaison trat sie an Russell Brice heran, einen Neuseeländer mit Wohnsitz in Chamonix, der eine Reihe von Expeditionen zur tibetanischen Nordseite des Mount Everest organisiert hatte und im Frühling dorthin zurückkehren wollte. »Russell war einfach brillant«, erinnert sich Allen. »Zwei oder drei Wochen vor seinem Abflugtermin trafen wir an Ort und Stelle eine Vereinbarung.« Die übliche Strecke über die Nordseite des Mount Everest ist länger und schwieriger als jene von Süden, und weitaus weniger Bergsteiger haben aus dieser Richtung den Gipfel erreicht. Während die Route über den Südsattel beinahe vollständig auf Schnee und Eis verläuft, ist der Nordgrat felsiger, und die Bergsteiger müssen mehr Zeit in großer Höhe verbringen. Das oberste Lager befindet sich auf über 8 300 Metern, liegt mehr als dreihundert Meter höher als das an der Südseite, was ein kritischer Punkt für jemanden ist, der ohne Sauerstoffflaschen aufsteigt. Der Vorteil, von Tibet aus aufzusteigen, lag für Alison darin, daß sie unabhängiger gehen konnte und keine Bresche durch einen Gletscherbruch wie in Nepal schlagen mußte.

Die meisten dieser Übereinkünfte wurden ohne Jim oder auch nur sein Wissen getroffen. Der britische Bergsteiger Alan Hinkes hatte sich gleichfalls der Expedition zum K 2 angeschlossen und besuchte Alison im Winter in Schottland, um Vereinbarungen abzusprechen und Material für einen Fernsehbeitrag über seinen Aufstieg zu sammeln. Alison erzählte ihm von ihren Vorhaben und versuchte ihn für eine Teilnahme an der Expedition zum Kangchenjunga zu gewinnen. Außerdem bat sie ihn, diese Pläne Jim gegenüber nicht zu erwähnen. Durch ihren Entschluß, von Tibet aus vorzugehen, erwies es sich letztendlich als unmöglich, im Anschluß an den Mount Everest den Kangchenjunga zu besteigen, und sie beschloß, diesen Versuch Ende 1995 oder Anfang 1996 erneut ins Auge zu fassen.

Anfang Januar kamen John und Joyce zu Besuch nach Rowan Cottage und wanderten mit Alison über die Hügel, während sie für ihre Rückkehr zum Mount Everest trainierte. Sie kauften ihr einen VW Polo, damit sie sich frei bewegen konnte. Auch Bill O'Connor schaute vorbei und diskutierte beim Abendessen mit Jim, der aufgeregt und ahnungslos von Alisons Aussichten erzählte. Zum erstenmal sahen Alisons Eltern, wie Jim zum Narren gehalten wurde, und sie bemerkten, daß sein Einfluß auf ihre Tochter rapide nachließ. Trotzdem erwiesen sich Jims Kontakte noch immer als hilfreich für Alison. Ihr Freund Ian Sykes bot Alison kostenlose PR-Unterstützung durch die Skistation auf Nevis Range an. Während sie am Berg wäre, würden Sykes Pressesprecher Cally Fleming und Alison Hood Bulletins über ihre Fortschritte herausgeben, die von Russel Brices Satellitenfax im Basislager mit Informationen gespeist würden. Somit wären die Schwierigkeiten, die »Sprayway« gehabt hatte, ausgeschaltet.

Am 17. Februar, Alisons dreiundreißigstem Geburtstag, sprach Bev mit ihr. Sie war immer noch über das, was sie vorhatte, sehr verwirrt. Sie sprach davon, die Kinder in eine Krippe zu geben und ans College zurückzukehren, ja sogar zu promovieren. »Wenn ich alle drei [Berge] einsacken kann, würde mir das etwas finanzielle Sicherheit bringen«, meinte sie zu Bev. »Dann kann ich mich auf ein Leben mit den Kindern einrichten, ein paar Vorträge halten.«

Mitte März veranlaßte Dick Allen den Transport von Alisons Ausrüstung nach Tibet. Er empfahl ihr, zwei Dinge vor ihrer Abreise zum Mount Everest zu erledigen: eine Erklärung über ihren Familienstand abzugeben und ihren Letzten Willen abzufassen. »Sie hat beides unterlassen«, bemerkt er spitz. »Mit allen möglichen Hindernissen wurde sie fertig, aber nicht mit solchen Problemen.«

Zwei Wochen später besuchte sie ihre Eltern in Derbyshire, bevor sie nach Tibet aufbrach. Sie traf sich außerdem mit Bev, und sie unterhielten sich über das Verhältnis, das sie im Herbst zuvor am Mount Everest gehabt hatte, und weshalb daraus nichts geworden war. Bev glaubt, es habe Alison nur darin bestärkt, daß sie ihre Zukunft früher oder später ohne Jim gestalten müsse. »Ich hab' daraus gelernt«, erzählte sie ihr, »daß es noch andere Menschen für mich geben wird.« Bev gab ihr ein Goldkettchen und einen Teddybären von Sue, beides Geschenke, die sie tief berührten. In ihrem letzten Telefonat vor ihrer Abreise meinte Bev zu Alison, sie solle zusehen, daß sie es diesmal schaffen möge. Alison sagte: »Das werd' ich tun, da fahr' ich nicht noch einmal hin, denn es ist fürchterlich!« Dann fuhr sie nach Euston, wo sie sich mit ihren Eltern traf. Sie bat sie um die Erledigung einiger privater finanzieller Angelegenheiten, um zu verhindern, daß Jim sich erneut einmischte. Sie schafften Alison samt Gepäck nach Heathrow, wo Richard Allen wartete. Nach weniger als fünf Monaten daheim kehrte Alison zum Mount Everest zurück.

Nach zwei Tagen in Katmandu zur Regelung der chinesischen Visaformalitäten flogen sie über den Mount Everest nach Norden Richtung Lhasa. Ihr Flugzeug wurde jedoch wegen heftiger Turbulenzen umgeleitet, und so waren sie gezwungen, zwei Nächte in Chengdu zu verbringen. Während sie auf ihren Flug warteten, traf Allen den Militär, Diplomaten und Politiker Sir Fitzroy Maclean, Autor von *Eastern Approaches*, dem nachgesagt wird, Vorbild für Ian Flemings James Bond gewesen zu sein. Er führte eine Gruppe Touristen durch Tibet, und Allen schlug vor, sich mit ihm zu unterhalten. Alison war plötzlich sehr zurückhaltend und hatte Einwände. Aber es galt ein Buch zu schreiben, und Allen erkannte stets guten Stoff. So plauderten sie mit dem alten Herrn anderthalb Stunden lang, bevor sie nach Lhasa weiterflogen. »Auf der Stelle verliebte ich mich in Tibet«, schrieb Alison, was überraschend war angesichts ihrer üblichen Abneigung gegen das Reisen. »Die nackte Erde dort versetzte mich in Erregung. Die tibetanische Hochebene hatte etwas an sich, was mir das Gefühl gab, lebendig zu sein.«

Während sie durch Lhasa spazierten, den Potala-Palast und den Jo-khang-Tempel besuchten, das Herz des tibetanischen Buddhismus, hatte Allen Gelegenheit, die einzelnen Mitglieder der Expedition in Augenschein zu nehmen. Brice sollte logistische Unterstützung leisten, Lager und Sherpas organisieren und das Basislager mit seiner Kommunikationszentrale leiten. Alle Bergsteiger waren gerüstet für die mächtige Anstrengung, den Gipfel des Mount Everest zu erreichen, und beobachteten und schätzten einander ein wie Boxer im Ring, bevor die Glocke ertönt. In der Expedition befand sich der einbeinige Bergsteiger Tom Whittaker, ein in Wales geborener Amerikaner. Er wollte der erste Behinderte sein, der den Berg bezwingen würde. Er wurde von Greg Child unterstützt, einem in Seattle lebenden Australier, der eine Reihe eindrucksvoller Aufstiege im Himalaja und zugleich Ansehen als ausgezeichneter Felskletterer für sich verbuchen konnte. Seine zurückhaltende Art stand im Gegensatz zu Alisons großzügigem und weniger nachdenklichem Wesen, dennoch entwickelten sie eine starke Achtung füreinander. »Nie ließ sie ein böses Wort über irgend jemanden fallen«, sagt er. »Sie war hilfsbereit, freundlich, ein echter Kumpel – ein wahres Sweetheart. Sie konnte unterhaltsam und lustig sein.« Das war eine Seite von Alisons Charakter, die nur wenige an ihr sahen, weil sie meinte, in Gesellschaft anderer guter Bergsteiger in Abwehrhaltung gehen zu müssen. Das hatte ihr den Ruf eingetragen, ernsthaft und ehrgeizig zu sein. Diejenigen aber, die im damaligen Basislager unmittelbar mit ihr zu tun hatten, äußerten sich alle über ihre umgängliche und fröhliche Art.

Mit Whittaker und Child zusammen kletterten auch der britische Filmemacher Leo Dickinson, seine Frau Mandy und sein Assistent Eric Jones, der Waliser mit der sanften Stimme, der die Eiger-Nordwand allein bezwungen hatte und später mit sechzig von den Angel-Fällen in Südamerika mit dem Fallschirm gesprungen war. Alison kannte ihn seit 1978 durch sein Café am Fuße der Klippen von Tremadog in Wales. So hatte Alison viel Spaß mit ihrer weitgereisten und interessanten Gesellschaft, in der sie dem Alptraum ihres Privatlebens entfliehen und sich auf ihre aktuelle Aufgabe konzentrieren konnte. »Innerhalb von zwei Tagen [nach Eintreffen im Basislager]«, schrieb sie im *Alpine Club Journal*, »war ich aktiv – und glücklich!« In Bewegung zu sein, körperlich schwer zu arbeiten, abends auszuruhen und sich mit anderen Bergsteigern zu unterhalten – das alles machte sie zufrieden und ausgeglichen.

Die Nordseite des Mount Everest ist voller Bergsteigergeschichte. In den zwanziger Jahren begannen in Tibet die ersten Anläufe auf den Berg. Auf dem Nordsattel gingen George Mallory und Andrew Irvine verschollen, als sie sich vermutlich noch immer zum Gipfel emporkämpften. In jenen späten Tagen des britischen Weltreichs trugen die Alpinisten Tweedmäntel, hatten kaum das Nötigste an Ausrüstung, waren schrecklichen Entbehrungen ausgesetzt und sahen mit George Bernard Shaws Worten aus wie ein »vom Schneesturm überraschtes Picknick in Connemara«. Dennoch kamen mehrere Bergsteiger dem Gipfel nahe, und Mallory und Irvine könnten ihn auch erreicht haben (Mallorys Leiche wurde 1999 gefunden). Der Armeeoffizier Edward Norton kam 1924, dem Jahr von Mallorys und Irvines Verschwinden, ohne Sauerstoffflaschen auf 8570 Meter Höhe. Keine dreihundert Meter vom Gipfel entfernt, erschöpft und mit Sauerstoff unterversorgt, kehrte Norton um ein Uhr mittags um, weil er sicher war zu sterben, sollte er weiter aufsteigen. Nach dem Einmarsch der Chinesen in Tibet Ende 1949 blieb der Zugang zur Nordseite des Bergs Nichtchinesen bis in die achtziger Jahre hinein verwehrt. Nach Wiederöffnung der Grenze vollbrachte Reinhold Messner das, was viele nach wie vor als den vollendetsten Aufstieg auf den Mount Everest ansehen: Allein, ohne einen weiteren Alpinisten am Berg, im Monsun und ohne zusätzlichen Sauerstoff erklomm er den Gipfel.

1995 war das Gebiet des Basislagers, versorgt über eine von den Chinesen in den fünfziger Jahren gebaute Straße, voller Bergsteiger unterschiedlichster Befähigung und Erfahrung. Mehr als zehn Expeditionen versuchten sich am Berg. Sie führten Satellitentelefone, Lastwagenladungen mit Hightech-Ausrüstung und genügend Zelte mit sich, um ein kleines Dorf zu bilden. Es sollte eine äußerst erfolgreiche Saison werden, in der während einer beispiellosen Schönwetterphase sechsundsechzig Bergsteiger den Gipfel erreichten. Ein Mount-Everest-Veteran meinte hinterher, daß es eine Reihe von Todesfällen hätte geben können, wäre das Wetter plötzlich umgeschlagen und unerfahrene Kletterer davon überrascht worden. Im darauffolgenden Jahr trug sich genau dieses Szenarium zu, und neun Bergsteiger kamen ums Leben einschließlich der zwei Bergführer Rob Hall und Scott Fischer, als sie sich um unerfahrene Kunden kümmerten.

Auch Alison profitierte 1995 von den guten Bedingungen. Die übrigen Bergsteiger verließen sich aufeinander wie auf die Heerscharen von Sherpas, die Unmengen von Ausrüstung und Lebensmitteln herbeischafften, die Lager aufschlugen und versorgten. Doch Alison trug ihre gesamte Ausrüstung – Zelt, Schlafsack, Kleidung und Verpflegung – allein die vierundzwanzig Kilometer über den östlichen Rongbuk-Gletscher zum vorgeschobenen Basislager hoch. Selbst für den trainiertesten Bergsteiger ein langer Tagesmarsch. Das vorgeschobene Basislager befand sich in 6 400 Meter Höhe. Nachdem sie rings um das Basislager in ähnliche Höhen hochgewandert war, fühlte sie sich gut akklimatisiert. Vom Basislager aus transportierte sie ihre Ausrüstung auf dem Rücken planmäßig den Berg hinauf. Es hätte nie ein Alleinaufstieg werden können, dafür waren zu viele andere am Berg. Aber ohne Unterstützung aufzusteigen erforderte so große Anstrengung, daß kaum ein anderer in jenem Frühling sie aufbrachte.

An ihrem ersten Morgen im Basislager wachte sie früh auf. Die meisten Bergsteiger hätten ihren Walkman eingeschaltet oder gedöst. Alison jedoch stand auf und fing an, das Kantinenzelt zu säubern, um sich in dieser rauhen Umgebung gemütlicher und häuslicher einzurichten.

Langsam machte sie Fortschritte und unternahm drei Ausflüge den Gletscher und steile Schneehänge empor zum Nordsattel auf 7 000 Meter Höhe, wo sie eine Nacht zur Akklimatisation verbrachte. Früh am Morgen brach sie auf, noch bevor die Sonne den Schnee aufweichen und ihr Tempo verlangsamen konnte, schulterte einen neun Kilo schweren Rucksack und begab sich auf den 600 Meter langen Aufstieg.

Sie hatte ein besonders leichtes und doch äußerst stabiles Hochgebirgszelt bei sich, das es mit den tosenden Stürmen am Mount Everest aufnehmen konnte. Ebenso wichtig war der auf einen Betrieb in der dünneren Luft umgerüstete Kocher, unabdingbar zum Schneeschmelzen. Das Schmelzwasser war lebenswichtig, um den Flüssigkeitsverlust auszugleichen, damit das von vermehrten roten Blutkörperchen zähflüssige Blut weiter durch die Venen fließen konnte. Sie benötigte große Mengen zusätzlichen Brennstoffs, um den Kocher während ihres Gipfelversuchs in Gang zu halten. Nahrung war ein ständiges Problem, da sie hoch oben den Appetit verlor und selbst die süßesten Speisen fade schmeckten. In ihrem Zelt lagen eine dicke Isoliermatte aus Schaumstoff, um gegen den kalten Erdboden geschützt zu sein, ein daunengefüllter Schlafsack und der übliche Krimskrams – Wollmasken, Ersatzhandschuhe und Batterien für die Stirnlampe – alles, was sie in den kommenden Wochen brauchen würde. Kurz vor Mittag hatte sie die Tagesladung verstaut und befand sich auf dem Rückweg zum vorgeschobenen Basislager. Es war harte und gleichförmige Arbeit, sich den langen weißen Schneehang entlang zu schinden. Jede Stunde mußte in zu bewältigende Abschnitte aus ein paar Schritten und dann einer Pause eingeteilt werden, aber sie tat das gutgelaunt und freute sich, daß alles nach Plan lief. Als nächstes würde Alison ein Zelt, einen Kocher, Brennstoff und Vorräte, insgesamt zwei weitere Ladungen, zum nächsten Lager auf 7 000 Metern am oberen Ende eines langen, flach ansteigenden Schneehangs schaffen. Von dort aus würde sie zu einem letzten Lager auf 8 300 Metern nahe dem felsigen Kamm des Nordgrats steigen. Dann wäre sie an der Stelle, von wo sie den noch 1 200 Meter und 600 Höhenmeter weit entfernten Gipfel angehen könnte. Der erste Teil der Strecke bis zum Lager II in 7 600 Meter Höhe ist voller Schnee- und Eishänge und schwierig zu ersteigen. Der Nordgrat dagegen ist felsig mit abwärts weisenden Gesteinsplatten. Das Ganze verläuft in einem flachen Winkel und wäre auf Meeresspiegelhöhe relativ einfach zu begehen, doch in so großer Höhe und insbesondere ohne Sauerstoffflaschen war eine enorme Geistesgegenwart vonnöten, um nicht abzurutschen. An der Spitze des Grats, knapp unterhalb des Gipfels befinden sich zwei senkrechte Felsstufen. Die zweite Felsstufe erforderte eine umständliche Kletterei, aber Alison wußte, daß Jahre zuvor eine Aluleiter angebracht worden war, die ihren Aufstieg erleichtern würde. Die Kletterei war weitaus einfacher als auf den Routen, die sie in den Alpen oder selbst auf dem Kangtega bewältigt hatte, nur das Bleigewicht der Höhe ließ alles so schwer erscheinen.

Da sich die gesamte Ausrüstung für die Höhenlager nun am Nordsattel befand, beschloß sie, abzusteigen und in Russell Brices bequemeren und sich in geringerer Höhe befindenden Basislager auszuruhen. Dick Allen leitete das Kommunikationszentrum und hatte kaum mehr zu tun, als sie anzufeuern. Alle, die mit Alison während ihrer Ruhepause im Basislager zusammen waren, bestätigen ihre Selbstkontrolle und Konzentration. In den Filminterviews mit Leo Dickinson wirkt sie gefaßt und sehr gesund. Obgleich sie die Erfolgschancen bei nicht mehr als eins zu fünfzig ansetzt, strahlt sie eine ruhige Selbstsicherheit aus, als wüßte sie, daß sie zum Gipfel gelangen würde. So saß sie dann in Russell Brices Kantinenzelt beim Tee und beteiligte sich am fröhlichen Geplänkel der übrigen Bergsteiger oder der vorbeischauenden Besucher. »Einer der Vorteile oder Nachteile«, schrieb sie im *Alpine Club Journal*, »steigt man von oben auf geringere Höhe hinab, liegt in dem Ausmaß an Kräften, die das einem zu verleihen scheint. Ausgedehnte Abende mit Trinken und Unterhaltungen machten meine guten Vorsätze zunichte, mich auszuruhen und zu entspannen.« Childs ätzend komische Kommentare über die weniger befähigten Bergsteiger im Lager brachten sie zum Lachen, selbst wenn sein Zynismus sie zurückschreckte. Sie hatte ein gutes Verhältnis zu Mandy Dickinson, die mit ihrem Mann an einem Film über Tom Whittaker arbeitete. Menschen mit solch gegensätzlichen Charakteren um sich zu haben und die Art und Weise, in der diese ihr Leben meisterten, zu beobachten, gaben ihr die Zuversicht, sich zu öffnen und ihre eigenen Schwierigkeiten aus einem anderen Blickwinkel zu betrachten.

Doch ihr anderes Leben, scheinbar Tausende von Kilometern entfernt, war wieder da, als das öffentliche Interesse am Aufstieg wuchs. Mit seiner Belegschaft war Ian Sykes bei der Bearbeitung von Presseanfragen überfordert, und deshalb hatte er Jim gebeten einzuspringen. Alison war wütend, daß Jim nun erneut mithalf, ihre Karriere zu verwalten, und äußerte dies auch Richard Allen gegenüber. »Sie wollte nicht, daß er irgend etwas damit zu tun hatte«, erinnert sich Allen, »und sie nahm auch kein Blatt vor den Mund.« Nun saß Allen zwischen zwei Stühlen. »Ich bin mir sicher, daß sie von ihm loskommen und unabhängig werden wollte«, sagt Allen. Aber bisher hatte sie sich jahrelang nicht entschließen können, ihre Beziehung zu Jim zu beenden. Aus dem abgelegenen Winkel Tibets konnte sie natürlich nichts unternehmen, um jetzt daran noch etwas zu ändern.

Anfang Mai kehrte sie auf den Berg zurück, unternahm eine eintägige Tour den östlichen Rongbuk hoch zum vorgeschobenen Basislager und stieg dann die Schnee- und Eishänge zum Nordsattel hoch. Mit der vollen Ausrüstung zog sie auf 7 400 Meter weiter, blieb aber unterhalb des nächsten Lagers auf 7 600 Metern, wo sie ein Zelt aufschlagen wollte. Alison fühlte sich erschöpft, kurzatmig und kraftlos. Sie konnte auf keinen Fall weitergehen und kehrte ins Lager I am Nordsattel zurück, war enttäuscht und über einen möglichen Fehlschlag erschüttert. Am folgenden Tag trug sie einen zweiten Rucksack mit Ausrüstung, die sie für das Lager II brauchte, dorthin, wo sie am Tage zuvor die erste Ladung zurückgelassen hatte. Zunächst erwog sie, umgehend weiter bis zum Lager II vorzustoßen und sich später um die im Schnee zurückgelassene Ausrüstung zu kümmern. Aber sie wußte, daß die Zeit nicht ausreichen würde, um es erneut bis ins Lager II hoch zu schaffen und dort die Nacht zu verbringen, was für ihre allmähliche Akklimatisation entscheidend war. So zwängte sie den zweiten Teil der Ausrüstung in ihren Rucksack, schulterte ihre an die achtzehn Kilo schwere Last und trug sie mit verbissener Entschlossenheit über die letzten knapp zweihundert Meter zum Lager II. Ein derartiges Bravourstück reizte die Männer, an denen sie vorbeizog, während diese sich den Berg an Fixseilen emporhangelten, die Alison nicht nötig hatte. Die Sherpas andererseits erkannten ihre Kraft und scherzten: »*Didi!* Schwester! Du starker Mann sein!« Die Achtung dieser Männer, die mehr Gefahren eingingen und besser kletterten als die meisten westlichen Bergsteiger, berührte sie zutiefst.

Das Gewicht ihres Rucksacks war beinahe zuviel für sie, aber sie trotzte sich die Strecke bis zum Lager II ab und ging daran, sich dort ein Lager einzurichten. Aus großen flachen Steinen baute sie ein Fundament für das Zelt. Die trockene dünne Luft kratzte in ihren Atemwegen. Das Fundament bedeckte sie mit ausgedienten Zeltbahnen, die sie auf dem Lagerplatz fand, und schlug dann ihr eigenes Zelt auf, das sie mit alten liegengebliebenen Seilen festzurrte, um es vor dem Wind zu schützen, der vom Nordsattel her wehte. Bei anderen Expeditionen hätten die Sherpas alle diese Aufgaben erledigt, aber Alison war allein und machte alles selbst. Sie schaufelte Schnee in einen Nylonbeutel und richtete sich in ihrem Zelt ein, um den langwierigen Vorgang der Zubereitung von Getränken in Angriff zu nehmen und damit den Gefahren der Austrocknung zu begegnen. Sorgfältig legte sie sich die Gegenstände zurecht und zeigte dabei jenes organisatorische Talent, das Richard Allen bei ihrer gemeinsamen Tour im schottischen Hochland aufgefallen war. Nahrung kam zusammen mit dem Brennstoff für den Kocher und dem Schnee zum Schmelzen auf die eine Seite des Zeltes, auf die andere die Kleidungsstücke, die sie weiter oben am Berg brauchen würde: Handschuhe, Wollmasken und ihre batteriebeheizten Stiefel zur Vorbeugung von Erfrierungen. Dann brachte sie den Kocher in Gang und kroch in ihren Schlafsack. Allein im Lager II hoch oben am Berg bildete sie sich ein, daß jemand oder etwas um ihr Zelt streifte, aber sie hatte zu große Furcht nachzusehen. »Ich wußte, daß dort niemand sein konnte«, schrieb sie. »Ich beruhigte mich damit, sie [oder] es wollten nur sicher gehen, daß alles in Ordnung sei.« Dann fiel sie in einen tiefen Schlaf.

Am Morgen stieg sie den Schneegrat zum Nordsattel auf 7 000 Metern hinunter und weiter über die steilen Schneehänge zum vorgeschobenen Basislager, um dort für ein paar Tage auszuruhen. Sie war nun in der Lage, sich am Gipfel zu versuchen. Das Wetter schien ruhig. Sie brauchte schwachen Wind und Hochdruck, was in den extremen Höhenlagen rings um den Gipfel des Mount Everest wärmere Temperaturen und mehr Sauerstoff bedeutete. Während sie mit ihren Freunden plauderte und innerlich zur Ruhe kam, Karten oder Monopoly spielte, in ihrem Zelt schlief oder aß, rührte sich die Barometernadel nicht von der Stelle. Den größten Teil ihres Lebens hatte sie sich auf diesen Augenblick hinbewegt, und sie konzentrierte sich nun voll und ganz auf die nächsten Tage.

Am 11. Mai verließ sie früh morgens das vorgeschobene

Basislager und kletterte schnell zum Nordsattel empor, holte ein Ersatzzelt für das Lager III ab, stieg bis zum Lager II weiter und übernachtete dort, um so gut wie möglich ihren Flüssigkeitshaushalt auszugleichen. Ihr Körper würde weit bessere Leistungen vollbringen, wenn sie in der Lage war, ständig zu trinken. In jener Nacht schlief sie gut, was für die Bewältigung der bevorstehenden Schwierigkeiten sehr wichtig war. Ihr Aufstieg am frühen Morgen über das Lager II hinaus verlangsamte sich jedoch, als sie auf knapp 8 000 Metern die Schwelle zur sogenannten Todeszone erreichte, wo der körperliche Verfall durch Sauerstoffmangel beängstigend schnell voranschreitet. »Alle paar Schritte dauerte es länger, mich zu erholen, ich fühlte mich, als würde ich mein Ziel niemals erreichen«, schrieb sie. Am späten Nachmittag schienen die Qualen ein Ende zu haben, als sie auf 8 300 Metern die kleine Gruppe von bereits aufgeschlagenen Zelten erreichte – Lager III. Doch zu ihrem Entsetzen konnte sie kein freies Fundament finden und schlich, von Sauerstoffmangel benebelt, um die Zelte herum auf der Suche nach einem Plätzchen – irgendeinem –, wo sie sich hinlegen und auf den Morgen warten konnte. Schließlich fand sie eine aussichtsreiche, um fünfundvierzig Grad geneigte Schräge aus Eis und Gesteinsschutt und begann, eine schmale Fläche frei zu schaben, schob, auf allen vieren kriechend, in gut 8 200 Meter Höhe mit den Händen Felsbrocken beiseite und hackte mit ihrem Pickel auf das Eis ein. Nach einer Stunde Anstrengung hatte sie einen sechzig Zentimeter schmalen Sims, auf dem sie ihr Zelt aufstellen konnte. Eine Hälfte davon hing über die Schräge hinaus, und sie nutzte diesen Bereich, um dort ihre Ausrüstung zu deponieren. Danach bereitete sie Getränke und streckte sich alsbald auf dem gefrorenen »Bett« aus.

Über Funk schien sie Leo Dickinson im vorgeschobenen Basislager erstaunlich aufgeweckt zu klingen und beinahe normal darüber zu sprechen, wie es ihr körperlich ging und was sie am nächsten Tag vorhatte. In einem nahegelegenen Zelt bereiteten sich die beiden italienischen Bergsteiger Marco Bianchi und Christian Kuntner gleichfalls auf den Aufstieg vor. »Die Italiener«, bekam Dickinson von Alison mit einem Kichern zu hören, »winken mich zu sich herüber.« Dann brach die lange Nacht herein. Da sie das zum Lager III zu transportierende Gewicht der Ausrüstung verringert hatte, war ihr Schlafsack im weiter unten liegenden Lager zurückgelassen worden, und sie vertraute ihr Leben dem daunengefütterten Anzug an. Sie streifte sich alle Kleidungsstücke über, die sie bei sich hatte, konnte aber kaum schlafen, sah, wie schon bei früheren Biwaks, immer wieder auf ihre Armbanduhr und wartete auf die Zeit zum Aufbruch. Gegen drei Uhr früh kam sie aus ihrem Zelt, um mit dem Aufstieg zu beginnen. Es war jedoch bitterkalt, und so kroch sie für eine Stunde wieder zurück und fiel zum ersten Mal in dieser Nacht in tiefen Schlaf. Um zwanzig nach vier wachte sie erneut auf und kletterte bald darauf los. Der anbrechende Morgen spendete genügend Licht, so daß sie ihre Stirnlampe ausschalten konnte. In ihrem Rucksack befanden sich zwei Kameras, ein Funkgerät, eine Wasserflasche und frische Batterien für ihre beheizbaren Stiefel.

Zunächst verlangsamte Neuschnee auf einigen der schottrigen schwarzen Felsen ihr Vorankommen, doch auf dem Weg bergauf zum Kamm des Nordgrats wurde der Schnee fester, und sie beschleunigte ihr Schrittempo. Im Laufe des Morgens stiegen die Temperaturen, und sie fühlte sich weitaus wohler als im Jahr zuvor. Es schien so, als würde sie es schaffen, und das spornte sie an. Die Italiener gingen ihr voraus, traten die Strecke fest und kamen rasch voran. Alison hielt mit und schaffte häufig zwanzig Schritte, bevor sie gezwungen war anzuhalten, um die dünne Luft tief einzusaugen und dadurch ihr wild schlagendes Herz zu beruhigen. Selbst dicht unter dem Gipfel schaffte sie immer noch acht bis zehn Schritte auf einmal.

Am Vormittag hatte sie einen Felspfeiler der ersten Stufe überquert, ihn aber mit der größeren zweiten Stufe dahinter verwechselt, wo die Leiter angebracht war. Das Fehlen der Leiter kam ihr seltsam vor, doch als sie den Grat höher emporstieg, stellte sie bald ihren Irrtum fest. Ständig hatte sie zu ihrer Linken Sicht auf die steile Westflanke des Makalu und nach vorn auf die Flanke des Lhotse. Die erstaunliche Landschaft ringsherum gab ihr Auftrieb, und Glücksgefühle durchströmten Alison, die aufgrund des Sauerstoffmangels wie in einem Rauschzustand war. Auf dem letzten Abschnitt hinderte eine Stelle mit lockerem, zuckrigem Schnee sie beharrlich am Weitergehen, aber sie kämpfte sich vorwärts, bis ihr das Herz gegen den Brustkorb hämmerte und es in ihrem Kopf vor Anstrengung dröhnte. Ein paar Minuten unter dem Gipfel blieb sie stehen, um erneut mit Dickinson zu sprechen. Hört man sich die Aufzeichnung ihres Gesprächs an, klingen die ermutigenden Zurufe derjenigen, die ihr im vorgeschobenen Basislager und im Basislager beistehen, sehr warmherzig. Später sagte sie: »Von da unten kam so viel Begeisterung. So etwas hatte ich niemals zuvor erlebt. So viele Leute wollten, daß ich oben ankam.« Jahrelang von anderen Bergsteigern abgekapselt, empfand sich Alison mit einemmal als Teil ihrer Welt und spürte, daß Menschen anerkannten, was sie tat.

Es hatte fast acht Stunden qualvoller Anstrengung gekostet und Schmerzen bei jedem einzelnen Schritt, und oft schien der Gipfel sich ihrem Zugriff zu entziehen. Doch dann war sie oben, ein Augenblick durchdringender Erlösung. Die Sehnsucht und der Ehrgeiz, die sie begleitet hatten, seit sie zu klettern angefangen hatte, sollten nie wieder so stark sein. Sie weinte und gab unter Tränen von sich: »Sagt meinen Kindern, daß ich auf dem Dach der Welt stehe und daß ich sie von Herzen liebe.« Ihre Worte waren undeutlich, und Dickinson schalt sie dafür, so kurz angebunden zu sein. Langsamer wiederholte sie: »An Tom und Kate, meine beiden Kinder, ich stehe auf dem Dach der Welt, und ich liebe sie von Herzen.« Das waren die an die Presse übermittelten Worte, und sie klangen ziemlich förmlich und gestelzt. Alison war in phantastischer Form, weinte und lachte gleichzeitig, war trotz des Sauerstoffmangels äußerst klar und hatte alles bestens im Griff. Child meinte etwas ironisch zu ihr: »Alison, du bist meine neue Heldin!« Sie erwiderte: »Du bist so sarkastisch!« Mandy Dickinson, auch weinend, gratulierte ihr und beglückwünschte sie zu ihrem Stil, mit dem sie den Gipfel bezwungen hatte. Alison schickte Botschaften an ihre Eltern, dankte Russell Brice für seine phantastische Organisation und Unterstützung und widmete ihm den Aufstieg. Sie strahlte, ja platzte vor Glück, als sie den beiden Italienern zusah, die den schmalen Gipfelgrat mit ihr teilten, Videos drehten und unzählige Fotos schossen. »Wie lange wirst du auf dem Gipfel bleiben?« fragte Dickinson. »Hängt davon ab, was die Italiener zu bieten haben«, gab sie trotz des Sauerstoffmangels bemerkenswert schlagfertig zurück. Sie befestigte ihre mitgebrachten roten Seidenblumen neben den vom Wind zerfetzten Gebetsflaggen, die an einem Vermessungsmast aus Aluminium hingen.

Die Rückkehr war unausweichlich, und der erste Schritt, mit dem sie den langen Abstieg antrat, war auch der erste Schritt zurück in das Chaos, das sie zu Hause zurückgelassen hatte. Doch als sie sich hoch oben den Nordgrat entlangschleppte, galten die einzigen Zweifel, die ihr durch den Kopf gingen, ihrer eigenen Sicherheit. »Für mich«, hatte sie zu Greg Child gesagt, »besteht der Gipfelerfolg darin, wieder hinunter ins Basislager zu kommen.« Beim Abstieg vom Mount Everest begeben sich Bergsteiger in echte Gefahr, da das Adrenalin, das sie bergauf getrieben hat, verflogen ist. Mehrmals ist es passiert, daß Bergsteiger seelisch und körperlich aufgegeben haben, als der sie vorwärtstreibende Wunsch von ihnen genommen war. Fran Arsentiev, die drei Jahre nach Alisons Aufstieg die erste Amerikanerin war, die den Mount Everest ohne Sauerstoffflaschen bezwang, brach vor Erschöpfung zusammen und starb, als sie sich vom Gipfel herunterkämpfte, nachdem sie drei Nächte auf 8 000 Meter Höhe zugebracht hatte. Als Alison die Leiter an der zweiten Stufe wieder hinuntersteigen wollte, rutschte ihr das Funkgerät aus der Jackentasche und prallte von der Nordwand ab in die Tiefe. Sie hatte versprochen, regelmäßigen Funkkontakt mit ihren Helfern im vorgeschobenen Basislager zu halten, doch das war nun nicht mehr möglich. Russell Brice war an jenem Tag im Lager III gewesen und hatte einen Schlafsack für Alison zurückgelassen; ein für ihn typischer Akt von Freigebigkeit und einer, der ihren Anspruch, ohne Unterstützung am Berg zu sein, keinesfalls schmälerte. Als Brice wieder im vorgeschobenen Basislager eintraf und feststellte, daß sich Alison seit Stunden nicht gemeldet hatte, hielt er lange Wache am Funkgerät. Man sah ihm die Sorgen an, die er sich machte, wenngleich er den anderen Bergsteigern versicherte, daß dem nicht so sei.

Dann aber gab Ang Babu, der leitende Sherpa bei einer weiteren von Briten angeführten Seilschaft, die Nachricht weiter, daß Alison außer Gefahr sei. Als sie um vier Uhr nachmittags das Lager III erreichte, fand sie Brices Schlafsack, entschied sich jedoch für den weiteren Abstieg, um im Falle schlechten Wetters so weit als möglich nach unten gelangt zu sein. Nachdem sie ihr Zelt abgebaut und ihren Rucksack geschultert hatte, brach sie zum Lager II auf. Als Child sie am nächsten Tag traf, nachdem sie zum vorgeschobenen Basislager abgestiegen war, war er von ihrer körperlichen Verfassung beeindruckt. »Sie sah aus, als sei sie von einem Spaziergang zurückgekehrt«, sagte er. »Sie wirkte von der Höhe nicht im mindesten angegriffen. Sie hatte noch immer die kleinen roten Pausbacken wie eh und je und schien an das Spiel mit den großen Höhen bestens angepaßt. Sie hatte anscheinend alles unter Kontrolle.« Marco Bianchi, einer der kräftigsten Bergsteiger Europas in großen Höhen, meinte in Katmandu zu einem Journalisten: »Sie ist der neue Star des Himalaja – für Frauen, aber auch für Männer. Sie klettert wie ein Mann. Sie ist sehr stark. Aber auch sehr nett.« Vielleicht war das ein unbeholfenes Kompliment, auf alle Fälle hatte Alison einen tiefen Eindruck hinterlassen.

An jenem Abend buken die Sherpas ihr zu Ehren einen Kuchen, und sie feierte, vor Glück strahlend, mit den anderen aus Brices Expedition. Dickinson filmte die kleine Gruppe, die sich im Kantinenzelt des Basislagers drängte; die übrigen gratulierten Alison zu ihrer großartigen Leistung, auch, weil sie eine Freundin war und es verdiente, den Berg bezwungen zu haben. Sie war entspannt, in Form und noch immer voller Überschwang. Nun galt es nur noch, heimzukehren.

Das starke Interesse der Medien an ihrem Erfolg auf dem Mount Everest überrumpelte Alison und die meisten anderen Bergsteiger. Die Geschichte kam auf mehrere Titelseiten und war die Spitzen-Meldung in Rundfunk und Fernsehen. Der Leitartikel *Alison vom Everest* in der *Times* argumentierte, daß das verblaßte Image des Mount Everest durch ihre Großtat wieder aufgefrischt sei. »Miss Hargreaves ist unermüdlich«, schloß der Artikel. »Nach zwei Wochen Ruhepause in Schottland hegt sie Absichten auf den K2. Erst zwei Jahre zuvor hat sie in einer einzigen Saison die sechs klassischen Nordwände der Alpen erstiegen. Wir begrüßen den Schwung,

den Mut und die von Alison am Everest gezeigte Chuzpe.«
Das enorme Interesse der Medien – jahrelang hatte sie versucht, es zu entfachen – überwältigte sie regelrecht.

Nachdem sie sich zwei Tage lang im Basislager ausgeruht
hatte, fuhren Alison und Richard Allen in einem Lastwagen
nach Norden zur Straße der Freundschaft, die Lhasa mit Katmandu verbindet. Sie fuhren nach Westen und dann nach
Süden, bis ein Erdrutsch am Eingang der langen, nach Nepal
führenden Schlucht sie zwang, das Fahrzeug zu verlassen. Ein
weiterer Erdrutsch hatte auch weiter oben die Straße blok-
kiert, und so mußten sie über dreißig Kilometer laufen und
eine Nacht in einem Schuppen am Straßenrand verbringen.
Als sie schließlich in Nepal eintrafen, erwartete sie die BBC
mit einem Kamerateam, und Alison bekam einen ersten Vorgeschmack vom Ausmaß des Interesses an ihrem Aufstieg in
Großbritannien.

Jim hatte inzwischen die Arbeit mit den Medien übernommen und berichtete der Presse von seiner großen Freude über
Alisons Erfolg. In einer Erklärung schrieb er, daß Alison »den
wichtigsten Aufstieg, der jemals von einer Frau in der Geschichte des Bergsteigens unternommen wurde«, vollbracht
hatte. Das Zitat wurde im Werbematerial von »Sprayway«
verwendet, wenngleich man es Cally Fleming zuschrieb und
nicht Jim Ballard. Bevor Alison zum K 2 aufbrach, wurde sie
von Alison Osius nach dieser in ihrem Namen aufgestellten
Behauptung befragt. Alison lachte nervös und sagte, sie wüßte nicht, von wem sie stammte, obgleich sie in einer offiziellen
Verlautbarung an die Presse aufgetaucht war. Selbst jetzt
konnte sie sich nicht dazu durchringen, Jim öffentlich zu kritisieren. Ob solche Kommentare notwendig seien, fragte Osius.
»Nein«, antwortete Alison. »Ich finde sie keineswegs notwendig.«

Nunmehr waren ihr jedoch die Mittel zur Propagierung

ihres Erfolgs aus den Händen genommen. »Jim hatte die Kontrolle über das Ganze völlig an sich gezogen«, erinnert sich Allen. Als sie nach Katmandu kam, rief Alison bei Sue an; sie weinte, nachdem Jim sie dafür getadelt hatte, mit dem *Independent* zu reden, ohne vorher ein Honorar vereinbart zu haben. »Sie war außer sich«, sagt Sue, »und hatte auch keine Ahnung, was bei ihrer Rückkehr auf sie zukommen würde.«

Als sie in Heathrow eintraf, kam ein Flughafenangestellter in die Maschine und bat sie, eine Baseballmütze und eine Sonnenbrille aufzusetzen. Richard Allen hielt das für übertrieben, doch auf Alison wartete ein Schwarm von Reportern und Kameraleuten, denen ein Strich durch die Rechnung gemacht werden mußte. Ian Sykes, Ian Sutherland und Jim hatten ein Gremium gebildet, das Jim die »drei weisen Männer« getauft hatte, um das Medieninteresse an Alison zu kanalisieren. Damit war Allen so gut wie ausgeschaltet. Sykes, der seine PR-Mannschaft kostenlos zur Verfügung gestellt hatte, wollte die Pressekonferenz nicht in London, sondern in der Skistation von Nevis Range in Nordschottland durchführen, und Alison sollte dort ihre ersten öffentlichen Kommentare auf britischem Boden abgeben.

Zusammen mit Ian Sutherland und John Hunt von Sprayway flog Alison nach Glasgow, wo sie sich mit ihren Eltern traf. Am folgenden Tag gab sie auf Nevis Range eine Pressekonferenz vor einer beträchtlich kleineren Zahl von Journalisten, als am Tag zuvor auf sie gewartet hatten. Alison war hocherfreut, Bev zu sehen, die einen Tag vorher angekommen war. Mit Kate am Arm beantwortete sie in der großen Cafeteria von Nevis Range die Fragen der Presse. In der entgegengesetzten Ecke des Raums tat Jim dasselbe. Das war der Beginn einer merkwürdigen und stürmischen Phase, die Alison verwirrt und niedergeschlagen machte. An jenem Abend verabschiedete sie sich unter Tränen von ihren Eltern, um mit Jim nach Hause zurückzukehren. Sie war wütend auf seine anmaßende Haltung gegenüber der Presse. Weiterhin war sie verzweifelt bemüht, die Ehe zu beenden, hatte aber nirgendwo sonst eine Bleibe. Sie muß sich zurück auf den Gipfel des Mount Everest gewünscht haben, in ein von den ganzen Problemen unberührtes Leben.

Unterdessen nahm Richard Allen, Jims plötzlicher Einmischung zum Trotz, die Arbeit in ihrem Namen wieder auf. Er handelte Alisons Buchvertrag mit »Jonathan Cape« neu aus, erzielte eine Aufstockung von fünfzehntausend auf dreißigtausend Pfund und vereinbarte eine weitere, kleinere Summe, sollte sie einen ernsthaften Anlauf auf den K 2 unternehmen. Mit diesen zusätzlichen Geldern war Alison imstande, ihre Schulden aus der Reise zum Mount Everest zu begleichen und zum K 2 zu fliegen – ein hinsichtlich der finanziellen Aufwendungen wesentlich billigerer Berg –, ohne sich Sorgen über die Kosten machen zu müssen. Außerdem ließ Allen ihre Ausrüstung nach Pakistan verfrachten. Als Puffer zwischen Alison und Jim konnte er jedoch nicht länger fungieren. Sie hatte Allen bei sich am Mount Everest haben wollen, um jemanden als Beistand in ihrer Nähe zu wissen. Am K 2 allerdings wäre sie auf sich allein gestellt.

Es gab Augenblicke voller Freude und Ruhe, und zugleich brach eine Flutwelle öffentlichen Interesses über sie herein. Drei Tage nach der Pressekonferenz aß Alison mit ihren Eltern zu Abend und schenkte ihrem Vater einen kleinen Stein, den sie vom Gipfel des Mount Everest mitgenommen hatte. »Paß bitte auf ihn auf«, bat sie ihren Vater. »Ich werde mir keinen weiteren holen gehen.« Später nahm sie Tom und Kate mit zu Cally Flemings Wohnwagen an der Küste bei Oban. Am Strand sammelten sie Muscheln und kletterten die kleinen Hügel über dem Meer hinauf. Doch die vierzehn Tage bis zu ihrer Abreise zum K 2 waren eine schwierige, spannungsgeladene Zeit. Jim und die Kinder hatten in einem Ferienhäuschen nahe Spean Bridge gewohnt, und Alison wollte sich ihr erstes dauerhaftes Heim, nachdem sie Meerbrook Lea verloren hatte, suchen. Dort plante sie ein neues Leben ohne ihren Ehemann. Sie suchte nach einem Haus und fand Stone Cottage in der Great-Glen-Schlucht am Fuße der Nordwand des Ben Nevis; doch da sich niemand um die Kinder kümmern könnte, solange sie in Pakistan wäre, mußte Jim wenigstens bis zu ihrer Rückkehr Anfang August mit einziehen. Alison war entschlossen, an ihrem Vorhaben festzuhalten, den K 2 zu besteigen, gleichwohl ihre Freunde und Familie erkannten, daß sie es nicht nötig hätte. »Sie war völlig durcheinander«, sagt Sue, »und sie hatte keine Chance, einen vernünftigen Gedanken zu fassen, um sich darüber bewußt zu werden, was sie erreicht hatte und was dies für sie bedeutete. Hätte sie es sich zum obersten Ziel gesetzt, Jim loszuwerden, hätte sie es geschafft. Aber nach wie vor war sie auch vom Ehrgeiz getrieben.«

Die Tage vergingen sehr schnell und waren angefüllt mit den Vorbereitungen zum Aufbruch, mit Interviews und Treffen mit den Geldgebern. Egal, wo sie war, überall wollten die Leute sie sprechen. Doch nach den anfänglichen Lobeshymnen über ihren Aufstieg schrieben manche weniger von ihr beeindruckte Journalisten nicht gerade Gutes über sie. Alison war vom Ausmaß des Interesses an ihr schockiert, wenn dies sie auch zugleich erregt haben muß. Zutiefst verletzt war sie von den Kolumnisten, die sie als neugefundene öffentliche Person für ihre eigenen Vorurteile benutzten. Emma Brooker vom *Guardian* erkundigte sich nach ihren Gefühlen, nachdem Nigella Lawson in der *Times* geschrieben hatte, Alisons Bergsteigerei sei eine Neurose, die eine »realitätsverleugnende Ichbezogenheit« verriete. Alison war nicht in der Lage, derartige Äußerungen einzuordnen; sie hinterfragte ihr Leben nicht in der Weise intellektuell, wie es diese Journalisten taten. In all den Jahren, da sie den Sport betrieben hatte, war ihr nie in den Sinn gekommen, daß es Leute geben könnte, die das Bergsteigen nicht nur für merkwürdig hielten, sondern auch für falsch. Das gab ihr das Gefühl, als Person angegriffen zu werden. Sie trug tiefsitzende Verletzungen davon, als sie deswegen getadelt wurde, ihre Kinder zurückzulassen und somit als Mutter versagt zu haben. Wie andere auch, die plötzlich berühmt geworden sind, erkannte sie nicht, daß so manches über sie Geschriebenes bedeutungslos und rasch vergessen war.

Doch die Interviews und Treffen gingen ungeachtet dessen weiter, und sie hatte keine Chance, sich auf die neue Situation einzustellen, die der Aufstieg auf den Mount Everest für ihr Leben mit sich brachte. Sie flog nach Italien, um sich mit »Ferrino« zu treffen, einem ihrer Hauptsponsoren. Sie sprach mit alten Freuden wie Bill O'Connor, dem sie mitteilte, daß ihre Ehe am Ende sei. Er war von der Verwirrtheit, ihre Zukunft betreffend, wie vor den Kopf geschlagen und machte sich Sorgen, wie es am K 2 laufen würde. Am 10. Juni zog sie nach Stone Cottage und richtete es für Tom und Kate her, bevor sie für ein weiteres Fernsehinterview nach Nevis Range zurückfuhr. Zum Abschied drückte sie die Kinder an sich und bat sie: »Seid nett zu Daddy! Habt viele schöne Abenteuer, von denen ihr mir erzählen könnt, wenn ich zurück bin.«

Am späten Abend war sie in London, blieb bei Sue und trat am nächsten Morgen wieder im Fernsehen auf. Zu Sue sagte sie, mehr denn je entschlossen zu sein, Jim zu verlassen. Sie bedauerte es, nicht mehr Zeit mit ihren Eltern verbracht zu haben und nicht erklärt zu haben, wie kompliziert ihr Leben geworden war. »Sie hatte keine Ahnung davon, was sie vollbracht hatte, als sie ohne Sauerstoff auf den Mount Everest gestiegen war«, sagt Sue. »Sie wußte nicht, daß sie nicht mehr

zum K2 zu fahren brauchte.« Aber Alison hatte sich verpflichtet. Ihren Geldgebern, ihrem Verleger, ihren Freunden,
der ganzen Welt hatte sie verkündet, nach Pakistan zu gehen.
Wenn sie wiederkäme, meinte sie, würde sich die Zeit finden,
Ordnung in ihr Leben zu bringen. Am folgenden Morgen flog
sie für ein weiteres Fernsehinterview nach Manchester, hatte
einen Termin bei einem Pressefotografen und kehrte dann
zum Flughafen von Manchester zurück, wo ihre Eltern mit
John Hunt und Dick Allen auf sie warteten. Um 19.25 Uhr
küßte Alison ihre Eltern zum Abschied und ging zum Abflugbereich.

Nemesis

Die Südwand des K 2 ist über drei Kilometer hoch und erhebt sich als gedrungene, verkürzte Pyramide über dem darunterliegenden Gletscher; das letzte Drittel ist von rotbraunen Felsen bedeckt, die auf einem Schnee so weiß wie Baumwolle sitzen und bei klarem Wetter von einem indigoblauen Himmel eingerahmt werden. Das sind die einzigen Farben auf dem Berg, außer den Farbtupfern der Zelte. Bei schlechtem Wetter werden alle Farben zu einem unterschiedlich schattierten Grau, das einem schwer auf die Seele geht und alle Begeisterung erstickt. Ringsumher liegen die übrigen Gipfel der Karakorumkette. Das Herzstück jedoch ist der freistehende, einzigartige K 2.

Am Fuße der Wand befindet sich ein Gedenkkreuz: ein Steinhaufen aus rostfarbenen Felsen, obendrauf ein rohes, von der Sonne knochenweiß gebleichtes Holzkreuz. Es soll an den jungen amerikanischen Bergsteiger Art Gilkey erinnern, der 1953 hier umgekommen ist. In seinem Bein hatte sich auf 7 500 Meter Höhe ein Blutgerinsel gebildet. Durch die Austrocknung und die Höhe war sein Blut so zäh wie Sirup geworden und zu träge, als daß es das Herz mit ihm aufnehmen konnte. So hatte sich das Gerinsel bis zu seinen Lungen und dem anderen Bein ausgebreitet. Draußen vor seinem Zelt hatte ein Sturm gewütet und Gilkeys Expedition festgehalten. Mit jeder Stunde war er schwächer geworden. Seine Begleiter waren sich sicher gewesen, daß er sterben würde; solange er aber noch lebte, hatten sie ihm helfen wollen. In eisigem Wind hatten sie Gilkey Schritt für Schritt den Berg hinuntergezerrt;

wenn sie ihn gefragt hatten, wie es ihm ging, hatte er lächelnd gesagt: »Alles bestens!« An einer Stelle war einer der Bergsteiger abgerutscht und hatte vier weitere mit den Seilen hinterhergerissen. Der letzte Mann hatte sie alle aufgehalten und Gilkey mit ihnen, und sie hatten sich, erstarrt, erschöpft und im Schock, den Abhang wieder hinaufgekämpft, um das Zelt aufzuschlagen und sich auszuruhen. Als sie fertig gewesen waren und sich nach Gilkey umgesehen hatten, der in seinem Schlafsack festgeschnallt war, war dieser von einer Lawine fortgerissen worden. Daß ihnen die Verantwortung abgenommen worden war, hatte ihnen wahrscheinlich das Leben gerettet, und zur Erinnerung an ihn hatten sie dieses Gedenkkreuz errichtet. Vierzig Jahre später wurden auf dem Gletscher, nicht weit vom Gedenkkreuz, Kleidungsfetzen und ein Stück von Gilkeys Kieferknochen gefunden.

Unterhalb des Holzkreuzes ist ein Aluteller angebracht mit einer Inschrift zu Ehren des britischen Bergsteigers Nick Estcourt, der 1978 in einer Lawine an der Westwand des K 2 umkam. Es gibt noch weitere Gedenktafeln. Manche sind ziemlich förmlich, wurden von trauernden Verwandten zum K 2 gebracht. Die meisten aber hat man im Basislager aus Alugeschirr improvisiert. Die Namen von Amerikanern, Österreichern, Italienern, Japanern und Polen oxydieren Atom für Atom in der dünnen Luft. Über das Mahnmal ragt der K 2, der zweithöchste Berg der Erde. Darunter liegen Gestein und Eis des Godwin-Austen-Gletschers. Grob geschätzt, kommt hier auf alle drei oder vier Bergsteiger, die den Gipfel des K 2 erreichen, für einen weiteren ein Teller oder eine Gedenktafel hinzu.

Vierhundert Meter vom Gedenkkreuz entfernt verläuft das gekrümmte Band einer Moräne. Zwei Gletscher treffen hier aufeinander. 5 000 Meter über dem Meeresspiegel schlagen diejenigen ihr Lager auf, die sich am K 2 versuchen wollen. Im

Sommer 1986, einer weiteren tragischen Bergsteigersaison am K 2, dachte sich jemand einen Spitznamen für die kleine Ansammlung von Zeltdörfern aus, die längs dieses schmalen Bandes aus losem Gestein aus dem Boden geschossen waren: »The Strip«, weil die unregelmäßige Reihe leuchtend bunter Zelte wie die Hauptstraße einer Pioniersiedlung irgendwo im Wilden Westen aussah. Es überraschte nicht, daß dieser Name an einem Basislager haftenblieb, das voller Desperados steckte, die ein wildes und zuweilen kurzes Leben führten.

Angeführt von Sir Edmund Hillarys Sohn Peter Hillary, trafen am 1. Juli 1995 Matt Comeskey und weitere Mitglieder einer neuseeländischen Expedition zum K 2 am »Strip« ein, gingen ihn hoch, begrüßten alte Freunde und stellten sich den übrigen Bergsteigern vor. Hillary brachte seinen alten Freund Kim Logan mit, einen zurückhaltenden Mann, dem es einfach große Freude bereitete, im Gebirge zu sein. Bruce Grant war ein Skichampion, der als Logans Schützling mit diesem seine Begeisterung für das Bergsteigen teilte. Comeskey, damals einunddreißig, hatte den K 2 schon einmal 1993 in Angriff genommen und kannte Alan Hinkes bereits, einen der beiden Briten im Basislager. Alison Hargreaves hatte er das erste Mal zu Hause in Wellington im Fernsehen gesehen. Die Nachricht von ihrem Erfolg am Mount Everest hatte also auch die andere Seite des Erdballs erreicht. Als er sie dann ein paar Wochen später traf, war Comeskey überrascht:

»Als erstes fiel mir auf, wie klein sie war, dünne Beine in schwarzen Trikothosen, die unter einer übermäßig aufgeblähten hellgrünen Daunenjacke hervorschauten wie bei einem aufgeplusterten Entenküken. Ich schätze, einer von Alisons Reizen und vielleicht zum Teil der Grund dafür, wie sehr die britischen Medien von ihr fasziniert waren, bestand darin, daß sie keinesfalls wie eine Bergsteigerin im Hochgebirge aussah. Ich hätte nie vermutet, daß sie eine Hochleistungssportlerin war.«

Alison war seit einer Woche im Basislager und erholte sich noch immer von der langen und beschwerlichen Anreise. Sie war am 12. Juni mitten in einer Hitzewelle in Islamabad eingetroffen und machte sich mit Alan Hinkes auf in die alte Kolonialstadt Rawalpindi, wo sie im Hotel Shalimar abstiegen. Hinkes, ein professioneller Bergsteiger aus North Yorkshire, hatte an weitaus mehr Expeditionen teilgenommen als Alison, und ihm waren die Hitze und der Staub Pakistans vertraut. Er hatte bereits einen der 8 000 Meter hohen Riesen des Karakorum bestiegen, nämlich den Broad Peak. Und er hatte auch schon die Route den K 2 hoch versucht, an die er sich nun mit Alison wagen wollte. Er besaß in Islamabad ein Lager mit Ausrüstungsgegenständen und kannte viele der pakistanischen Beamten und Agenten, die Bergexpeditionen überwachen und unterstützen. Alison war nervös, hatte Jetlag und war von ihren privaten Problemen und dem fast pausenlosen Medienrummel ziemlich erschöpft und müde. Eine halbe Stunde, nachdem sie ins Bett gefallen war, hatte ein Reporter sie in der festen Absicht geweckt, von ihr das erste Interview auf pakistanischem Boden zu bekommen.

Ihren ersten Nachmittag in Pakistan verbrachte sie beim britischen Hochkommissariat, traf bei einem Empfang zu ihren Ehren auf Gäste und Diplomaten, denen sie von ihren Plänen erzählte. Für den gleichen Abend wurde sie zu einer Party eingeladen und eilte in die Stadt, um sich Schuhe und ein Kleid zu kaufen. Bei ihren früheren Reisen hatte Alison immer die Zeit gehabt, sich auf die unterschiedlichen Anforderungen und das Tempo des Expeditionslebens einzustellen. Doch diesmal war alles dicht gedrängt. Rob Slater, der Leiter der

Gruppe, zu der sie und Hinkes gehörten, hatte beinahe jede Einzelheit ihrer Tour zum K2 organisiert; Genehmigungen, Vorräte und Ausrüstung waren an Ort und Stelle, und so gab es wenig, was sie in Rawalpindi aufhalten konnte. Der größte Teil der Expedition war vierzehn Tage zuvor zum K2 aufgebrochen und hatte geplant, bereits zwei oder gar drei Lager entlang der Route eingerichtet zu haben, bevor Alison, Hinkes und Kevin Cooney, ein amerikanisches Teammitglied, eintreffen sollten. Jetzt hatten sie es eilig aufzuschließen.

Alison und Al Hinkes waren weniger als achtundvierzig Stunden in Rawalpindi, bevor sie einen Inlandsflug nach Skardu im Norden am Fuße des Karakorum antraten. Der Pilot erkannte Alison aus einem Fernsehbeitrag der BBC und lud sie ins Cockpit ein, während das Flugzeug über das Tal des Indus hinauf zum Karakorum flog. Nun konnte sie sich die Expedition durch den Kopf gehen lassen und sich an einen gemesseneren Rhythmus gewöhnen. Sie empfand das »K2-Motel« in Skardu, das bei Bergsteigern und Trekkingwanderern in der ganzen Welt bekannte und beliebte Hotel, als »einen wunderschönen Ort, ruhig und friedlich. Herrliche Gärten und Aussichten auf den Indus. Hier zu sein ist großartig. In Pakistan ist es viel schöner, als ich erwartet hatte. Die Leute sind freundlich und hilfsbereit, und Skardu ist entzückend.« In dieser Oase verbrachten sie einen Tag und zwei Nächte, ruhten sich von der Reise und dem Lärm Rawalpindis aus und begannen mit der Akklimatisation.

Am 16. Juni wurde Alison von einem Klopfen an die Fensterscheibe des Nachbarzimmers aufgeweckt. Sie stand sofort auf, duschte sich und nutzte ein letztes Mal die Gelegenheit, sich in aller Annehmlichkeit die Haare zu waschen. Sie hatte einen Fön im Gepäck, einen hochgeschätzten Luxus, doch nun packte sie ihn weg, denn es war, wie sie ihrem Tagebuch anvertraute, »für ein paar Wochen das letzte Mal, daß er gebraucht würde«. Um halb sechs morgens brachen zwei Jeeps mit den drei Bergsteigern und ihrer Ausrüstung auf und fuhren in Richtung Askole, dem Beginn des eigentlichen Pfads zum K 2. Auf den ersten Kilometern der Fahrt wurde das Braun des ausgetrockneten Tals vom Grün auf den bewässerten Feldern und in den Dörfern aufgelockert. »Letzte Woche um diese Zeit saß ich in der U-Bahn von Heathrow nach Euston – so müde wie immer«, schrieb sie. »Jetzt bin ich immer noch so müde wie immer, aber im heißen, trockenen und staubigen Pakistan.« Eine Stunde später waren sie auf dem Weg zum Basislager.

Alisons bisherige drei Expeditionen nach Nepal hatten kurze und im allgemeinen erfreuliche Touren an den Fuß der Berge eingeschlossen, die sie vorhatte zu besteigen. Auch wenn es auf der tibetischen Seite des Mount Everest ein schwieriges Gelände ist, so läßt sie sich doch per Straße erreichen. Der K 2 hingegen liegt wesentlich abgeschiedener als der Mount Everest, und ein großer Teil der Annäherung verläuft über den öden, steinigen Baltoro-Gletscher. Hier wurde die sengende Mittsommerhitze von dunklen Wolken mit Regenböen und Schneegestöber abgelöst, hinter denen die Berge verborgen lagen und nur eine Sicht auf graue Felsen und bröckelnde Moränenbänke übrigließen.

Am 19. Juni war das Wetter so schlecht, daß sie den ganzen Tag lang in ihren Zelten bleiben mußten. Der Schmerz, von Tom und Kate getrennt zu sein, kehrte wieder. Solange sie mit einem Ziel vor Augen unterwegs war, traten Alisons Zweifel an ihrer Zukunft und an dem, was sie tat, in den Hintergrund. In einem lecken Zelt zu hocken und nichts zu tun zu haben, außer an zu Hause zu denken, war eine Folter. Und die nächsten paar Tage über blieb das Wetter schlecht. Während sie den öden Gletscher emporstapften, fiel mehrmals dichter Schnee, und Alison wußte, daß er das Vorankommen am Berg verzögern konnte. Al Hinkes erinnert sich, daß Alison während des Marschs zum Basislager allein ging. Das hielt niemand für ungewöhnlich; Bergsteiger fallen auf leichtem Untergrund gern in ihren eigenen Trott. Doch am K 2 hatte Alison keinen Vertrauten, keinen älteren und erfahreneren Freund, wie Richard Allen am Mount Everest einer gewesen war, mit dem sie über ihre Bedenken hätte sprechen und der ihr hätte Rat geben können.

Am 24. Juni erwachte sie in Concordia, einem Zusammenfluß von Gletschern im Schatten der höchsten Berge der Welt. Am Abend zuvor hatten Wolken erneut die Berge verhüllt, und als Alison auf ihre Armbanduhr sah und merkte, daß es noch früh war, erwog sie, sich wieder schlafen zu legen. Doch ihre Unruhe ließ sie den Reißverschluß des Zelts aufziehen, und da, von der Zeltöffnung eingerahmt und vom klaren Licht des frühen Morgens erhellt, erhob sich die gewaltige Pyramide des K 2. Mit singender Stimme rief sie aus: »Ich kann den K 2 sehen!« In ihrem Schlafsack hüpfte Alison draußen herum und machte Fotos, bevor die Wolken zurückkehrten.

Der K 2 liegt neunzehn Kilometer und einen letzten Tagesmarsch nördlich von Concordia, dem er seinen Südostgrat und oberen Teil in scharf umrissenem Profil zuwendet. Der Gipfel ist derart weit von jeglicher menschlichen Ansiedlung entfernt, daß sich kein Name für ihn finden ließ, als er im 19. Jahrhundert vermessen wurde, und somit behielt der K 2 sein Kürzel aus der Landvermessung Indiens bei – K für Karakorum und 2 für den zweiten in der Gruppe der zu benennenden Berge. Der Italiener Filippo de Filippi, der 1909 mit dem Herzog von Abruzzen in die Gegend reiste und einer der ersten Europäer war, der den K 2 aus der Nähe gesehen hat, schrieb später: »Unten am Ende, allein, von den übrigen Bergen abgelöst, steigt der K 2 empor, der unbestritten Beherrscher dieser Landschaft, riesig und einsam, von einer gewaltigen Menge kleinerer Gipfel eifersüchtig verteidigt, vor Einfällen geschützt durch Dutzende von Gletschern. Ihm sich auch nur auf Sichtweite zu nähern, erfordert eine große Erfindungsgabe.« Obwohl Alison selten überschwenglich war, machte der erste Anblick des Bergs einen tiefen Eindruck auf sie.

Auf der Pressekonferenz, die sie kaum drei Wochen zuvor nach der Mount-Everest-Besteigung gegeben hatte, war sie gefragt worden, wie sie zum Ruf des K 2 stehen würde. Und Alison hatte erwidert: »Um ganz ehrlich zu sein, ich weiß fast gar nichts darüber.« Sie, die derart mit der Geschichte des Bergsteigens vertraut war, hat nicht ehrlich geantwortet. Der K 2 wurde erstmals 1954 von einer italienischen Expedition bezwungen, und es dauerte weitere dreiundzwanzig Jahre bis zur zweiten Besteigung. Zu Beginn der achtziger Jahre hatten erst fünfzehn Leute den Gipfel erreicht. Zwei der vier Frauen, die den K 2 vor Alison erklommen hatten, Liliane Barrard und Julie Tullis, waren beim Abstieg ums Leben gekommen, ebenso einige Männer. Als Alison 1995 den K 2 sah, hatte es hundertdreizehn erfolgreiche Besteigungen und dreiunddreißig Todesfälle gegeben. Allein 1986, als Tullis, Al Rouse und drei weitere Alpinisten in einem Sturm umkamen, gab es siebenundzwanzig Besteigungen und dreizehn Todesfälle. Seit Anbeginn seiner Rolle in der Geschichte des Bergsteigens hat sich der K 2 um seinen Beinamen »Der wilde Berg« verdient gemacht. 1939 erlebte eine von dem Deutsch-Amerikaner Fritz Wiessner geführte Expedition, wie der zum Greifen nahe Triumph in eine Katastrophe umschlug, als Wiessner bei der Rückkehr von seinem Gipfelversuch gezwungen war, den unerfahrenen und halb wahnsinnig gewordenen Dudley Wolfe auf 7 500 Meter Höhe im Stich zu lassen. Wolfe starb Tage später wie auch die drei Sherpas, die einen heldenhaften Versuch zu seiner Rettung unternommen hatten.

Die Erfolgsrate lag beim Mount Everest mehr als sechsmal so hoch, und die Todesrate fiel dementsprechend wesentlich geringer aus. Viele unter denen, die das Dach der Welt erreicht haben, haben eher auf Willenskraft denn auf Befähigung gebaut; der Mount Everest ist ein Berg, bei dem das möglich ist, weil er über Gipfelrouten verfügt, die nur leicht ansteigen und es den Sherpas erlauben, einen Gutteil der Knochenarbeit zu erledigen. Auf dem Mount Everest werden üblicherweise Sauerstoffflaschen eingesetzt. Der K2 ist anders. »Auf dem Mount Everest findet man alles mögliche Volk«, sagt Al Hinkes. »Auf dem K2 sind die meisten verdammt gute Kletterer.«

Alison wußte, daß der K2 mit 8611 Metern zwar knapp zweihundertvierzig Meter niedriger als der Mount Everest ist. Doch die nördliche Breitenlage des Karakorum hat zur Folge, daß es am K2 kälter und seine Wetterlage wenig stabil ist. Oft konnten die Bergsteiger tagelang nicht das Basislager verlassen. Und viele Todesfälle am K2 waren von plötzlichem Wetterumschlag verursacht worden, dem die Alpinisten hoch im Berg in die Falle gegangen waren. Nur wenige Neulinge haben den Gipfel erreicht, und die Namensliste der Toten beinhaltet eine lange Reihe begabter und berühmter Bergsteiger. All das war Alison mit Sicherheit bekannt und bewußt.

Als sie prominenter geworden war, wurde ihre Einstellung hinsichtlich der Möglichkeit von Verletzungen oder Tod schärfer unter die Lupe genommen. Emma Brooker schreibt im *Guardian*, wie verblüfft sie von Alisons Geradlinigkeit war:

»In ihrem Leben geht es darum, Berge zu besteigen. Alles übrige fügt sich ringsherum ins Bild. Sie geht einen Berg hoch, sie kommt wieder herunter, sie geht weiter zum nächsten. Daß ihr die Berge ausgehen könnten, ist ihre einzige Sorge. Für sie ist es ein Lebensunterhalt, sie unterstützt damit ihre Familie. Falls sie ein großes Ego hat, so auch ein einfaches. Die Person mit dem Kindergesicht auf dem Gipfelfoto scheint keine Todesangst zu kennen, keine Vorstellung von der Möglichkeit ihres eigenen Todes. Vielleicht kann sie es deshalb tun.«

Fragten Leute Alison, ob ihr die Gefahren des Bergsteigens gemischte Gefühle verursachten oder weshalb sie es überhaupt tat, so war Alisons schlichte Entgegnung bezeichnend für sie. Es war nicht so, wie Brooker mutmaßte, daß ihr Ego einfach gewesen sei oder sie keine Vorstellung von ihrem eigenen Tod gehabt hätte. Für sich selbst hatte sie ihre Entscheidungen hinterfragt und stets gerätselt, ob sie ihr ganzes Leben hindurch das Richtige tun würde. Bevor sie nach Pakistan aufgebrochen war, hatte sie Susan ihre Zweifel gestanden, und im Basislager überkam sie eine quälende Unentschiedenheit.

Aber sie wollte keinesfalls, daß andere bei ihr diese Zweifel bemerkten, weil dies das zerbrechliche Gerüst zum Einstürzen gebracht hätte, das sie um sich herum errichtet hatte. Sie nahm sich die Dinge, die sie haben wollte, und hielt dann an ihnen fest. Daß sie mit Jim zusammenzog, war vielleicht das beste Beispiel dafür. So sehr sie es auch haßte, als Versagerin angesehen zu werden, hatte sie jedoch die größte Angst davor, für eine Schwindlerin gehalten zu werden. Einen Begriff von ihrer eigenen Sterblichkeit konnte sie sich machen, ihn aber keinesfalls auch nur ansatzweise äußern, schon gar nicht in der Öffentlichkeit. Alison räumte Augenblicke der Gefahr ein, ebenso das Wissen, auf bestimmten Bergen ums Leben kommen zu können, aber sie war keine Existentialistin. Wie viele andere Alpinisten auch, hatte sie geahnt, daß es eines mentalen Tricks bedurfte, um auf hohe Berge zu gelangen. Man wußte um die Gefahren und plante sie ein, ging jedoch davon aus, daß sie einem selbst nicht zustoßen würden. Deshalb sagte sie zu Emma Brooker:

»Wenn ich Angst hätte, würde ich nicht gehen. Würde ich es für hoffnungslos gefährlich halten, würde ich es nicht tun. Schauen Sie, ich fahre nachts auf der Autobahn, das sehe ich als gefährlich an.

Eine ganze Reihe Leute sind auf dem K2 umgekommen, nur deswegen, weil sie vom Sturm überrascht wurden. Der Trick besteht darin, nicht oben zu sein, wenn ein Sturm kommt.«

So hart ihre Worte heute auch klingen mögen, hatte sie auf gewisse Weise schon recht. Und mag die Allgemeinheit die Risiken auch für wahnsinnig halten, so wußte Alison doch, daß jene, die auf die höchsten Gipfel des Himalaja steigen, in der Mehrzahl lebend zurückkommen. Sie war kräftig, trainiert, hatte eine Menge, wofür es sich zu leben lohnte. Vor allem wollte sie zu ihren Kindern zurückkehren. Viele Bergsteiger, die mit ihr aufgestiegen waren, haben ihr zugestanden, daß sie imstande war, den Berg zu besteigen. Als sie am Nachmittag des 24. Juni den »Strip« erreichte, war ihr Dortsein völlig berechtigt.

Bereits seit zwei Wochen vor Ort hatte der Rest der Gruppe ein vorgeschobenes Basislager zur Unterbringung von Vorräten und ein erstes Lager auf dem Abruzzi-Ausläufer errichtet. Diese Strecke ist nach dem italienischen Adligen Luigi Amedeo di Savoia, Herzog von Abruzzen, benannt, der bis auf dreihundertzwanzig Kilometer an den Nordpol herangekommen war und Berge von Afrika bis Alaska wie auch im Himalaja bestiegen hatte. 1909 führte er eine gut ausgerüstete Expedition den Baltoro-Gletscher hinauf und entschied sich für den Südost-Ausläufer. Der Versuch des Herzogs von Abruzzen endete weit unten am Kamm, als die Bergsteiger das Ausmaß der ihnen bevorstehenden Schwierigkeiten erkannten: tausende Meter herausfordernder Kletterei auf sprödem,

269

ausstreichendem Gestein und steilen Schnee- und Eishängen, all das um vieles schwieriger als die gleichmäßigen Schneehänge auf den üblichen Routen am Mount Everest. Das schwierigste Problem war ein fünfundzwanzig Meter langer Kamin aus morschem Fels in 6 500 Meter Höhe. Ihn zu überwinden kostete Bill House 1938 vier gefährliche Stunden. Seither ist er als Houses-Kamin bekannt, womit Bergsteiger einen weiteren Namen zur Mythenbildung haben. Vor dem Zweiten Weltkrieg fand hier die härteste Kletterei statt, die bis dahin im Himalaja unternommen wurde. Als sich die Zahl der Expeditionen zum K 2 in den achtziger Jahren erhöhte, wurde auf seiner gesamten Länge eine Strickleiter mit Metallsprossen angebracht.

Gewöhnlich werden drei Lager auf dem Ausläufer aufgeschlagen, der in etwa 8 080 Meter Höhe an einer schrägen Schulter endet, mit Tendenz zu Lawinen und stürmischen Winden, auf dem sich die nach Sauerstoff ringenden Bergsteiger im Nebel vergeblich abkämpfen, um eine Zuflucht zu finden. Von der Schulter aus, der Stelle für das Lager IV, ist die Aussicht auf den Gipfel unglaublich verkürzt, läßt ihn näher erscheinen, als er tatsächlich ist, und verführt Bergsteiger zum Weitermarsch. Der Tag der Gipfelbesteigung am K 2 ist selbst für den trainiertesten und sehr gut akklimatisierten Bergsteiger ein weitaus komplizierteres Vorhaben als der Aufstieg zum Mount Everest vom Südsattel oder dem letzen Lager auf dem Nordgrat aus.

Rob Slater, der Leiter von Alisons Expedition, war fest entschlossen, seinen Namen der Liste derjenigen hinzuzufügen, die den K 2 bezwungen hatten. In Wyoming in eine traditionsreiche und konservative Familie hineingeboren, hatte er früh seinen Lebensweg geplant. Eine Million Dollar aus Handelsgeschäften in Chicago ermöglichten die Realisierung seiner Vorhaben. In Sachen Abenteuer war er nicht minder ehrgeizig und setzte sich Ziele, noch bevor er genügend Kenntnisse für die bloße Aussicht auf Erfolg erworben hatte. Er erkletterte mehrere Routen in den tausend Meter hohen Granitwänden des Yosemite und lernte Fallschirmspringen, um abzuspringen, sobald er oben angekommen war. Auf einer Expedition zu einer schlanken, schwindelerregenden Granitzinne oberhalb des Baltoro-Gletschers wurde ihm das Felsklettern im Hochgebirge zu langweilig. Er ließ seine Partner hinter sich und wanderte den Gletscher hinauf, um den K2 auszukundschaften. Und es regte sich in ihm der Wunsch, den K2 zu besteigen. Vielleicht wurde auch ihm klar, daß das mit dem K2 verbundene Prestige weitaus größer war als alles, was er bisher erreicht hatte. Er hatte Freunden in seiner Heimatstadt Boulder/Colorado erzählt, er würde den Gipfel bezwingen oder sterben.

»Das war der einzige Berg, den er besteigen mußte«, sagt Kevin Cooney, der mit Alison und Alan Hinkes auf Trekkingtour zum Basislager gewesen war. »Er hatte etwas Treibendes an sich, und ich hatte echte Schwierigkeiten mit seiner Gipfel- oder-Tod-Haltung. Als er mich einlud mitzukommen, beschloß ich, daß ich noch jemanden brauchte, mit dem ich mich hoch oben zusammentun könnte.« Dieser Jemand war Scott Johnston, ein langjähriger Freund Cooneys aus Bend/ Oregon. Cooney machte sich Sorgen, als er erfuhr, daß sich Alison der Gruppe anschließen würde. Außer von ihrer plötzlichen Berühmtheit hatte er ansonsten wenig über sie gehört und befürchtete, daß man es mit einer Primadonna zu tun hätte. »Ich war sehr angenehm überrascht«, erinnert er sich. »Beim Bergsteigen im Hochgebirge geht es nicht um Glamour, sondern um elende Schinderei. Sie war entschlossen und bereit, die Drecksarbeit zu machen. Es gibt nur sehr wenige Frauen, die eine so schwere Ausrüstung hätten schleppen können wie sie.«

Alison konnte auch den Schmutz nicht ertragen, in dem viele männliche Bergsteiger leben, wenn sie am Fuß eines Bergs lagern. »Es sah ein bißchen unordentlich aus, als wir eintrafen«, entsinnt sich Hinkes. »Rob störte der Müll nicht, aber Alison machte sich sofort ans Aufräumen.« Sie schrieb mehrere Briefe nach Hause, wobei sie sich auf die Satellitenverbindung einer holländischen Expedition stützte, die ebenfalls schon eingetroffen war, um den Abruzzi-Grat in Angriff zu nehmen. »Ich vermisse die ganze Familie sehr und freue mich auf die Rückkehr nach Großbritannien, um endlich die Dinge wieder geradezubiegen«, schrieb sie Sue am 28. Juni. Ihren Eltern gegenüber war sie sogar noch offener, entschuldigte sich für die Schwierigkeiten, die sie glaubte, ihnen bereitet zu haben, und äußerte sich über ihre Zukunft: »Ich muß mir über vieles klar werden – in mancherlei Hinsicht ist das erst der Anfang, und im Augenblick bin ich mir nicht sicher, was dabei herauskommen wird.«

Alisons Unsicherheit wurde verstärkt durch die Unentschiedenheit in der Gruppe, mit der sie aufsteigen wollte. Kaum waren sie eingetroffen, gab der Expeditionsarzt bereits auf. Auch Al Hinkes beschreibt eine Mannschaft mit mangelnder Erfahrung in großen Höhen, die sich beweisen möchte und wild dazu entschlossen ist. Alison ließ Zweifel an dem Plan, sie und Hinkes würden gemeinsam in den Berg gehen, laut werden.

In den letzten Junitagen brachten die beiden Traglasten zum Lager I auf 5 800 Meter Höhe, blieben dort die Nacht über, um ihre Akklimatisation zu verbessern, und machten sich mit dem Gelände vertraut. Der erste Teil des Aufstiegs ist steil und erschöpfend und durch Steinschlag gefährdet, der häufig von Bergsteigern weiter oben ausgelöst wird. Am darauffolgenden Tag setzten Alison und Hinkes ihren Weg fort, an Seilen, die von anderen Bergsteigern bis hin zum Lager II gleich unterhalb von Houses-Kamin angebracht worden waren. Über dem Kamin lag die sogenannte Schwarze Pyramide, ein Abschnitt aus vereisten Erosionsrinnen und Gesteinsplatten. Die Fixseile erleichterten Alison die Überquerung. Doch der Steigungswinkel war unerbittlich, die Sonneneinstrahlung unausweichlich, und es gab nur wenige Stellen, um sich auszuruhen; Plätze für das Lager III beschränkten sich auf flache Felsvorsprünge, die durch das Wegschlagen von Gestein hergerichtet wurden.

Nach Abschluß der ersten Stufe ihres Akklimatisationsplans kehrten Alison und Hinkes wieder nach unten zurück, um sich zu erholen. Hinkes ging davon aus, daß sie sich nun gemeinsam zwei Tage lang im Basislager ausruhen würden. Doch als Alison sagte, sie würde nach nur einem Tag mit den Amerikanern wieder nach oben gehen, begriff Hinkes, daß sie die Partnerschaft aufkündigte. »Es war offensichtlich, daß sie nicht mit mir aufsteigen wollte«, sagt er. »Es gab keinen Streit. Sie sagte nur, daß sie am nächsten Tag hochgehen würde.« Sie muß geglaubt haben, daß sie ihre Erfolgsaussichten maximieren könnte, wenn sie mit den anderen aufstieg. Gleichzeitig, so Hinkes, mag sie befürchtet haben, den Gipfel mit einem weiteren Briten zu erreichen, würde die Wirkung ihres Aufstiegs auf die Medien schmälern.

Am 4. Juli kehrten Alison und Kevin Cooney ohne Hinkes zum Lager I zurück. Johnston und Slater folgten einen Tag später. Sie arbeiteten an der Route, transportierten Vorräte und brachten weitere Seile an. »Sie war stets ein Mannschaftstyp«, sagt Cooney. »Als ich am 6. Juli abends wieder nach unten kam (vom Anbringen der Seile beim Lager III), hatte sie alles im Basislager auf Vordermann gebracht und etwas auf dem Feuer. Hinkes war diesbezüglich nicht immer so hilfreich. Er war da, um den Gipfel zu erreichen, und nicht, um Mitglied einer Gruppe zu sein.«

Das Wetter schlug um und hielt alle ein paar Tage lang im Basislager fest. Am 14. Juli dann kehrten Alison, Slater, Cooney und Johnston auf den Berg zurück, erreichten am selben Abend das Lager II und zogen am nächsten Tag weiter die Schwarze Pyramide hoch, um auf 7 200 Metern das Lager III aufzuschlagen. Hinkes folgte einen Tag später in Begleitung von Richard Celsi, einem Amerikaner und dem Mann, der Alison zum K 2 eingeladen hatte. Das Wetter sah vielversprechend aus, doch es waren erst drei Wochen vergangen, seit die Nachzügler Alison, Cooney und Hinkes im Basislager eingetroffen waren. Keiner der Amerikaner fühlte sich ausreichend an die Höhe akklimatisiert, um mit dem Aufstieg fortzufahren. Die meisten, die den K 2 besteigen, nehmen sich mindestens vier bis sechs Wochen Zeit zum Akklimatisieren. Und so hielten sie es für verfrüht, weiter zum Lager IV vorzustoßen.

Hinkes sah das anders. Er hatte sich bereits 1993 am Abruzzi-Grat versucht und war im Jahr darauf auch auf dem K 2 gewesen, als er probiert hatte, den Nordkamm des Berges von der chinesischen Seite her zu besteigen. Aus seiner Erfahrung mit dem Berg heraus spürte er, daß seine Chance gekommen war. Perfekte Tage sind selten im Karakorum, aber Hinkes hatte das Gefühl, daß ein solcher bevorstand. Er überholte Alison und die übrigen beim Abstieg vom Lager III, kletterte aber am folgenden Tag nicht zum Basislager hinunter, wie es die anderen getan hatten, sondern nahm sich ein Zelt und einen Kocher und setzte seinen Weg fort bis zur Schulter auf 7 800 Meter Höhe.

Am gleichen Tag erreichte auch die holländische Gruppe das Lager IV, so daß Hinkes wußte, daß er auf den oberen Bergabschnitten nicht allein sein würde. Er ging in sein Zelt, um zu schlafen. Um drei Uhr morgens kroch er heraus, um die Lage einzuschätzen. »Es herrschte absolut perfektes Wetter, kaum Wind, keine Wolken, aber bittere Kälte. Die anderen Jungs waren entschlossen, es auf den Gipfel anzulegen. Ich wußte, daß meine Zeit gekommen war.« Er brach auf, den vier anderen über die Schulter hinterher und den steiler werdenden Hang empor einem Engpaß entgegen, der auf über 8 200 Metern unter einer riesigen überhängenden Eisklippe verläuft: der Flaschenhals. Diesen Punkt zu erreichen, kostete ihn mehr als acht Stunden Anstrengung, in denen er nach Atem rang und alle paar Schritte innehielt, um sein Herzrasen zu beruhigen. Von hier aus querten die Bergsteiger nach links und fixierten Seile an den Strecken, die sich später als schwierig erweisen könnten. »Das Wetter war noch immer gut«, erinnert sich Hinkes. »Man konnte sehen, daß es ringsherum klar war. Ich hätte es nicht gewagt, wäre das Wetter umgeschlagen.«

Kurz nach dem letzten holländischen Bergsteiger Ronald Naar erreichte er um sechs Uhr abends den Gipfel. Als Naar zum Abstieg ansetzte, war Hinkes allein auf dem Gipfel des zweithöchsten Berges der Welt, die Dämmerung brach herein. »Ich wußte, daß zwei Jahre zuvor drei Leute gestorben waren, als sie bei Tageslicht und perfektem Wetter vom Gipfel abgestiegen waren. Und ich stand im Begriff, es im Dunkeln zu tun.« Schon bald holte er Naar ein und ging voraus. Er versuchte, so weit er konnte, den Berg hinunterzugelangen, bevor ihn die Dunkelheit erreichte. Gemeinschaftliche Anstrengungen gab es kaum; in derart extremen Höhen blieb nicht viel übrig, was sie füreinander tun konnten. Als er bei seinem Zelt im Lager IV eintraf, lagen die Holländer noch drei Stunden hinter ihm.

Als er am nächsten Tag nach unten kletterte, traf Hinkes auf Alison und Rob Slater, die vom Lager II aus eilig aufwärtsstiegen. Sie wollten sich das gute Wetter zunutze machen, nachdem sie an Hinkes Gipfeltag aufgewacht waren und feststellen mußten, daß sie ausgerechnet an dem Tag im Basislager festsaßen, der sich als schönster der ganzen Saison erweisen sollte. Doch in dem Augenblick, als sie Hinkes begrüßten, verhüllte eine graue, linsenförmige Wolke den Gipfel und kündigte verändernde Wetterverhältnisse an. Alison gratulierte ihm, war aber sichtlich niedergeschlagen darüber, ihre Chance verpaßt zu haben. »Sie hatte Tränen in den Augen«, erinnert sich Hinkes. »Einen Tag zuvor hätte sie es geschafft, sie war kräftig genug.« Mit ihrem Entschluß, sich dem Aufstieg der Amerikaner anzuschließen, hatte sie einen folgenschweren Fehler begangen.

Rob Slater gab den Gipfelsturm bald auf, aber Alison setzte trotz des drohenden Wetterumschlags ihren Weg zum Lager IV fort und verbrachte dort die Nacht. Es war eine Verzweiflungstat. Am nächsten Tag schlug das Wetter um. 7 800 Meter hoch war Alison allein an der Schwelle zur sauerstoffarmen Todeszone, gut drei Höhenkilometer fern jedweder Sicherheit. Die Verhältnisse verschlechterten sich, und es blieb ungewiß, wie sie sich weiter verändern würden. Auf der Schulter bleiben hieße jenes Schicksal herausfordern, das Julie Tullis und Al Rouse 1986 ereilt hatte. Ihre Rettungsleine, die Kette der Fixseile, die sich an der Schwarzen Pyramide, Houses Kamin und weiter abwärts über den brüchigen, aufgesprungenen Ausläufer hinunterschlängelte, begann unterhalb des Lagers IV. Alison mußte diese Leine finden. Sie wollte nicht in ihrem Zelt in der Falle sitzen, also zwang sie sich zum Aufbruch und verließ die Schulter. Es folgte ein langer und einsamer Abstieg. Sie wiederholte all das, was sie schon so viele Jahre auf Felsspitzen und Bergen geübt hatte: klickte ihre Sicherungsvorrichtung ans Seil, überprüfte, ob alles in Ordnung war, begann sich abzuseilen, vertraute sich völlig dem Seil und ihrer Ausrüstung an, regulierte ihre Geschwindigkeit, indem sie mit ihren Fäustlingen ins Seil griff. Ihre Regel hatte

eingesetzt, und sie fühlte sich körperlich und seelisch misera-
bel. Selbst ihr Körper, schien es, ließ sie im Stich. Beim Abseilen hat sie vielleicht daran gedacht, was sie erreicht hätte,
wenn sie mit Alan Hinkes zusammengeblieben wäre. Sie hätte
auf dem Rückweg zu ihren Kindern sein können, ihre
Zukunft und ihr Ruhm wären ihr sicher gewesen. Sie wäre für
ein neues Leben bereit gewesen. Statt dessen hatte sie eine
Wiederholung dieses gefährlichen, zermürbenden Aufstiegs
und Wochen der Ungewißheit vor sich.

Während Hinkes sich ausruhte und seine Heimfahrt vorbereitete, näherte sich erneut eine bedrohliche Wetterfront und
lud Schnee über dem Berg ab. Der Sturm hielt elf Tage lang
ununterbrochen an.

»Wir bauten im Basislager Schneemänner und Skulptu-
ren«, erinnert sich Cooney. »Es gab nicht gerade viel für uns
zu tun außer Kaffee zu trinken und den Lawinen aus dem Weg
zu gehen.« Johnston sprach davon, vom Berg »gebeutelt« zu
werden, daß sie alle frustriert seien und »drauf und dran, aus
der Haut zu fahren«. Für Alison bedeutete die erzwungene
Rast, daß sich ihre Schlinge aus Furcht und Zweifeln
zuschnürte. In einem auf den 22. Juli datierten Brief an ihre
Eltern schrieb sie:

»Die holländische Expedition (die zwei Wochen vor uns eintraf) hat es vor fünf Tagen geschafft, zwei Bergsteiger auf den
Gipfel zu bringen. Al Hinkes ist ihnen hinterhergetrottet; sie
brechen jetzt alle auf, und ich wünsch' mir um so mehr, nach
Hause zu kommen...«

Aus den Sätzen wird Alisons Anspannung ziemlich deutlich.
Die Holländer, erklärt sie, erreichten den Gipfel nur deshalb,
weil sie zwei Wochen länger auf dem Berg waren. Hinkes war
nur deshalb erfolgreich, weil er ein Risiko auf sich nahm und

die Holländer für sich arbeiten und den Weg zum Gipfel ebnen ließ. Nichts davon änderte etwas an der einfachen Tatsache, daß er den Gipfel erreicht hatte und sie nicht. »Sie war neidisch«, sagt Hinkes. »Sie war niedergeschlagen, weil sie ihre Chance verpaßt hatte.«

Vernünftig wäre es gewesen, sich bewußt zu werden, daß der Berg auch nächstes Jahr noch da sein würde, daß sie eine glaubwürdige Leistung erbracht hatte und mit dem Erreichten zufrieden sein durfte. Hinkes hatte drei Anläufe gebraucht, um den Berg zu bezwingen. Doch in ihrem verwirrten und einsamen Zustand büßte sie die nötige innere Distanz ein. Sie empfand den K 2 als außergewöhnliche und schwierige Herausforderung und hatte Hinkes gegenüber geäußert, nicht noch einmal zum Karakorum zurückkehren zu wollen und die leichtere Art der Expeditionen in Nepal vorzuziehen. Paradoxerweise bestärkte die Trostlosigkeit sie in dem Entschluß, den Erfolg zu suchen. »Ich habe Tom und Kate heute vermißt«, schrieb sie bereits am 3. Juli in ihr Tagebuch, »wahrscheinlich weil ich Zeit hatte, an sie zu denken. Ein bißchen ist mir danach gewesen, nicht wirklich hierbleiben und diesen Job ›abhaken‹ zu wollen –, aber ich weiß nicht, ob und wann ich eine weitere Chance kriegen werde. Ich könnte es also bedauern.«

»Sie versuchte verzweifelt, den Aufstieg hinter sich zu bringen und dann zu ihren Kindern zurückzukehren«, sagte Scott Johnston später, und dies wird von den meisten geteilt, die in jenem Sommer mit ihr gesprochen haben. »Sie sagte, daß sie nie wieder ohne ihre Kinder auf eine lange Reise gehen würde. Sie war innerlich total zerrissen; sie war mit ihrem Latein am Ende.« Cooney entsinnt sich, wie sie am 11. Juli weinend von einem der qualvoll kurzen Satellitentelefonate mit ihren Kindern zurückkam. »Ich hab' zweieinhalb Minuten mit ihnen geredet«, schrieb sie traurig in ihr Tagebuch. Sie machte auch kein Geheimnis daraus, daß ihre Ehe gescheitert war. »Offensichtlich gab es da einen Bruch«, sagt Hinkes. »Sie wollte nur über die Kinder sprechen. Sie machte einem klar, daß da etwas nicht stimmte.«

In ihrem Tagebuch schrieb Alison, daß sie von Derbyshire geträumt hatte. In großen Höhen, wo der Schlaf unregelmäßiger wird, wirken Träume klarer und wirklicher und hinterlassen einen größeren Eindruck. Als sie schrieb: »Ich träume von Tagen, an denen ich mit den Kindern im Garten arbeite und wandere, von den Hügeln in Derbyshire und Skilaufen in den Ferien«, ließ sie ihre eigene Kindheit erneut aufleben, nur idealisiert und auf die schönen Erinnerungen beschränkt. Das war eine Kindheit gewesen, die sie ihren eigenen Kindern bieten wollte. Nach solchen Träumen in einem steifgefrorenen Zelt im drohenden Schatten des K 2 aufzuwachen, muß ihre Psyche sehr mitgenommen haben. Die Schwermut, die sie und die anderen während des schlechten Wetters befallen hatte, wirkte sich auch auf Al Hinkes aus, als er zur Heimkehr aufbrach. »Ich wußte, daß es eine Tragödie geben würde«, sagt er und fügt hinzu, daß er einigen Leuten gegenüber seine Bedenken geäußert hat, nachdem er nach Großbritannien zurückgekehrt war. »Ich hatte einfach das Gefühl, daß es Tränen geben würde.« Seine Befürchtungen, die von manchen ihrer Freunde daheim geteilt wurden, waren nicht nur eine Art surreale Vorahnung. Fünf Bergsteiger waren im Jahr zuvor auf dem K 2 umgekommen, fünf weitere ein Jahr früher. Es war nur natürlich, daß viele, die Alison kannten, um deren Sicherheit bangten.

Gleich wie zerrissen sie sich gefühlt haben mag, wuchs dennoch der Druck auf sie, zu bleiben und sich auf den Berg zu konzentrieren. Hinkes hatte vom Basislager aus Kontakt zu seinen Sponsoren aufgenommen, die in England eine Presseerklärung über seinen Erfolg veröffentlichten. Es blieb unvermeidlich, daß Journalisten die Fragen stellten, weshalb Alison nicht mit ihm zusammen auf dem Gipfel gewesen war. »Sie bekam Faxe mit Fragen wie: ›Hinkes war oben, warum Sie nicht?‹« sagt Cooney. Nach Alisons Tod meinte Joyce Hargreaves: »Sie hatte keine Angst, einen Berg zu besteigen, weil sie wußte, daß sie diese Angst unter Kontrolle hatte. Aber sie haßte die Angst, die sie bezüglich ihrer Eheprobleme empfand, denn die entzog sich ihrer Kontrolle«. Jetzt lastete ein zusätzlicher Druck auf ihr: voreingenommene und weitgehend ignorante Medien, die alles, was sie tat, beobachten würden. »Ich spüre den Druck von zu Hause, wieso ich gescheitert bin, was schiefgelaufen ist. Persönlich ist es mir egal, aber ich mache mir Sorgen, wie es die anderen sehen werden.« Für ihr Selbstwertgefühl war es natürlich äußerst wichtig, wie andere sie sahen, und Scheitern war für Alison etwas sehr Persönliches.

Am 1. August wurde das Wetter endlich gemäßigter. Es blieb kaum mehr Zeit für einen weiteren Anlauf zum Gipfel; am 5. August sollten Träger eintreffen, um die Ausrüstung der Expedition den Baltoro-Gletscher wieder hinunterzuschaffen. Alison plante, mit ihnen zu gehen, obgleich sie auch Sue und den anderen mitgeteilt hatte, daß sich ihr Flug umbuchen ließe, sollte sie eine weitere Chance brauchen.

Johnston und Cooney verließen das Basislager, um ins Lager II zu gelangen, doch der heftige Schneefall hatte die Fixseile unter sich begraben und zwang sie, wieder zum Lager I abzusteigen, wo Alison, Slater und Celsi die erste Nacht verbringen wollten. Nun war Lager I überfüllt, deshalb schlugen Cooney und Johnston den anderen vor, zum Schlafen nach unten zu gehen, während sie beide am folgenden Tag die Seile zwischen Lager I und II freilegen würden. Slater, der Celsi zufolge paranoid geworden war, beschuldigte Cooney und Johnson des Versuchs, sich vordrängeln und den Gipfel ohne sie besteigen zu wollen. Auch Alison war besorgt, daß sie zurückbleiben könnten. »Beide bekamen es ziemlich mit der Angst zu tun, daß Scott und ich ohne sie zum Gipfel aufbrechen würden«, sagt Cooney. Letztendlich gestanden sie Johnston und Cooney vernünftige Beweggründe zu und stiegen zum Basislager ab.

Am folgenden Tag machten sich die beiden Amerikaner daran, die Fixseile vom Schnee zu befreien. Cooney sagt, der Schnee habe auf einzelnen Abschnitten dermaßen hoch gelegen, daß er nur noch mit seiner Schaufel vorankommen konnte. Als sie die Stelle für das Lager III erreichten, fanden sie die Zelte vom Schnee begraben vor. Cooney beschloß für sich, den Versuch, den K 2 zu besteigen, abzubrechen. Am 3. August stiegen er und Johnston zum Basislager ab und begegneten Slater, Celsi und Alison bei deren Rückweg zum Lager III.

Alison und Slater kamen am folgenden Tag im Lager III an, machten sich an die Arbeit und versuchten, ihr Zelt im tiefen Schnee zu finden. Als Celsi gegen sechs Uhr abends nach einem langen und erschöpfenden Aufstieg vom Lager II eintraf, stellte er fest, daß die anderen eine von ihm zurückgelassene Isomatte mit Beschlag belegt hatten. In 7 300 Metern Höhe standen seine beiden Kameraden auf dieser winzigen Lagerstatt und stritten sich, bis sie sich wieder ans Graben machten und Celsi um Hilfe baten.

Nach weiteren zwanzig Minuten gab es noch immer keine Spur vom Zelt, und Alison hielt es für verloren. Der sechsundvierzig Jahre alte Celsi hatte den zehnstündigen Aufstieg vom Lager II etwas langsamer die Seile hoch bewältigt, war aber trotzdem in Form. Slater schaute Celsi an und sagte, daß dieser krank aussähe und besser nach unten gehen sollte. Außerdem meinte er zu ihm, er möge seinen Schlafsack, daunengefütterten Anzug, Verpflegung und Kocher zurücklassen. Er und Alison hatten nämlich nur einen Schlafsack und einen Daunenanzug zu zweit. Es wurde deutlich, daß Slater Celsis Ausrüstung haben wollte. »Ich konnte einfach nicht glauben, was sie da von sich gaben«, sagt Celsi. »Ich dachte bei mir, hier kann ich einfach nicht bleiben, es gibt Größeres als das.«

Celsi stand ein langer, einsamer Abstieg bevor, bei dem er sich die Schwarze Pyramide hinunter vierunddreißigmal hintereinander abseilen mußte. Einige der Seile waren steifgefroren, und Celsi war ziemlich erschöpft. Er kletterte ein kurzes Stück bis zu den Zelten einer weiteren Expedition hinunter, der von Peter Hillary geleiteten Gruppe. Alison folgte ihm, und Celsi glaubte, sie wollte ihm vielleicht ihre Wasserflasche anbieten, ein Akt der Großzügigkeit, der Celsi zufolge durchaus ihrem Wesen entsprochen hätte. Statt dessen bat sie ihn um seine Überstiefel. Celsi lehnte ab. Peter Hillary war über diesen Vorfall entsetzt. Er versuchte, Celsi den Abstieg auszureden, doch der war nun fest entschlossen, den Berg zu verlassen. Später erläuterte er der Autorin Alison Osius die Gründe Alisons und Slaters: »Ohne die Ausrüstung war der Anlauf auf den Gipfel vorbei. Diese Leute waren meine Freunde. Wir teilten eine Menge miteinander. Ich neige zu der Auffassung, daß sie sehr selbstsüchtig auf den Erfolg fixiert waren. Angesichts des Drucks, auf hohen Bergen erfolgreich zu sein, gibt es da nur einen schmalen Grat zwischen fixiert sein und selbstsüchtig sein.«

Es war jedoch kein akzeptables Verhalten für einen Bergsteiger, und es bestimmte Hillarys Eindruck von Alison und Rob Slater. Es war genau die Art von Benehmen, die Alison normalerweise in Frage gestellt hätte. Alison glaubte tatsächlich, daß Celsi krank war. Doch wäre es der Fall gewesen, hätte man ihn begleiten ihm oder Biwak-Ausrüstung mit auf den Weg geben müssen. Statt dessen wurde er aus ziemlich großer

Höhe einen gefährlichen Berg hinuntergeschickt, und das allein und für eine Nacht im Freien ungenügend ausgerüstet.

Es besteht kein Zweifel an Alisons Motiven für ein derart schlimmes Verhalten. Sie hatte kaum mehr zwei bis drei Tage, um den Gipfel zu erreichen, den Heimflug zu kriegen und ihre Kinder wiederzusehen. Der Erfolgsdruck hatte ihre sonstige Großzügigkeit und auf Sicherheit bedachte Vorgehensweise unterhöhlt. Sie könnte beides haben, den Berg und ihre Kinder, wenn sie nur noch ein bißchen mehr Druck machen würde. Da Slater die Initiative übernahm, verließ sie sich auf ihn, selbst wenn sie unter normalen Umständen gewußt hätte, daß es verkehrt war.

Während der langen, ermüdenden Tage des Sturms Ende Juli hatte sie Matt Comeskey ein Interview für den Rundbrief des neuseeländischen Alpinistenvereins gegeben. Die Langeweile und Niedergeschlagenheit tauchen in ihren zynischen Bemerkungen über Bergsteiger auf, und nicht zum ersten Mal, wenn die Dinge schlecht liefen, erklärt sie ihren Abschied vom professionellen Bergsteigen: »Es geht mir so auf den Keks, wo's beim Bergsteigen langläuft«, meinte sie zu Comeskey. »Ich glaube, daß die Leute schon immer gegeneinander angetreten sind, aber so unehrlich, wie sie heutzutage miteinander sind, geht mir das einfach nur noch auf den Keks.« Vielleicht dachte sie wieder neidisch an Alan Hinkes, der inzwischen auf dem Heimweg war. Aber sie könnte auch an sich selbst gedacht haben, gefangen in etwas Konstruiertem und Künstlichem, was eher die Aufmerksamkeit der Medien einheimste, als ihre Bedürfnisse befriedigte. Was einmal magische Anziehungskraft besessen hatte, erwies sich nun als Berufsalltag. Da wundert es nicht, daß sie von ihrer Kindheit träumte.

Alison und Slater unternahmen keinen Anlauf zum Gipfel. Einmal mehr vertrieb sie das schlechte Wetter vom K 2. Auch im Basislager hatten sie Wind und Schnee. Sie lebten inmitten einer kalten, grauen Wolke. Die Träger trafen wie verabredet ein, und der Erfolg auf dem K 2 schien Alison und Slater zu entgleiten. Die anderen drei Amerikaner hatten keine Wahl. Kevin Cooney und Scott Johnston mußten zu ihrer Arbeit zurückkehren, in feste Anstellungen ohne Spielraum, und Cooney stand kurz vor seiner Hochzeit. Sie waren keine professionellen Bergsteiger, deren Lebensunterhalt vom Berg abhing, auch hatte keiner von ihnen seinen Freunden erzählt, es ginge um »den Gipfel oder den Tod«. Und Richard Celsi hatte einfach die Nase voll von allem.

In ihrem letzten Brief an Jim vom 22. Juli gab Alison an, daß sie am 6. August das Basislager verlassen würde, um ihren Flug am 13. August zu bekommen. »Ich glaube nicht, daß ich es hier noch länger aushalten kann«, schrieb sie. Doch schon vor dem Zwischenfall mit Celsi und dem abgebrochenen Versuch, auf den Gipfel zu gelangen, gab es Anzeichen, daß Alison und Slater es sich anders überlegt hatten. Am 29. Juli hatten sie eine Stippvisite ins Lager der Neuseeländer gemacht, um zu fragen, ob sie sich deren Expedition anschließen könnten, wenn Cooney, Johnston und Celsi zurückkehren würden. Nachdem ihr Gipfelversuch dann fehlgeschlagen war, hatte Alison ihre Ausrüstung gemeinsam mit den übrigen in der amerikanischen Gruppe eingepackt und ihre persönlichen Sachen zu Einzellasten für die Träger zusammengestellt. Am 5. August, als dann die Träger bereit waren, ihr Gepäck den Gletscher hinunterzutragen, schrieb sie, wie sehr sie die Kinder vermißte. Nunmehr hatte sie mehr als hundert Tage des Jahres 1995 fern von Tom und Kate verbracht. Doch nach wie vor gab es auch noch den Wunsch nach dem Berg. »Es frißt mich langsam auf – die Kinder zu wollen und den K 2 zu wollen«, schrieb sie. »Ich fühle mich, als würde ich in zwei Hälften gerissen. Vielleicht wären sie glücklicher, wenn ich bei ihnen wäre, aber vielleicht würde die Bezwingerin des K 2 dabei helfen, ihnen eine bessere Zukunft zu geben. Auf lange Sicht ist es sicherlich wichtiger, mich gesund und munter zurückzubekommen.«

Als sie ihre Entscheidung überdachte, galt Alisons wesentliche Sorge nicht der Gefahr, sondern der Frage, ob sie es aushielt, von ihren Kindern noch einige weitere Wochen getrennt zu sein. Auf den Berg zu gehen war für sie keine sonderliche Schwierigkeit. Berge waren der eine Ort, an dem sie wußte, was es zu tun galt. Nach Hause gehen hieß, ihre Beziehung zu Jim nun endlich aufzulösen und sich allein als Mutter durchzuschlagen. Da sie sich noch immer im unklaren über die Wirkung ihrer Mount-Everest-Besteigung war, sah sie ihren Weg zu künftiger Sicherheit nur im Gipfel des K 2. Hätte sie ihn erst einmal erreicht, würde sie letztlich an einem Punkt angekommen sein, von dem aus sie sich nie wieder so lange von ihren Kindern würde trennen müssen.

Als sie am 6. August aufwachte, quälte sie sich noch immer damit, ob sie abreisen sollte oder nicht. Während es draußen regnete, saß sie im Kantinenzelt des Basislagers, besprach sich mit Celsi, trank Kaffee und wartete auf die verabredete Stunde zum Aufbruch. Fünfzehn Minuten bevor es losgehen sollte, entschied sie sich endgültig anders. Sie blieb! Sie holte sich ihre Ausrüstung von den beiden Trägern wieder zurück und übergab Richard Celsi ein paar Briefe und ein Fax. Er sollte sie abschicken, sobald er könnte, damit man zu Hause wußte, was los war. Als die Amerikaner aufbrachen, weinte Alison. »Sie konnte es sich selbst nicht erlauben, heimzukehren und das zu tun, was sie tun wollte«, sagte Scott Johnston. Anders als Hinkes äußerte Cooney, daß er nicht übermäßig um ihre Sicherheit besorgt und überzeugt war, sie wiederzutreffen.

»Mir ist, als sei mir eine Zentnerlast von den Schultern genommen worden«, schrieb sie, als die anderen weg waren.

»Ich sitze hier mit den Neuseeländern – ich bin so froh, die richtige Entscheidung getroffen zu haben. Ich fühle mich jetzt um so vieles zufriedener, erholter und glücklicher.« Als Matt Comeskey, der neben ihr frühstückte, sie fragte, weshalb sie sich anders entschieden hätte, wich sie seiner Frage aus. »Weibliches Vorrecht«, antwortete sie.

Ghulam Rasool, der Koch der Expedition, sollte Scott Johnston später erzählen, daß er Alison am Abend vor ihrem endgültigen Aufstiegsversuch zum K 2 in ihrem Zelt hatte schluchzen hören. In den verfügbaren Abschnitten ihres Tagebuchs jedoch ist ihre Stimmung zuversichtlich, selbstbewußt und sogar glücklich. Comeskey sagt: »Falls sie unglücklich war, kann ich mich nicht entsinnen, daß sie es gezeigt hätte.« Die Neuseeländer, deren pakistanische Helfer, Alison und Rob Slater verbrachten die folgenden paar Tage bei schlechtem Wetter damit, mit Alutellern Frisbee zu spielen. Jeder Bergsteiger hatte seinen Lieblingsteller mit seinem Namen versehen, und vor lauter Langeweile hatten sie eine Art Hindernisparcours eingerichtet, um den man seine Frisbeescheibe herumlenken mußte. Jeden Abend kam eine Gruppe spanischer Bergsteiger, aus der anderen noch am »Strip« verbliebenen Expedition, zum Plaudern und Erörtern von Plänen herüber. Sollte Alison nachts unglücklich gewesen sein, so verbarg sie das tagsüber gut.

Zu guter Letzt klarte sich am 9. August das Wetter auf, und obgleich Neuschnee hoch oben am Berg eine gewisse Beklommenheit auslöste, stimmten alle Bergsteiger überein, den Gipfel zu wagen. Alison hatte darum gebeten, ihr zum 16. August Träger für ihre Ausrüstung hochzuschicken. Nach Wochen der Unentschlossenheit und Zweifel war ihre unmittelbare Zukunft nun festgelegt. Sie hatte einen Plan, und sie hatte die Zeit, es ein letztes Mal mit dem K 2 zu versuchen. Dann würde sie nach Hause zu ihren Kindern fahren. »Wir wissen nicht so recht, was das Wetter vorhat, hoffen aber, daß es lange genug hält«, schrieb sie. »Könnte es sein, daß wir die Chance zur Gipfelbesteigung bekommen? So Gott will.«

Gegen vier Uhr früh am nächsten Morgen zieht Alison den Reißverschluß am Zelteingang zu und verläßt mit Rob Slater das Lager. Warm eingepackt gegen die Kälte der Nacht, eilen sie vorwärts, um hoch am Berg zu sein, noch bevor die Sonne aufgeht. Auch das gesamte neuseeländische Team strebt auf den Abruzzi-Grat zu. Matt Comeskey ist darunter, obgleich er sich Sorgen um seine Gesundheit macht. Peter Hillary, Bruce Grant, Kim Logan und Jeff Lakes, ein Kanadier, der schon einmal auf dem K 2 war, schließen sich ihm an. Alle sind sie kräftige Bergsteiger, alle begeistert von der unvermittelten Erlösung aus langem Warten und der Verheißung guten Wetters. Mit Hilfe der Seile überwinden die Bergsteiger einige Spalten unterhalb des Lagers I, folgen dann im Schnee steckenden Markierungsstäben und gehen auf den Schnee- und Eishängen stetig höher. Comeskey muß sich übergeben, macht aber weiter und hofft auf Besserung seines Zustandes. Einen Teil des Tages verbringt er an Alisons Seite und plaudert entspannt, während sie der Kette aus Seilen zum Lager II hoch folgen. Slater sagt, daß er hoffentlich nie wieder diese Hänge hoch müsse, die Strecke ist ihnen jetzt vertraut und die Stimmung gelöst.

Am folgenden Tag hält sich das gute Wetter, die Bergsteiger setzen ihren Weg fort und durchklettern Houses-Kamin an den Fixseilen. Kim Logan und Bruce Grant ebnen den Weg, indem sie auf den Hängen oberhalb des Kamins durch den tiefen Neuschnee waten. Rob und Alison bilden die Nachhut und schultern ein Ersatzzelt für den Fall, daß das zuvor von ihnen benutzte von Neuschnee oder heftigen Winden eingedrückt worden ist. Sie folgen den Fußstapfen, wo der Schnee von den Vorausgehenden festgetreten wurde. Und an den Fixseilen braucht man sich keine Gedanken zu machen, wo es langgeht. Es genügt, die Sicherungsvorrichtung das Seil hochzuschieben und voranzustapfen.

Als sie beim Lager III ankommen, finden beide Gruppen ihre Zelte und Ausrüstung vom Schnee begraben vor, und das lange, Kräfte zehrende Freischaufeln und Wiederaufrichten der Zelte beginnt. Alison will bis zum Lager IV vorankommen, das sie in dieser Saison als einzige unter den noch am Berg verbliebenen Bergsteigern erreicht hat. Die meisten Neuseeländer folgen ihr, nachdem sie ihr Lager aufgeschlagen haben. Comeskey, der immer noch an den Folgen seiner Magenerkrankung leidet, bleibt allein zurück.

Am Morgen des 12. August wird Comeskey von einem weiteren klaren Tag geweckt. Es ist sein Geburtstag, und es geht ihm besser, aber er spürt, daß seine Chance vorüber ist, auf den Gipfel zu gelangen. Er ist sich sicher, daß die Bergsteiger bei so günstigen Bedingungen zum Gipfel weitergezogen sind. Als er aber Kim Logan wie verabredet anfunkt, trifft er sie zu seiner Überraschung noch immer im Lager IV an. Es hat sie erschöpft, zwei Tage lang durch tiefen Schnee zu waten, und so haben sie beschlossen, trotz des guten Wetters im Lager zu bleiben.

An diesem Morgen ruhen sich auch fünf der spanischen Bergsteiger in ihren Zelten hoch oben auf der Schulter aus. Sie haben eine andere Strecke gewählt, nämlich den Südost-Ausläufer, der parallel zum Abruzzi-Grat verläuft und wenige hundert Meter weiter oben auf die Hänge der Schulter trifft. Dort haben die Spanier ihr eigenes Lager IV aufgeschlagen. Sie aber sind einen Großteil der vergangenen Nacht aufgestiegen – und haben sich wie Alison, Slater und die Neuseeländer entschieden auszuruhen. Der achtunddreißigjährige Pepe Garcés ist ihr Bergführer. Alle Spanier bringen bereits Erfah-

288

rungen aus dem Himalaja mit. Lorenzo Ortiz, mit neunundzwanzig Jahren der Jüngste in der Gruppe, bestieg im Jahr zuvor den gewaltigen Nanga Parbat in Pakistan. Javier Escartín, sechsundvierzig, und der zweiundvierzigjährige Lorenzo Ortas waren auf dem Gipfel des Gasherbrum I, eines anderen Achttausenders im Karakorum. Garcés selbst bezwang vier Jahre zuvor den Mount Everest. Der fünfte spanische Bergsteiger hoch oben auf dem K 2 ist der neununddreißig Jahre alte Javier Olivar. Ebenso wie die Neuseeländer unternehmen die Spanier einen letzten Anlauf auf den Berg und erwarten für den 14. August die Ankunft der Träger.

Am Nachmittag kommen fünf Gestalten aus dem Lager oberhalb des Abruzzi-Grats. Die fünf bewegen sich langsam in der dünnen Luft und steigen den sanft ansteigenden Schneehang zu den Zelten der Spanier empor: Alison Hargreaves, Rob Slater und die drei Neuseeländer Peter Hillary, Bruce Grant und Kim Logan. Sie sind nach oben gestiegen, um einen besseren Überblick auf die oberen Hänge zu haben. Es herrscht gutes Wetter mit ein paar Wolken, ansonsten ist es stabil wie in den vergangenen zwei Tagen. Nachdem sie mehrere Stunden den Berg beobachtet haben, kehren die fünf in ihr Lager zurück, um Vorbereitungen für den Anlauf zum Gipfel am nächsten Morgen zu treffen.

Nach seinem morgendlichen Funkruf bricht Matt Comeskey auf und erreicht bei Einbruch der Dämmerung das Lager IV. Die beiden Zelte der Gruppe sind nun von Wolken umhüllt, ein kleineres, das sich Hillary und Lakes teilen, und eine größere, kuppelförmige Konstruktion, die Alison, Slater und Logan beherbergt. Bruce Grant steht draußen vor dem »Kuppelbau« und unterrichtet die anderen von Comeskeys Eintreffen. Als Comeskey einen Blick ins Zelt wirft, sieht er nur einen Haufen Arme und Beine. Scherzhaft erkundigt er sich nach einem Plätzchen und wird auf das kleine Zelt weiter unten verwiesen. Es herrscht ziemlich gute Stimmung in der Gruppe. Ein paar husten, aber das ist auf so großer Höhe normal.

Während Comeskey nach unten zu dem kleinen Zelt geht, wird ihm wieder übel, wie schon beim Aufstieg vom Lager III. Jedesmal, wenn er sich übergibt, geben seine Beine unter ihm nach. Aus Furcht, daß es ihm auf den steilen Gipfelhängen über dem Lager IV so ergehen könnte oder er dermaßen austrocknet, daß er durch den Verlust lebenswichtiger Flüssigkeit einen Schlaganfall riskiert, beschließt er, sich am nächsten Tag abzusetzen. Die übrigen elf Bergsteiger in den beiden vorgeschobenen Lagern werden es auf den Gipfel anlegen.

Alison und die übrigen, die sich das Kuppelzelt teilen, mühen sich in der Dunkelheit ab, behindern einander, während sie sich ihre schweren Überstiefel anziehen, atmen schwer in der dünnen Luft, als sie in Zeitlupe ihre Kleidung ordnen. Die blaue Flamme des Kochers, der Schnee für den endlosen Kampf gegen den Flüssigkeitsverlust geschmolzen hat, wird ausgedreht, und ohne sein ständiges Brummen ist die Nacht auf einmal still. Sie ziehen den Reißverschluß am Zelt auf und treten um zwei Uhr morgens nach draußen. Alison hat alles angezogen, was sie dabei hat, trotzdem bohrt sich ihr die Kälte durch Mark und Bein. Sie rechnet damit, mindestens achtzehn Stunden unterwegs zu sein.

Alison, Rob Slater, Kim Logan und Bruce Grant brechen gemeinsam auf, der gelbe Schein ihrer Stirnlampen tanzt über den weißen Schnee, während sie den Hang der Schulter emporstapfen und versuchen, sich zurechtzufinden. Der Schein der Lampen unmittelbar zu ihren Füßen erschwert es ihnen, die schwarzen Umrisse der Bergspitzen rings um sie herum und über ihnen die Gipfelpyramide des K 2 auszumachen. Matt Comeskey bleibt allein im Zelt zurück, und ohne die wärmenden Körper seiner Freunde beginnt er auf einmal entsetzlich zu frieren. Peter Hillary und Jeff Lakes sind schon seit zwei Stunden unterwegs. Alisons Steigeisen knirschen und quietschen im harten Schnee. Die Bergsteiger stapfen in die Nacht hinaus.

Im spanischen Lager döst Lorenzo Ortas in seinem Zelt. Ihm war die ganze Nacht über unwohl, und er hat sich entschieden, nicht mit seinen Freunden aufzusteigen. Eine Stunde später hört er drei Bergsteiger vorbeikommen, die der Fährte der Spanier folgen. Der vierte, Kim Logan, hat über Beschwerden geklagt und ist bereits wieder ins Lager IV zurückgekehrt. Die übrigen kommen zügig voran und streben auf den Flaschenhals zu in gut 8 200 Meter Höhe. Während sie sich den Hang emporschinden, häufig auf ihren Eispickeln ausruhen und in gekrümmter Haltung die dünne Luft einatmen, kommen Hillary und Lakes auf ihrem Weg nach unten an ihnen vorbei. Hillary berichtet Alison, daß ihm zu kalt geworden ist und er deshalb beschlossen hat, abzusteigen und sich in den Zelten der Spanier aufzuwärmen. Alison sagt einfach: »Ich gehe weiter.« Dann treffen sie auf Pepe Garcés, der ebenfalls absteigt. Seine Füße sind taub, und er fürchtet, sich bereits Erfrierungen geholt zu haben. Als er das Lager erreicht, ruft ihn Ortas zu sich hinein, da ihr anderes Zelt schon von Hillary und Lakes belegt ist, die sich noch immer von der alles durchdringenden Kälte erholen.

Für Alison und die übrigen vergeht die Zeit in schemenhafter, sauerstoffarmer Intensität. Der Morgen graut, und die Kälte läßt endlich nach. Während Alison an Höhe gewinnt, mischen sich bei ihr Hochstimmung mit Zweifeln und Vorsicht. Der Tag scheint so herrlich, daß er alle Vorstellungskraft sprengt. Sie haben alle Gletscher und alle glitzernden Zinnen unter sich gelassen. Die Berge der Karakorumkette, die sich über ihnen auftürmten, als sie den Baltoro-Gletscher hochstiegen, liegen ihnen nun zu Füßen, selbst die drei Gipfel des Broad Peak und die wohlgeformten Pyramiden der Gasherbrum-Gruppe – allesamt um die 8 000 Meter hoch. Es gibt kein Grau mehr, nur noch Weiß und das strahlende Blau an den Rändern der Stratosphäre. Der Gipfel des K 2 scheint zum Greifen nah. Das Klettern fällt nun weniger schwer; es gibt keine Felsen mehr, nur Schnee und Eis. Allmählich wird der Hang zum Flaschenhals steiler, verläuft aber an keiner Stelle senkrecht. Wäre da nicht die lähmende Höhe, ginge alles recht einfach. Alison verspürt eine plötzliche Gewißheit so wie auf dem Mount Everest. Sie braucht nur weiterzugehen, und sie wird den K 2 bezwingen, und die Freude über die Gipfelbesteigung wird angesichts der zurückliegenden trostlosen und leidvollen Wochen um so größer sein. Hier oben in der Todeszone wird ihre Willenskraft sie nicht aufgeben lassen. Während sie sich die weißen Hänge hocharbeitet, kann ihr Verstand nur unvollständige Gedanken fassen, Eindrücke vom Wetter, ihren Wunsch weiterzukommen, ihr Verlangen heimzukehren. Vielleicht spricht sie ein stilles Gebet, wie sie das nach einem großartigen Tag in den Bergen so oft in ihrem Tagebuch getan hat.

Um sieben Uhr morgens borgt sich Hillary das Funkgerät der spanischen Mannschaft und spricht mit Grant. Der befindet sich noch immer auf dem langgezogenen Hang, der zum Flaschenhals ansteigt. Die Bedingungen sind perfekt, sagt Grant, und Lakes und Hillary entscheiden sich, trotz ihres Zeitverzugs weiterzumachen. Es ist schon zu spät für sie, um den Gipfel zu erreichen und vor Einbruch der Nacht zurück zu sein, aber dies ist vielleicht ihre beste Chance, den K 2 zu besteigen.

Als sie sich dem Flaschenhals nähern, bemerkt Hillary eine dicke Wolkenschicht, die sich nördlich des Karakorum über China ausbreitet. Zwei gewaltige Wettersysteme treffen aufeinander. Das riesige Tiefdruckgebiet des Monsuns drängt nach Norden und stößt auf ein Hochdruckgebiet nördlich des Gebirges über China. Falls sich das Hochdruckgebiet nach Süden verlagert, wird die Wetterschlacht über dem Karakorum ausgetragen werden, und die Wolken sind ihre Vorboten. Die überwältigende Landschaft und die Weite des Raums verleihen Hillary ein Gefühl von Verwundbarkeit. Nun sind Wolken über den K 2 hinweggekrochen, und trotz des noch ziemlich guten Wetters kommt es hier und da zu leichtem Schneegestöber. Zweifel vertreiben seinen Wunsch aufzusteigen. Er teilt Lakes mit, daß er zum Abstieg entschlossen ist. Lakes sagt, daß er noch ein bißchen weitergehen und abwarten will, was sich tut. Er ist schon einmal auf dem K 2 gewesen und möchte eine Umkehr vermeiden.

Nun hat Hillary sieben Bergsteiger über sich im Bereich des Flaschenhalses. Sowie sie zur Eisklippe gelangen, werden sie links herum queren, um die langen Gipfelhänge darüber zu erreichen. Ortiz, Olivar und Bruce Grant kommen gut voran, warten aber, als Alison, Escartín und Slater zur langen Querung ansetzen. Jeff Lakes liegt noch um einiges zurück. In der stillstehenden Luft kann Hillary hören, wie Alison einem der anderen Bergsteiger zuruft, welches der Fixseile er zum Überqueren des steil ansteigenden Eises benutzen soll. Dann dreht er dem Gipfel den Rücken zu.

Als Logan und Comeskey am späten Morgen im Lager III eintreffen, schaut Comeskey zum Broad Peak hinüber. Er sieht nördlich des Bergs schwere Wolken, hat aber das sichere Gefühl, daß die Bergsteiger absteigen werden, bevor der Sturm losbricht. Doch den Bergsteigern hoch oben am K 2 erscheint das Wetter weniger bedrohlich. Nur Lakes, der noch immer weit hinter den anderen zurückliegt, kehrt um und steigt ab. Die Spanier im Lager IV empfangen kurz vor Mittag eine Funknachricht von ihren Gefährten, die sich an der Gipfelpyramide abmühen. Sie befinden sich an einem dreieckigen

Fels, weniger als zweihundertfünfzig Meter vom Gipfel entfernt, und halten die Bedingungen für ausreichend, um weiter aufzusteigen. Jetzt haben sie das Gefühl, zu nah dran zu sein, um umzukehren. Aber der Schnee ist tief, und sie sinken bis zu den Knien und Oberschenkeln ein. Stunden verstreichen wie Minuten; den Bergsteigern läuft die Zeit davon. Der Sauerstoffmangel verlangsamt alles: Bewegungen, Gedanken, Vorankommen. Und wie ihre Freunde unter ihnen können auch sie jetzt sehen, wie sich das Wetter zusammenbraut.

Alison kennt dieses Gefühl, ein Ziehen im Magen, ein Gewahrwerden, daß der gerade noch so sichere Ausgang auf einmal fraglich wird. Sie betrachtet die Wolke und versucht zu beurteilen, ob sie sich bewegt und falls ja, wie schnell. Sie wissen nicht, wie schlimm es kommen oder wann das Unwetter hereinbrechen wird. Inzwischen kämpfen sie sich einfach vorwärts und stützen sich mit den Fäustlingen oder einem Eispickel am Hang ab. Vielleicht spricht Alison ein weiteres Gebet. Gott, laß es bitte gut ausgehen.

Als Hillary ein zweites Mal zu den Zelten der Spanier hinunterklettert, ist er von dicken Wolken eingehüllt und hat Schwierigkeiten, sich zurechtzufinden. Garcés und Ortas geben ihm zu trinken. Hillary leiht sich das spanische Funkgerät aus, um mit Comeskey und Logan zu sprechen, die nunmehr auf dem Weg zum Lager II sind. Er beschließt, den Abstieg fortzusetzen, und verläuft sich erneut auf dem gleichförmigen Terrain unterhalb des Lagers IV, bevor er auf die Fixseile stößt.

Die Wolken wirbeln um den Berg herum und machen die Strecke unkenntlich. Gegen fünf Uhr nachmittags erreicht ihn schließlich das von Norden herandrängende Wetter. Der Sturm legte los, wird er den Reportern später berichten, »tobte und brüllte«. Über ihm aber regt sich weiterhin kein Lüftchen.

Selbst jetzt sind die Bergsteiger noch immer auf dem Weg zum Gipfel, waten durch den tiefen Schnee bergauf und sind sich des Strudels nicht bewußt, der sich unter ihnen bildet.

Ortas und Garcés, die im Lager IV besorgt ausharren, aber noch immer nichts vom Sturm mitbekommen, der Peter Hillary den Boden unter den Füßen wegreißt, hören gegen sechs Uhr abends von den anderen. Ortiz und Grant, eindeutig die kräftigsten, haben den Gipfel zuerst erreicht. Eine halbe Stunde später hören sie von Olivar. Auch er und Alison sind am Gipfel angekommen. Er sagt, daß alle vier bald absteigen werden. Weiter unten ziehen Escartín und Slater noch immer dem Gipfel entgegen. Olivar hat keine Zweifel, daß sie es schaffen werden.

Bei schwindendem Tageslicht steht Alison auf dem Gipfel des K 2 und blickt um sich. Nach Süden hin, an den Rändern des fernen Monsuns tief im Innern Pakistans, schwellen Regenwolken an. Sehr viel näher, zwischen den schartigen Bergspitzen des Karakorum, quellen weitere Wolken aus den sich verdüsternden Tälern hervor. Eingemummt in Vlies und Daunen und windabweisendem Nylon, die Augen durch stark getönte Brillengläser vor den Strahlen der Abendsonne geschützt, steht sie bei ihren Begleitern und füllt sich die Lungen mit der dünnen Luft. Sie wendet ihr sonnenverbranntes Gesicht nach Norden und blickt hinunter in die Shaksgam-Region in China. Von dort bewegt sich eine dicke Front aus Schichtwolken auf sie zu. Es besteht kein Grund anzunehmen, daß sie von ihr eingeholt werden, noch bevor sie ihren Unterschlupf erreichen. Im Moment steht die Luft vollkommen still. Es ist kurz nach 6.30 Uhr abends am 13. August 1995.

In ihrem Zelt im Lager II suchen Matt Comeskey und Kim Logan Schutz vor dem Sturm. Sie sind sich sicher, daß alle übrigen ihre Gipfelpläne aufgegeben haben und den Berg hinuntereilen. Dann kommt der Funkruf von Ortiz. Da ihr Funkgerät auf dieselbe Frequenz wie das der spanischen Gruppe eingestellt ist, können sie mithören, wie deren pakistanische Mannschaft, die Köche und der Verbindungsoffizier im Basislager den Erfolg bejubeln. Ihre Vorahnung wird zur grauenvollen Gewißheit. Als der Sturm kurz darauf das Basislager erreicht, verankern sie die Zelte, damit der Wind sie nicht mit sich reißen kann.

Peter Hillary erreicht um 7.30 Uhr dreißig abends das Lager II. Die letzten beiden Stunden hat er damit verbracht, sich seinen Weg nach unten zu erkämpfen und unter den extremen Bedingungen an der Kette aus Fixseilen festzuhalten. Und er ist gut 2 000 Meter weiter unten am Berg als Alison und die anderen. Als ihm Matt Comeskey und Kim Logan im Lager II in ihr Zelt helfen, teilen sie ihm mit, daß die übrigen eine Stunde zuvor den Gipfel erreicht haben. »O mein Gott«, gibt er von sich. Dann schließt er hinter sich das Zelt, und sie warten auf das Ende der Nacht.

Nach dem Sturm

Wenn Wind auf den Fuß eines Berges trifft, gibt es für ihn nur den Weg nach oben, und auf seiner Suche nach einem Schlupfloch nimmt er an Stärke zu. Peter Hillary und die übrigen im Lager II wußten, daß jeder, der hoch oben im Berg von derart schonungslosen Böen überrascht wird, nur geringe Überlebenschancen haben würde. Wenig mehr als eine halbe Stunde, nachdem Hillary die Sicherheit seines Zeltes erreicht hatte, mußten das Garcés und Ortas feststellen, als das Unwetter über das Lager IV auf der Schulter hereinbrach. Sie schrieben dem Sturm die Gewalt eines Orkans zu und sahen sich schon mitsamt ihrem Zelt vom Berg geweht. Ortas kroch schnell nach draußen und hielt mit bloßen Händen die Zeltstangen fest, um das Zelt am Abheben zu hindern. Dann krochen beide in das zweite, besser verankerte Zelt. Ortas schlitzte mit einem Taschenmesser das Gewebe am Dach auf, um den Wind durchzulassen. Beide kauerten auf dem Zeltboden und warteten auf das Morgengrauen. Gegen elf Uhr abends jedoch wurde auch diese Zuflucht vom Orkan eingedrückt, und sie hockten im Windschatten des Fundaments und warteten hilflos auf das Nachlassen des Sturms.

Die Spanier schätzen, daß der Sturm sie auf 7 900 Metern irgendwann zwischen acht und neun Uhr abends erreicht hatte. Bald darauf dürfte der Wind mit Windgeschwindigkeiten von mehr als einhundertsechzig Kilometern in der Stunde auf die Gipfelzone gestürmt sein. Es gab keinen Schnee, und der Himmel über dem Gipfel war klar. Später sollten die Spanier daraus ableiten, daß der Wind vom Hochdruckgebiet im Norden über China hergerührt haben mußte. Am Abend sei dieses nach Süden gedriftet, hätte das Monsunsystem im Süden zurückgeschoben und die sechs Bergsteiger umgebracht, die auf den Gipfelhängen bergab krochen. Setzt man die späteste Zeit ihres Aufbruchs vom Gipfel bei sieben Uhr abends an, hätten sie vielleicht ein Drittel des Wegs zurückgelegt, vorbei am Fels auf 8 400 Metern, auf dessen Höhe die Spanier neun oder zehn Stunden zuvor ihren Funkspruch durchgegeben hatten. Angesichts des plötzlichen und gewaltsamen Ansturms eiskalter Luft wurden sie entweder vom Grat geblasen oder sind an der Stelle erfroren, wo sie Schutz gesucht haben mögen. Niemand weiß genau, wie sie alle gestorben sind, nur daß sie es sind.

Am nächsten Morgen, bei Anbruch der Dämmerung, hatte sich der Wind gelegt. Der Sturm war weitergezogen, und die unheimliche Stille, die ihm folgte, gab den Überlebenden Gelegenheit zur Flucht. Garcés und Ortas, steifgefroren, warteten auf die Sonne, um ihre erschöpften Körper aufzuwärmen, bevor sie den langen Abstieg antraten. Im tieferliegenden Lager IV auf dem Abruzzi-Grat machte Jeff Lakes sich ebenfalls auf. Er hatte die spanischen Zelte viel später als Hillary aufgesucht, da er zu spät von seinem Gipfelsturm umgekehrt war. Er war müde gewesen, sagten die Spanier, und sie hatten ihm zu trinken gegeben, bevor er weiter abgestiegen ist. Während er in seinem Zelt im tieferliegenden Lager IV gesessen hatte, wurde es vom Wind eingedrückt, und er war gezwungen, sich auszugraben und die Nacht über im Freien zu hocken. Die bittere Kälte und heftigen Winde hatten ihn total ausgekühlt.

Am Morgen begann Lakes im warmen Sonnenschein die Ausrüstung zu suchen, die er für den Abstieg brauchte, und scharrte im Schnee herum, um seine Steigeisen, den Eispickel, seinen Klettergürtel und die für das Abseilen an den Fixseilen wichtige Metallvorrichtung wiederzufinden. Er fand nichts davon und setzte gegen elf Uhr seinen Weg nach unten fort, so gut er konnte. Er hatte sich nichts zu trinken zubereiten können. Im Lager III fand er die Zelte unter Lawinenschutt begraben vor. Comeskey erinnert sich an die verzweifelten Gespräche über Funk, die sie miteinander führten, als Lakes um sein Überleben kämpfte. Die Bergsteiger im Lager II drängten ihn, das Zelt im Lager III auszugraben, weil sie sich unsicher waren, wie Lakes mit der Schwarzen Pyramide fertigwerden würde. Sie brauchten Zeit, um sich zu erholen, um dann mit zusätzlicher Ausrüstung zu ihm emporzuklettern und seine Querung über die steilen Felsen zu erleichtern. Lakes konnte den Gedanken daran nicht ertragen, eine weitere Nacht draußen im Schnee zu hocken, und schnitt sich daher ein Stück Seil zurecht, um sich in die Fixseile einzuknoten, kämpfte sich bis zum Lager II nach unten und fiel um 1.30 Uhr dreißig nachts ins Zelt, erschöpft, ausgetrocknet, aber endlich bei seinen Freunden in Sicherheit.

»Kaum zu glauben«, sagt Matt Comeskey, »aber er hatte keine Erfrierungen.« Wenn Lakes eine Belegstelle erreicht hatte, an der ein Felshaken oder eine Eisschraube das Seil sicherten, hatte er jedesmal das kurze Seilstück, das ihm als Behelfsgeschirr diente, aufknoten und es unterhalb des Belegs wieder zuknoten müssen, und das Dutzende Male über Tausende von Metern. Dies hatte ihn körperlich und seelisch völlig erschöpft. »Den ganzen Tag über hielten wir Funkverbindung, ohne wirklich je zu wissen, wie es ausgehen würde«, sagt Comeskey. »Mehrmals, als der Kontakt verlorenging, glaubten wir auch ihn verloren. Wir legten ihn zu mir ins Zelt, und nach einem länger anhaltenden Anfall trockenen Keuchens schien er seine Atmung in den Griff zu bekommen. Ich glaubte, sein Keuchen hatte mit der Austrocknung zu tun. Es war einer Asthmaattacke sehr ähnlich. Nachdem er das unter

Kontrolle gebracht hatte, legte er sich hin und fiel in einen Schlaf, aus dem er nicht mehr aufwachte.«

Comeskey und Logan unternahmen Wiederbelebungsversuche an Herz und Lunge, doch es war zwecklos. Der Sturm am K 2 hatte sein siebentes Opfer gefordert. Am Morgen des 15. August begruben sie ihn auf einem Hang nahe vom Lager II im Schnee. Vom Basislager erfuhren sie, daß keiner der Bergsteiger, die auf dem Gipfel waren, gesichtet worden war, sondern nur Ortas und Garcés, die im Lager IV geblieben waren.

Auch die Spanier waren dem Ende nahe und litten unter Erfrierungen. Als sie am 14. August um vier Uhr morgens ihren Rückzug fortsetzten, machten sie auf rund 7 300 Metern einige Kleidungsstücke weit abseits ihrer Abstiegsroute aus, mitten in der riesigen Südwand des K 2. Ortas bewegte sich darauf zu, um es besser sehen zu können, und stieß auf einen Stiefel. Er hatte eine batteriebetriebene Heizvorrichtung, um die Zehen zu wärmen und Erfrierungen abzuwehren. Alison war die einzige Bergsteigerin, die solche Stiefel benutzte; sie hatte Ortas nur wenige Tage zuvor im Basislager gezeigt, wie sie funktionierten. Drei Meter unterhalb des Stiefels fand er einen Anorak und ein Steigeisen, die er als Alisons erkannte. Beide Gegenstände waren mit Blut beschmiert. Als er von dieser Stelle aus zur breiten Rinne über sich schaute, konnte er im Schnee drei merklich voneinander gesonderte Spuren wahrnehmen, die ihrerseits Blutflecke aufwiesen. Er sah noch einmal zum Gipfelgrat hoch und vermutete, daß die drei aus etwa 8 400 Meter Höhe, also noch deutlich über dem Flaschenhals, abgestürzt waren. Es lag kein Lawinenschutt herum, und Ortas schloß daraus, daß der Sturm die Bergsteiger vom Hang gefegt hatte. Er nahm das Steigeisen an sich, um es Alisons Familie zu übergeben, doch als sein Abstieg später beschwerlicher wurde, mußte er es zurücklassen.

300

Ortas folgte der Rinne ein kurzes Stück nach unten und wurde eines Körpers in einer Kuhle am Rand einer Reihe wuchtiger Eisbrocken gewahr. Der Fund lag auf gleicher Höhe wie das spanische Lager III, doch von oben her bestand keine Chance, an ihn heranzukommen. Von dem Moment, da er die Bekleidung des Körpers gesehen hat, hält Ortas ihn für denjenigen Alisons. Er kletterte zu Garcés zurück, und die beiden stiegen zum Lager III ab, um von dort aus zu ihr vorzudringen. Bald gaben sie jedoch den Plan auf. Das Lager III verfügte weder über Ausrüstung noch Vorräte. Und so mußten sie umgehend tiefer absteigen, um in Sicherheit zu gelangen. Alison blieb dort liegen, wo sie aufgeschlagen war.

Pepe Garcés und Lorenzo Ortas setzten am nächsten Tag ihren Weg zum Basislager fort, letzterer mit Hilfe Manuel Ansóns, der aufgestiegen war, um sie zu unterstützen. Es wurde neun Uhr abends, bevor sie schließlich zurück in den Zelten waren. Im Basislager erfuhren sie von den Neuseeländern, die gleichfalls abgestiegen waren, nachdem sie ihren Freund begraben hatten, vom Tod Jeff Lakes. Am folgenden Tag, dem 16. August, brachen Hillary, Comeskey und Logan den Baltoro-Gletscher hinunter zum Basislager am Fuß des Broad Peak auf. Von dort aus hatte der amerikanische Bergführer Scott Fischer am selben Tag eine Seilschaft zum Gipfel geführt, an dem auch Alison und die übrigen den K 2 bestiegen hatten. Sie suchten den Berg mit Fischers Teleskop ab und hofften, die vermißten Bergsteiger auszumachen. Fischer berichtete, einen unidentifizierbaren Körper gesehen zu haben, der »knapp fünfhundert Meter tief gestürzt zu sein schien«. Auch Comeskey betrachtete durch das Teleskop die riesige Gletscherfläche und erinnert sich: »Ich konnte nicht mit letzter Gewißheit sagen, dort einen Körper zu sehen, aber da eine große Fläche vergletscherten Schnees das umgab, was es auch immer war, dürfte es kein Fels gewesen sein. Ich neige zu der Annahme, daß die Spanier recht hatten und es Alisons Leiche war, die sie gesehen hatten. Sie wußten ja, was sie angehabt hatte.« Angesichts der Zeitspanne seit dem Unfall und der Aussagen der Spanier wurde offensichtlich, daß alle sechs tot waren. Es war an der Zeit, die Welt zu benachrichtigen, und Hillary bat Fischer, seine Satellitenanlage benutzen zu dürfen, um einen Bericht an *Outside Online* abzusenden, einen Informationsdienst im Internet.

Die Nachricht verbreitete sich in Windeseile, noch bevor die betroffenen Familien benachrichtigt worden waren. Der Leiter der schottischen Niederlassung des Journalistenverbands bat Jim Ballard telefonisch um Bestätigung. Der hatte nichts gehört und rief beim *Climbing*-Magazin in Colorado an. »Er sprach leise«, schrieb Alison Osius, die Chefredakteurin der Zeitschrift, »damit die Kinder, die im Hintergrund herumtobten, ihn nicht hören konnten.«

Die erste Reaktion in den Medien war Trauer und Entsetzen. In der Londoner *Times* vom 18. August schrieb Jan Morris:

»Von ihrem Tod zu erfahren ist wie ein Schlag ins Gesicht durch eine bösartige Gewalt, der es mißfällt, daß wir uns alle über eine Heldentat freuten, die auf vollkommen harmlosem, dem Wetteifer fremdem, gänzlich eigenwilligem Mut fußte.«

Doch Informationen über ihren Tod waren noch immer rar, und dieselben Umstände, die in ihrem Leben zu ihren Gunsten gearbeitet hatten, die »gute Geschichte über die Mutter allein auf dem Mount Everest«, fingen nun an, gegen sie zu arbeiten. Das »K2-Motel« in Skardu füllte sich mit Journalisten. Die meisten wußten nur wenig über sie und noch weniger über das Bergsteigen. Ihr Erfolg auf dem Mount Everest war der

Öffentlichkeit in jüngster Erinnerung und so die Versuchung groß, Alison als Überfliegerin zu sehen, die der Sonne zu nah gekommen war, während jene neben ihr stillschweigend an den Rand gedrängt wurden.

Als Peter Hillary ein paar Tage später in Skardu eintraf, schien er alle nötigen Beweise zu bringen. In einem Interview mit dem *Independent* kritisierte er diejenigen, die zum Gipfel gegangen waren:

»In dieser Gruppe hatte sich Gipfelfieber ausgebreitet. Da war eine Chemie im Gange, bei der hieß es Gipfelsturm um jeden Preis . . . Sie trieben sich alle gegenseitig an. Diese Leute hatten durch den Ort, die Atmosphäre und sich selbst Scheuklappen bekommen und nur noch den Gipfel gesehen.«

Über Alison und Rob Slater äußerte er sich besonders kritisch:

»Alison war eine brillante Bergsteigerin, aber auf ihr lastete ein ungeheurer kommerzieller Druck, der sie besessen machte. Wenn man mit ihr redete, wurde einem klar, daß das Bergsteigen vorrangig war und alles andere zweitrangig.«

Das war nicht das vollständige Bild, wie es ihre Freunde oder ihre Familie sahen. Alisons vornehmlichste Sorge waren stets ihre Kinder gewesen. Außerdem war sie nicht allein von kommerziellem Druck beherrscht worden.

In Wahrheit waren Hillary und die übrigen Neuseeländer erschöpft und in einem Zustand geschockter Trauer. Zwei seiner Expeditionsmitglieder waren am Berg umgekommen, einer davon mehr oder weniger unter seinen Händen. Als die Geschichte einige Zeit später aus den Schlagzeilen verschwunden war, räumte Hillary ein, sich bei seiner Umkehr auf dem K 2 gefragt zu haben, ob er das Richtige täte: »Mein Entschluß, umgekehrt zu sein, gibt mir noch immer Rätsel auf. Ich fühlte mich stark dazu bewogen, hatte aber zugleich das Gefühl, vielleicht die falsche Entscheidung zu treffen.« Doch für den Moment traten seine Worte nurmehr eine Lawine spekulativer Kommentare los. Aus einer Vielzahl dieser Kommentare sprach Feindseligkeit.

Viele erfahrene Bergsteiger aus aller Welt wurden nach ihren Ansichten befragt, und die meisten darunter pflichteten bei, daß man Gefahren eingehen mußte, um beim Bergsteigen auf großen Höhen erfolgreich zu sein. Das hatten sie alle getan und überlebt; Alison dafür zu kritisieren wäre scheinheilig gewesen. »Sicher war sie ruhelos«, sagte der amerikanische Bergsteiger Greg Child und rief sich seinen eigenen Erfolg auf dem K 2 ins Gedächtnis. »Aber das ist jeder, der zum Gipfel des K 2 steigt.«

Childs Ansicht wurde von der Mehrzahl der Kommentatoren nicht geteilt. Ihnen fehlte das Verständnis für die Anziehungskraft des Bergsteigens. Die Nachricht, daß eine Mutter von kleinen Kindern ihr Leben beim Ersteigen eines Berges verloren hatte, löste lautstarke moralische Empörung aus. Wegen ihres Aufstiegs auf den Mount Everest war Alison bereits von der *Times*-Kolumnistin Nigella Lawson angegriffen worden, die sie »realitätsverleugnender Ichbezogenheit« bezichtigt hatte. Nach ihrem Tod griffen nun andere dieses auf. Es wurde behauptet, daß Alison nicht nur leichtsinnig, sondern auch selbstsüchtig und eine Frau gewesen sei, die den endgültigen Preis dafür bezahlt hätte, ihrem Ego nachgegeben zu haben. Die einflußreiche liberale Kommentatorin Polly Toynbee schrieb:

»Gefahr um ihrer selbst willen erscheint mir nicht besser als der Drogenkonsum zum geselligen Zeitvertreib. Gefahr kann zu schwerer Sucht führen, und diejenigen unter uns, die daran überhaupt nichts finden, betrachten sie als ebenso abstoßend wie den Gefallen an Crack. Besser wäre es, weder die Gefahr hochzustilisieren noch die Tollkühnheit zu bejubeln.«

Nach Toynbees Ansicht war es unzulässig, einen Lebensstil jenseits der Konventionen zu tolerieren. Der stärkste Satz in ihrer Kolumne war jedoch auch der, welcher am meisten über die an Alison geübte Kritik verriet: »Was Alison Hargreaves interessant macht«, schrieb sie, »ist, daß sie sich wie ein Mann verhielt.« Indem die Toynbee Alisons Verhalten als typisch männlich ansah, versetzte dies sie in die Lage, es zu verurteilen. Risiken einzugehen, argumentierte sie, sei eine rein männliche Wahl, habe mit Testosteron und Machotum zu tun.

Schon wenige Tage nach Alisons Tod war ihr Andenken ein Schlachtfeld, und wer sie wirklich gewesen war, war unwichtig geworden; nun war sie ein Symbol, eine Ikone, um die man focht und debattierte. Anfang des 20. Jahrhunderts hatte die Geschichte von Robert Scott und seiner katastrophalen Expedition zum Südpol ähnlichen Mythos erlangt. Sein Tod und der seiner Begleiter wurde zum sinnbildlichen Inbegriff eines Zeitalters kollektiver Ziele des britischen Weltreichs, einer durch den Begriff der Nation erreichten Größe. Vierundachtzig Jahre später wurde Alison verunglimpft und verehrt zugleich, hochgehalten als endgültige Vertreterin jener Epoche, die gemeinschaftlichen Ruhm durch den Vorrang des Ich ersetzt hatte.

Natürlich war sie ein Risiko eingegangen. Allein schon auf dem K 2 zu sein ist riskant. Riskanter noch war es, am Aufstieg festzuhalten, als sie und die anderen die sich zusammenziehenden Wolken erkennen konnten. Doch hätten sie überlebt, wäre die Kritik untergegangen im Beifall eben jener Zeitungen, die sie nun abkanzeln. Ein Teil des Problems lag darin, daß die Presse nur über das geradlinige, eindringliche öffentliche Bild Alisons verfügte, um daraus Folgerungen auf ihre Beweggründe abzuleiten. Das Bild einer besessenen Frau paßte auf das wenige, was über sie bekannt war. Ihre Selbstzweifel, ihre Phasen geringen Selbstwertgefühls, die erdrückende Isolation, die sie während der schwierigeren Zeiten ihrer Ehe empfunden hatte, all das war unbekannt. Vielen Journalisten, die ihr begegneten, war sie im wesentlichen so erschienen, wie Hillary sie beschrieben hat.

Allerdings spielt bei Alisons posthumer Verdammnis noch ein anderer Punkt eine Rolle. Im Westen erscheint ein früher Tod tragischer denn je, und das Verhalten jener, die sich auf Gefahren einlassen, wird nicht nur als unverantwortlich verurteilt, sondern auch als unmoralisch. Sie haben ein modernes Tabu gebrochen. Doch gerade an der westlichen Gesellschaft liegt es, daß Menschen derartige Herausforderungen suchen. Viele Männer und Frauen in dieser Gesellschaft finden in den Bergen ihre Freiheit, einen Ausweg aus der Banalität und einen Zugang zu persönlicher Erfüllung. Alison Hargreaves fühlte sich inmitten der Berge lebendiger als irgendwo sonst, und sie teilte ihren Kindern diese Kraft und Lebensfreude mit. Sie konnte manipulativ und ehrgeizig sein, gar ichbezogen; nicht immer hatte sie starkes Einfühlungsvermögen in die Probleme anderer. Doch das sind normale menschliche und nicht auf Bergsteiger beschränkte Schwächen

Noch instinktiver war das Gefühl, daß die Mutter kleiner Kinder solche Gefahren nicht hätte eingehen dürfen. Eine Menge Väter sind in den Bergen umgekommen, und wenige Tage vor Alisons Verschwinden starben Paul Nunn und Geoff Tier, beides begabte britische Alpinisten und beides Väter, auf dem Haramosh II unweit vom K 2. Doch Alisons Tod ging ans

Eingemachte, wie die Reaktion vieler Kommentatoren zeigte, die eine solche, Gefahren in Kauf nehmende Mutter für moralisch verwerflicher hielten als einen Vater, der dasselbe tat. Alison selbst stand erst am Anfang einer Auseinandersetzung mit solchen Fragen, und es hat etwas Ironisches an sich, daß sie in ihrem Innersten nie wirklich jene Debatte ausgetragen hatte, die von der Presse nach ihrem Tod veranstaltet wurde. Auf dem Kletterfestival in Kanada, an dem sie Ende 1994 teilgenommen hatte, war sie bekannten Bergsteigerinnen begegnet und von ihnen herausgefordert worden, ihre Einstellung zum Risiko zu überdenken. Und nachdem sie auf dem Mount Everest eine Leistung von Weltklasse vollbracht hatte, gab es Anzeichen, daß sie über den starken, brennenden Ehrgeiz ihrer Jugend hinauswachsen und reifer werden würde. Es ist durchaus möglich, daß sie nach dem K 2 nie wieder auf einen so hohen Berg gestiegen wäre. Die Behauptung, sie sei eine schlechte Mutter gewesen, entsprach auch nicht entfernt der Wahrheit und hätte sie sehr unglücklich gemacht.

Alison Osius schrieb nach den Ereignissen auf dem K 2:

»Die Hargreaves war öffentliches Eigentum und ihr Tod eine weltumspannende Nachricht. Er war schmerzlich, besonders für Bergsteigerinnen, von denen viele versucht hatten, mit ihren eigenen widerstreitenden Verpflichtungen sich selbst und ihrer Familie gegenüber ins reine zu kommen. Wir fühlten mit ihr, als sie ihre Träume zu verwirklichten suchte. Manche dachten bei sich, fragten sich: Tja, *war* sie nun selbstsüchtig? Doch das können wir nicht beurteilen. Wir können bloß unsere eigenen Grenzen ziehen.«

Letztlich verstanden jene aus Alisons unmittelbarer Umgebung ihre Leidenschaft für die Berge und die Gefahren, denen sie sich dort stellte, und sie nahmen beides hin. Waren Alisons

Triumphe öffentlich, so war ihre Tragödie etwas Persönliches und ist Bürde jener, die sie liebten. Hinter dem Klischee und der moralischen Zensur, die ihren Tod umgaben, stand eine gewöhnliche Frau mit einer ungewöhnlichen Begabung und Entschlossenheit, mit Hoffnungen, Ängsten, Lieben, Tugenden und Fehlern, die Großes vollbrachte und einige schreckliche Fehler beging. Es bleibt die Hoffnung, daß in dem Augenblick, als Alison oben auf dem Gipfel stand und die Welt zu ihren Füßen lag, sie glücklich gewesen ist.

Alison Hargreaves
(1962–1995)

- Erster selbständiger Aufstieg ohne Sauerstoffflaschen auf den Mount Everest durch eine Frau, 13. Mai 1995.
- Fünfter britischer Aufstieg auf den K 2, 13. August 1995.
- Mit dem US-Amerikaner Mark Twight Ersteigung einer neuen Route über die Nordwestwand des Kangtega in Nepal, 1986.
- Erster Alleinaufstieg durch eine Frau 1993 auf den Croz-Ausläufer des Grandes Jorasses in den französischen Alpen. Ein steiler, technischer Aufstieg über Eis; Alison gelang die Bewältigung des Croz-Ausläufers an einem Tag.
- Die ersten Alleinaufstiege durch eine Frau an mehreren Nordwänden einschließlich der Aiguille du Petit Dru in den französischen Alpen, der Cassin-Route auf der Cima Grande in den Dolomiten und des Matterhorns.
- Erstbesteigung der berüchtigten Eiger-Nordwand durch eine Britin.
- Mehrere britische Erstbesteigungen auf schwierigen alpinen Strecken, so der Nordwand des Les Droites und der Supercouloir auf dem Mont Blanc de Tacul (beides Teile der Mont-Blanc-Kette oberhalb von Chamonix).

Danksagung

Viele Menschen haben uns bei der Vorbereitung dieses Buches geholfen. Insbesondere möchten wir John und Joyce Hargreaves danken, Alisons Eltern, und ihrer Schwester Susan Stokes. Auf ihre Unterstützung und Mitarbeit hat sich dieses Vorhaben gegründet. Zu den vielen anderen, denen unsere Dankbarkeit gebührt, gehören:

Steve Aisthorpe, Julie Allen, Richard Allen, Sir Chris Bonington, Russell Brice, Ian Brown, Richard Celsi, Daphne Chalk, Greg Child, Dr. Charles Clarke, Pete Clarke, John Cleare, Matt Comeskey, Kevin Cooney, Simon Currin, Catherine Destivelle, Julianne und Phil Dickens, Leo und Mandy Dickinson, Xavier Eguskitza, Cally Fleming, Liz Hawley, Peter Hillary, Alan Hinkes, Dawn Hopkinson, Martin Howarth, John Hunt, Ted und Jacky Johnson, Michael Kennedy, Pat Lewis, Gerry Lidgett, Jeff Lowe, Bernadette McDonald, Bev Marshall, Bonny Masson, Nick Morely, Bernard und Jamie Newman, Bill O'Connor, Alison Osius, Margaret Osman, Ian Parsons, Andy Perkins, Jim Perrin, Tom Prentice, Audrey Salkeld, Doug Scott, Nigel Shepherd, Sally Skinner, Andrew Spencer, Mark Twight, Stephen Venables, Geraldine Westrupp, Tim Wilson.

Alisons Tagebücher, weit über eine Million Wörter, geben uns eine Aufzeichnung ihres Lebens. Für die Zeitspanne von 1973 bis 1992 haben wir die Zitate den Originalbänden entnommen, die in Meerbrook Lea geblieben waren, als das Haus 1993 rückübertragen wurde, und die von den Eltern gerettet wurden. Spätere Tagebucheinträge wurden nach ihren Bänden *A Hard Day's Summer* (Hodder & Stoughton 1994) und *One and two Halves to K 2* von Jim Ballard (BBC Books 1996) zitiert.

David Rose / Ed Douglas

Oxford und Sheffield, April 1999

Zehn Jahre deutsche Einheit –
doch noch sind sich Ost und
West nicht sehr viel
nähergekommen. Was bewegt
die Menschen in den neuen
Ländern jenseits der großen
Schlagzeilen? Birgit Lahann hat
bekannte Ostdeutsche aus Kultur
und Politik befragt, darunter
Heiner Müller, Tamara Danz,
Hermann Kant, Friedrich
Schorlemmer, Christa Wolf,
Frank Castorf und Walter Janka.
Sie sprach mit Idolen und
Aufsteigern, aber auch mit
Vergessenen und
Gestrauchelten.
Eine spannende Sammlung von
Innenansichten aus dem Osten,
die erklärt, warum sich so viele
nicht von ihrer Vergangenheit
lösen wollen.

Birgit Lahann

Geliebte Zone
Geschichten aus
dem neuen Deutschland

Mit Fotos von Ute Mahler und
einem Vorwort von Thomas
Brussig

Econ | **ULLSTEIN** | List

Satirisch und ironisch, gleichwohl mit vollem Ernst, läßt Horst-Eberhard Richter die Meisterdenker Konfuzius, Platon, Buddha, Augustinus, Descartes, Marx, Freud und Einstein ein himmlisches Wortgefecht führen. So streiten sie, ob der globalisierte Ultrakapitalismus in weltweitem Chaos enden, ob die technologische Revolution eine schönere neue Welt bescheren oder ob ein gründlicher Sinneswandel die Menschen zur Gesundung ihrer Verhältnisse führen wird.

»Unter seiner Regie gelingt dem Club der toten Denker ein höchst lebendiger und spannender Dialog, der mitten hineinzielt in die ambivalenten Befindlichkeiten der Gegenwart.«

Die Zeit

Horst Eberhard Richter

Als Einstein nicht mehr weiterwußte
Ein himmlischer Krisengipfel

Econ | ULLSTEIN | List

Adolf Holl, prominenter Kirchenkritiker und Religionshistoriker, schildert das Leben des Heiligen Geistes in einer weitgehend geistlos gewordenen Kirche. Er zeigt: Der Heilige Geist ist zwar vom Aussterben bedroht, aber nach wie vor lebendig. Durch alle Zeiten hindurch wirkt er als tatkräftiger Unruhestifter, mit dem die etablierten Großkirchen nur wenig anfangen können und der ihnen bisweilen mächtig im Weg ist. Ein intellektuelles Lesevergnügen ersten Ranges.

»Eine tiefgläubig-skeptische Geschichte jenseits der Dogmen.«
Süddeutsche Zeitung

»Eine mächtige Religions-, Kultur- und Weltgeschichte.«
Der Spiegel

»Bitte lesen!«
Kirche intern

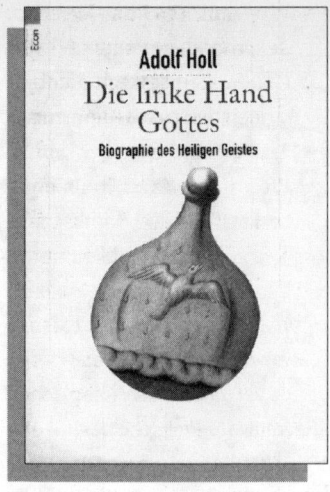

Adolf Holl

Die linke Hand Gottes
Biographie des Heiligen Geistes

Econ | ULLSTEIN | List

Als Otto Frank 1947 das Tagebuch seiner Tochter Anne verlegen ließ, konnte noch niemand ahnen, welche Bedeutung es schon bald erlangen würde. Postwendend wurde das Werk übersetzt, für die Bühne adaptiert, verfilmt und in ein Musical verwandelt. Anne Frank war zum Mythos geworden. Doch in wieweit wurde ihr Werk in den verschiedenen Adaptionen verfremdet? Welche Rolle spielte dabei Annes Vater Otto? Was geschieht mit den Millionen, die der Anne-Frank-Fonds in Basel mit dem Buchverkauf verdient?

David Barnouw ist Mitredakteur der wissenschaftlichen Ausgabe des Tagebuchs. In seinem Buch wirft er einen kritischen Blick auf die »Anne-Frank-Industrie«.

David Barnouw

**Anne Frank –
Vom Mädchen zum Mythos**

Econ | ULLSTEIN | List

Wie kommt ein Mensch dazu, scheinbar ohne Motiv in Serie zu morden, sich bestialisch an seinen Opfern zu vergehen und gar ihr Fleisch zu essen? Diese erstmalig gesammelten Fallstudien liefern eine fundierte und weitgehend vollständige Typologie des Serienmörders aus allen Teilen der Welt. Vorgestellt werden Täter, die, abstoßend und faszinierend zugleich, mitten unter uns leben und berühmt-berüchtigte Filme wie »Das Schweigen der Lämmer«, »Copykill«, »Sieben« oder »Psycho« inspirierten. Unter Berücksichtigung neuer soziologischer und kriminalpsychologischer Forschungen dokumentieren Peter und Julia Murakami die zentralen Elemente einer unfassbaren Verbrechensart. Mit vielen Querverweisen, großem Index und umfangreichen Literaturangaben.

Peter & Julia Murakami

Lexikon der Serienmörder
450 Fallstudien einer pathologischen Tötungsart

Originalausgabe

Econ | **ULLSTEIN** | List

Auch die Großen der Geschichte mußten die Kleinigkeiten des Alltags bewältigen: Gauguin, Tolstoj, Schopenhauer und Dickens hatten zeitlebens Probleme mit Frauen. Mozart, Rembrandt und Marx fehlte es ständig an Geld. Händel, Flaubert und Bismarck litten an Übergewicht; Goethe, Baudelaire und Faulkner tranken zuviel... Gerhard Prause führt auf die unterhaltsamste Weise die kleinen Schwächen der Genies vor und zeigt anhand vieler amüsanter Episoden: Auch sie waren nur Menschen wie du und ich. Ein ebenso tröstlicher wie informativer Spaziergang durch die Geschichte.

Gerhard Prause

Genies ganz privat
Die kleinen Schwächen
großer Frauen und Männer

Mit zahlreichen Abbildungen

Econ | **ULLSTEIN** | List